LETTRES

SUR

LES ARTS IMITATEURS.

T. II. 1159

DE L'IMPRIMERIE DE LA Vᵉ. JEUNEHOMME,

RUE DE SORBONNE, Nᵒ. 4.

LETTRES

SUR

LES ARTS IMITATEURS

EN GÉNÉRAL,

ET

SUR LA DANSE EN PARTICULIER,

DÉDIÉES A SA MAJESTÉ L'IMPÉRATRICE
DES FRANÇAIS ET REINE D'ITALIE.

PAR J.-G. NOVERRE,

ANCIEN MAÎTRE DE BALLETS EN CHEF DE
L'ACADÉMIE IMPÉRIALE DE MUSIQUE, CI-
DEVANT CHEVALIER DE L'ORDRE DU CHRIST.

Ornées du Portrait de l'Auteur.

TOME SECOND.

~~~~~~~

A PARIS,

Chez LÉOPOLD COLLIN, Libraire, rue Git-le-Cœur, n°. 4.

A LA HAIE,

Chez IMMERZEEL et Compagnie, Venestraat, n°. 147.

========

1807.

LETTRES

SUR LES ARTS IMITATEURS

EN GÉNÉRAL,

ET SUR LA DANSE

EN PARTICULIER.

LETTRE PREMIÈRE.

SUR LES BALLETS DE L'AUTEUR.

Vous exigez de moi, Monsieur, que je vous entretienne de mes ballets ; c'est avec peine que je cède à vos instances. Toutes les descriptions que l'on peut faire de ces sortes d'ouvrages ont ordinairement deux défauts ; elles sont au-dessous de l'original, lorsqu'il est passable, ou au-dessus lorsqu'il est médiocre.

On ne peut ni juger d'un cabinet de peinture par le catalogue des tableaux qu'il renferme, ni

décider du mérite d'un ouvrage de littérature,
par la préface ou par le *prospectus*. Il en est
de même des ballets; il faut nécessairement les
voir, et les voir plusieurs fois. Un homme
d'esprit fera d'excellens programmes, et fournira à un peintre les plus grandes idées; mais
le mérite consiste dans la distribution et dans
l'exécution. Qu'on ouvre le Tasse, l'Arioste,
et quantité d'auteurs du même genre; on y
puisera des sujets admirables à la lecture; rien
ne coûtera sur le papier; les idées se multiplie-
ront, tout sera facile, et quelques mots arrangés avec art présenteront à l'imagination une
foule de choses agréables, mais qui ne seront
plus telles dès que l'on essaiera de les rendre:
et c'est alors que l'artiste connoîtra l'immensité
de la distance du projet à l'exécution.

Je vais satisfaire néanmoins votre curiosité,
dans la persuasion où je suis que vous ne me
jugerez pas sur l'esquisse mal crayonnée de
quelques ballets reçus par le public avec les
applaudissemens, qui ne m'ont point fait oublier que son indulgence fut toujours fort au-
dessus de mes talens.

Je suis très-éloigné de prétendre que mes
productions soient des chefs-d'oeuvre; des suffrages flatteurs pourroient me persuader qu'elles

ont quelque mérite, mais je suis encore plus
convaincu qu'elles ne sont pas sans défaut.
Quoi qu'il en soit, et ce peu de mérite et ces
défauts m'appartiennent entièrement. Jamais
je n'ai eu sous les yeux ces modèles excellens
qui élèvent et qui inspirent. Si j'eusse été à
portée de les voir, peut-être aurois-je pu saisir,
j'aurois du moins étudié, l'art d'ajuster et d'ac-
commoder à mes traits les agrémens des autres;
et je me serois efforcé de me les rendre propres,
ou du moins de m'en parer sans devenir ridicule. Cette privation d'objets instructifs a cependant excité en moi une émulation vive dont
je n'aurois peut-être pas été animé, si j'avois
eu la facilité de n'être qu'un imitateur froid et
servile. La nature est le seul modèle que j'aie
envisagé, et que je me sois proposé de suivre.
Si mon imagination m'égare quelquefois, le
goût, ou, si l'on veut, une sorte d'instinct, m'é-
claire sur mes écarts et me rappelle au vrai.
Je détruis sans regret ce que j'ai créé avec le
plus de peine, et mes ouvrages ne m'attachent
que lorsqu'ils m'affectent véritablement. Il n'en
est point, Monsieur, qui me fatiguent autant
que la composition des ballets de certains opéras. Les *passe-pieds* et les *menuets* me tuent;
la monotonie de la musique m'engourdit, et je

deviens aussi pauvre qu'elle. Une musique au contraire expressive, harmonieuse et variée, telle que celle sur laquelle j'ai travaillé (1) depuis quelque temps, me suggère mille idées et mille traits ; elle me transporte, elle m'élève, elle m'enflamme ; et je dois aux différentes impressions qu'elle m'a fait éprouver, et qui ont passé jusque dans mon ame, l'*accord*, l'*ensemble*, le *saillant*, le *neuf*, le *feu*, et cette multitude de caractères frappans et singuliers que des juges impartiaux ont cru pouvoir remarquer dans mes ballets ; effets naturels de la musique sur la danse, et de la danse sur la musique lorsque les deux artistes se concilient et lorsque les deux arts se marient, se réunissent, et se prêtent mutuellement des charmes pour séduire et pour plaire.

Il seroit inutile sans doute de vous entretenir des *Métamorphoses Chinoises*, des *Réjouissances Flamandes*, de la *Mariée du Village*,

---

(1) Cette musique est de M. *Granier*, accompagnateur du concert de Lyon ; et je dois ici lui rendre la justice qui lui est due, en assurant qu'il étoit peu de musiciens aussi capables d'approprier sa composition à tous les genres de ballets, et d'émouvoir le génie des hommes faits pour sentir et pour connoître.

des *Fêtes du Wauxhall*, des *Recrues Prus-*
siennes, du *Bal paré*, et d'un nombre considérable, peut-être trop grand, de ballets comiques presque dénués d'intrigues, destinés
uniquement à l'amusement des yeux, et dont
tout le mérite consiste dans la nouveauté des
formes, dans la variété et dans le brillant des
figures. Je ne me propose point aussi de vous
parler de ceux que j'ai cru devoir traiter dans
le grand, tels que les ballets que j'ai intitulé la
Mort d'Ajax, le *Jugement de Páris*, la
Descente d'Orhpée aux Enfers, *Renaud* et
Armide, etc. Je me tairai même encore
sur ceux de la *Fontaine de Jouvence* et des
Caprices de Galathée (1). Persuadé de vos
bontés et de l'intérêt que vous voulez bien

---

(1) Cette Galathée est la même que celle dont Horace parle dans le portrait qu'il fait d'une jeune beauté
à laquelle un amant tente de dérober un baiser.
Boileau a traduit ainsi dans notre langue les vers de
ce poète :

> Qui mollement résiste, et par un doux caprice,
> Quelquefois la refuse afin qu'on lui ravisse.

Ce ballet a eu d'autant plus de succès, que l'on ne
s'étoit pas imaginé que la pantomime gaie pût être
associée au genre sérieux. Galathée désespère continuellement deux bergers par ses caprices; elle accepte

prendre à tout ce qui me touche, je pense, Monsieur, que la description des ouvrages qui me doivent entièrement le jour, et que vous pouvez regarder comme le fruit unique de mon imagination, vous plaira davantage; et je commence par celui de la *Toilette de Vénus* ou des

---

leurs dons avec transport, elle les rejette bientôt avec mépris. Ces mêmes caprices ont toujours diverses nuances et diverses gradations; les bergers feignent d'adresser leurs vœux à une autre bergère, et de lui offrir les présens destinés à celle qu'ils aiment. Galathée, par un sentiment de jalousie, arrache des mains de sa rivale les dons qu'elle vient de recevoir; elle s'en pare un instant, elle les jette de nouveau. Sa rivale veut les reprendre; la jalousie renaît; Galathée la devance et s'en saisit encore pour les jeter de même. Alors les bergers abandonnent Galathée pour la rappeler à eux; ils affectent, dans un pas de quatre, de la dédaigner et de paroître fortement épris de l'autre bergère. La capricieuse, humiliée, se livre au chagrin et à la douleur; mais, par une suite naturelle de sa légèreté et de son humeur, elle passe subitement de cet excès de tristesse à la joie la plus vive et la plus immodérée. Ces transitions soudaines, ces mouvemens divers, cette alternative continuelle de tendresse et d'indifférence, de douleur et de plaisir, de sensibilité et de froideur, ont été le sujet d'une foule de tableaux qui tous ont paru également intéressans et d'un goût véritablement neuf.

Ruses de l'Amour, ballet héroï-pantomime.

Le théâtre représente un *salon* voluptueux; Vénus est à sa toilette et dans le déshabillé le plus galant; les Jeux et les Plaisirs lui présentent à l'envi tout ce qui peut servir à sa parure; les Grâces arrangent ses cheveux; l'Amour lace un de ses brodequins; de jeunes Nymphes sont occupées, les unes à composer des guirlandes, les autres à arranger un casque pour l'Amour; celles-ci, à placer des fleurs sur l'habit et sur la *mante*, qui doit servir d'ornement à sa mère. La toilette finie, Vénus se retourne du côté de son fils; elle semble le consulter : le petit Dieu applaudit à sa beauté, il se jette avec transport dans ses bras; et cette première scène offre ce que la Volupté, la Coquetterie et les Grâces ont de plus séduisant.

La seconde est uniquement employée à l'habillement de Vénus; les Grâces se chargent de son ajustement; une partie des Nymphes s'occupe à ranger la toilette, pendant que les autres apportent aux Grâces les ajustemens nécessaires; les Jeux et les Plaisirs, non moins empressés à servir la déesse, tiennent, ceux-ci la boîte à rouge, ceux-là le bouquet, le collier, les bracelets, etc. L'Amour, dans une attitude élégante, se saisit du miroir, et voltige ainsi continuellement autour des Nymphes, qui, pour se venger de sa légèreté, lui arrachent son carquois et son bandeau : il les poursuit, mais il est arrêté dans sa course par trois de ces mêmes Nymphes qui lui présentent un casque et un miroir; il se couvre, il se mire; il vole dans les bras de sa mère, et il médite en soupirant le dessein de se venger de l'espèce d'offense qui lui a été faite; il supplie, il presse Vénus de l'aider dans son entreprise, en disposant leur ame à la tendresse par la peinture de tout ce que la Volupté offre de plus touchant. Vénus alors déploie toutes ses graces ; ses mouvemens, ses attitudes, ses regards, sont l'image des plaisirs de l'amour même. Les Nymphes vivement émues s'efforcent de l'imiter, et de saisir toutes les nuances qu'elle emploie pour les séduire. L'Amour, témoin de l'impression, profite de l'instant; il leur porte le dernier coup, et dans une entrée générale il leur fait prendre toutes les passions qu'il inspire. Leur trouble croît et augmente sans cesse, de la tendresse elles passent à la jalousie, de la jalousie à la fureur, de la fureur à l'abattement, de l'abattement à l'inconstance; elles éprouvent, en un mot, successivement

tous les sentimens divers dont l'ame peut être
agitée, et il les rappelle toujours à celui du
bonheur. Ce dieu, satisfait et content de sa
victoire, cherche à se séparer d'elles; il les
fuit, elles le suivent avec ardeur; mais il s'é-
chappe et disparoît, ainsi que sa mère et les
Grâces; et les Nymphes courent et volent après
le Plaisir qui les suit.

Cette scène, Monsieur, perd tout à la lecture; vous ne voyez ni la déesse, ni le dieu,
ni leur suite, vous ne distinguez rien; et dans
l'impossibilité où je suis de rendre ce que les
traits, la physionomie, les regards et les mouvemens des Nymphes exprimoient si bien, vous
n'avez, et je ne vous donne ici que l'idée la
plus imparfaite et la plus foible de l'action la
plus vive et la plus variée.

Celle qui la suit, lie l'intrigue. L'Amour paroît
seul; d'un geste et d'un regard, il anime la nature. Les lieux changent; ils représentent
une forêt vaste et sombre; les Nymphes qui
n'ont point perdu le dieu de vue, entrent
précipitamment sur la scène; mais quelle est
leur crainte! elles ne voient ni Vénus ni les
Grâces; l'obscurité de la forêt, le silence qui
y règne les glacent d'effroi. Elles reculent en
tremblant; l'Amour aussitôt les rassure, il les

invite à le suivre : les Nymphes s'abandonnent
à lui : il semble les défier par une course légère. Elles courent après lui : mais à la faveur
de plusieurs feintes, il leur échappe toujours,
et à l'instant où il paroît être dans l'embarras le plus grand et où les Nymphes croient
l'arrêter, il fuit comme un trait, et il est remplacé avec promptitude par douze Faunes. Ce
changement subit et imprévu fait un effet d'autant plus grand, que rien n'est aussi frappant
que le contraste qui résulte de la situation des
Nymphes et des Faunes. Les Nymphes offrent
l'image de l'innocence : les Faunes, celle de la
férocité. Les attitudes de ceux-ci sont pleines
de fierté et de vigueur : les positions de celles-
là n'expriment que la frayeur qu'inspire le
danger. Les Faunes poursuivent les Nymphes
qui fuient devant eux, mais ils s'en saisissent
bientôt. Quelques-unes d'entre elles, profitant
cependant d'un instant de mésintelligence que
l'ardeur de vaincre a jetée parmi eux, prennent
la fuite et leur échappent : il n'en reste que
six aux douze Faunes : alors ils s'en disputent
la conquête, nul d'entre eux ne veut consentir
au partage, et la fureur succédant bientôt à
la jalousie, ils luttent et combattent. Celles-ci
tremblantes et effrayées passent à chaque ins-

tant des mains des uns dans les mains des autres;
car ils sont tour à tour vainqueurs et vaincus.
Cependant au moment où les combattans paroissent n'être occupés que de la défaite de
leurs rivaux, elles tentent de s'échapper. Six
Faunes s'élancent après elles et ne peuvent les
arrêter, parce qu'ils sont eux-mêmes retenus
par leurs adversaires qui les poursuivent. Leur
colère s'irrite alors de plus en plus. Chacun
court aux arbres de la forêt ; ils en arrachent
les branches avec fureur, et ils se portent de
part et d'autre des coups terribles. Leur adresse
à les parer étant égale, ils jettent loin d'eux
ces inutiles instrumens de leur vengeance et
de leur rage, et s'élançant avec impétuosité
les uns sur les autres, ils luttent avec un acharnement qui tient du délire et du désespoir;
ils se saisissent, se terrassent, s'enlèvent de
terre, se serrent, s'étouffent, se pressent et
se frappent ; et le combat n'offre pas un seul
instant qui ne soit un tableau. Six de ces Faunes
sont enfin victorieux ; ils foulent d'un pied leurs
ennemis terrassés, et lèvent le bras pour leur
porter le dernier coup, lorsque six Nymphes
conduites par l'Amour les arrêtent, et leur
présentent une couronne de fleurs. Leurs compagnes, sensibles à la honte et à l'abattement

des vaincus, laissent tomber à leurs pieds celles qu'elles leur destinoient : ceux-ci, dans une attitude qui peint ce que la douleur et l'accablement ont de plus affreux, sont immobiles; leur tête est abattue, leurs yeux sont fixés sur la terre. Vénus et les Grâces, touchées de leurs peines, engagent l'Amour à leur être propice : ce dieu voltige autour d'eux, et d'un souffle léger il les ranime et les rappelle à la vie : On les voit lever insensiblement des bras mourans, et invoquer le fils de Vénus, qui, par ses attitudes et ses regards, leur donne, pour ainsi dire, une nouvelle existence. A peine en jouissent-ils, qu'ils aperçoivent leurs ennemis occupés de leur bonheur, et folâtrant autour des Nymphes. Un nouveau dépit s'empare d'eux; leurs yeux étincellent de feu; ils les attaquent, les combattent, et en triomphent à leur tour: peu contens de cette victoire s'ils n'en remportent les trophées, ils leur enlèvent et leur arrachent les couronnes de fleurs dont ils se glorifioient; mais par un charme de l'Amour, ces couronnes se partagent en deux : cet événement rétablit parmi eux la paix et la tranquillité; les nouveaux vainqueurs et les nouveaux vaincus reçoivent également le prix de la victoire; les Nymphes présentent la main à ceux qui viennent de succomber, et l'Amour unit enfin les Nymphes aux Faunes. Là, le ballet symétrique commence; les beautés mécaniques de l'art se déploient sur une grande *chaconne*, dans laquelle l'Amour, Vénus, les Grâces, les Jeux et les Plaisirs dansent les principaux morceaux. Ici, je pouvois craindre le ralentissement de l'action; mais j'ai saisi l'instant où Vénus ayant enchaîné l'Amour avec des fleurs, le mène en lesse pour l'empêcher de suivre une des Grâces à laquelle il s'attache: et pendant ce pas plein d'expression, les Plaisirs et les Jeux entraînent les Nymphes dans la forêt. Les Faunes les suivent avec empressement; et pour sauver les bienséances et ne pas rendre trop sensibles les remarques que l'Amour fait faire à sa mère sur cette disparition, je fais rentrer un instant après ces mêmes Nymphes et ces mêmes Faunes. L'expression de ceux-ci, l'air satisfait de celles-là peignent avec des couleurs ménagées dans un passage bien exprimé de la *chaconne*, les tableaux de la volupté *coloriés* par le sentiment et la décence.

Ce ballet, Monsieur, est d'une action chaude et toujours animée; il a fait, et je puis m'en glorifier, une sensation que la danse n'avoit

pas produite jusqu'alors. Ce succès m'a engagé
à abandonner le genre auquel je m'étois attaché, moins, je l'avoue, par goût que par habitude. Je me suis livré, dès cet instant, à la
danse expressive et en action, je me suis attaché à peindre dans une manière plus grande et
moins *léchée*, et j'ai senti que je m'étois trompé
grossièrement, en imaginant que la danse n'é-
toit faite que pour les yeux, et que cet organe
étoit la barrière où se bornoient sa puissance et
son étendue : persuadé qu'elle peut aller plus
loin, qu'elle a des droits incontestables sur le
cœur et sur l'ame, je m'efforçai désormais
de la faire jouir de tous ses avantages.

Les Faunes étoient sans *tonnelets*, et les
Nymphes, Vénus et les Grâces sans paniers :
j'avois proscrit les masques qui se seroient opposés à toute expression. La méthode de
M. *Garrick* m'a été d'un grand secours. On
lisoit dans les yeux et sur la physionomie de
mes *Faunes* tous les mouvemens des passions
qui les agitoient. Une laçure et une espèce
de chaussure imitant l'écorce d'arbre, m'a-
voient semblé préférables à des escarpins ;
point de bas ni de gants blancs, j'en avois as-
sorti la couleur à la teinte de la carnation de
ces habitans des forêts ; une simple draperie de

peau de tigre couvroit une partie de leur corps, tout le reste paroissoit nu ; et pour que le *costume* n'eût pas un air trop dur, et ne contrastât pas trop avec l'habillement élégant des Nymphes, j'avois fait jeter sur les draperies une guirlande de feuillages mêlés de fleurs.

J'avois encore imaginé des silences dans la musique, et ces silences produisoient l'effet le plus flatteur : l'oreille du spectateur cessant tout-à-coup d'être frappée par l'harmonie, son œil embrassoit avec plus d'attention tous les détails des tableaux, la position et le dessin des *groupes*, l'expression des têtes, et les différentes parties de l'*ensemble* ; rien n'échappoit à ses regards. Cette suspension dans la musique et dans les mouvemens du corps répand un calme et un beau jour ; elle fait sortir avec plus de feu les morceaux qui la suivent : ce sont des ombres qui, ménagées avec art et distribuées avec goût, donnent un nouveau prix et une valeur réelle à toutes les parties de la composition ; mais le talent consiste à les employer avec économie ; elles deviendroient aussi funestes à la danse qu'elles le sont quelquefois à la peinture lorsqu'on en abuse.

Passons aux *Fêtes* ou aux *Jalousies du Sérail*. Ce ballet et celui dont je viens de vous parler, ont partagé le goût du public; ils sont néanmoins dans un genre absolument opposé, et ne peuvent être mis en comparaison l'un avec l'autre.

Le théâtre représente une des parties du *Sérail*; un péristile, orné de cascades et de jets d'eau, forme l'*avant-scène*; le fond du théâtre, une colonnade circulaire en charmille; les intervalles de cette colonnade sont couronnés de guirlandes de fleurs, et enrichis de *groupes* et de jets d'eau. Le morceau le plus éloigné qui termine la décoration, présente une cascade de plusieurs nappes, qui se perd dans un bassin, et qui laisse découvrir derrière elle un paysage et un lointain. Les femmes du Sérail sont placées sur de riches sophas et sur des carreaux; elles s'occupent à différens ouvrages en usage chez les Turcs.

Des eunuques blancs et des eunuques noirs superbement habillés paroissent et présentent aux sultanes le sorbet, le café; d'autres s'empressent de leur offrir des fleurs, des fruits et des parfums. Une d'entre elles, plus occupée d'elle-même que ses compagnes, refuse tout pour avoir un miroir; un esclave lui en présente un : elle se mire, elle s'examine avec complaisance, elle arrange ses gestes, ses attitudes et sa démarche. Ses compagnes, jalouses de ses graces, cherchent à imiter tous ses mouvemens; et de là naissent plusieurs *entrées*, tant générales que particulières, qui ne peignent que la volupté et le desir ardent que toutes ont également de plaire à leur maître.

Aux charmes d'une musique tendre et du murmure des eaux, succède un air fier et marqué, dansé par des muets, par des eunuques noirs et des eunuques blancs, qui annoncent l'arrivée du *Grand-Seigneur*.

Il entre avec précipitation, suivi de l'Aga, d'une foule de janissaires, de plusieurs bostangis et de quatre nains. Dans cet instant les eunuques et les muets tombent à genoux, toutes les femmes s'inclinent, et les nains lui offrent, dans des corbeilles, des fleurs et des fruits. Il choisit un bouquet, et il ordonne, par un seul geste, à tous les esclaves, de disparoître.

Le *Grand-Seigneur*, seul au milieu de ses femmes, semble indéterminé sur le choix qu'il doit faire; il se promène autour d'elles avec cet air indécis que donne la multiplicité des objets aimables. Toutes ces femmes s'efforcent de captiver son cœur, mais *Zaïre* et *Zaïde* semblent devoir obtenir la préférence. Il présente le bouquet à Zaïde ; et, dans l'instant où elle l'accepte, un regard de Zaïre suspend son choix : il l'examine, il promène de nouveau ses regards, il revient ensuite à Zaïde ; mais un sourire enchanteur de Zaïre le décide entièrement, il lui donne le bouquet, elle l'accepte avec transport. Les autres sultanes peignent par leurs attitudes le dépit et la jalousie. Zaïre jouit malignement de la confusion de ses compagnes et de l'abattement de sa rivale. Le sultan, s'apercevant de l'impression que son choix vient de faire sur les femmes du Sérail, et voulant ajouter au triomphe de Zaïre, ordonne à *Fatime*, à Zima et à Zaïde, d'attacher à la sultane favorite le bouquet dont il l'a décorée. Elles obéissent à regret ; et, malgré l'empressement avec lequel elles semblent se rendre aux ordres du sultan, elles laissent échapper des mouvemens de dépit et de désespoir, qu'elles étouffent en apparence lorsqu'elles rencontrent les yeux de leur maître.

Le sultan danse un *pas de deux* voluptueux avec Zaïre, et se retire avec elle.

Zaïde, à qui le *Grand-Seigneur* avoit feint de présenter le bouquet, confuse et désespérée, se livre, dans une *entrée seule*, à la rage et au dépit le plus affreux. Elle tire son poignard, elle veut s'arracher la vie ; mais ses compagnes arrêtent son bras, et se hâtent de la détourner de ce dessein barbare.

Zaïde est prête à se rendre lorsque *Zaïre* reparoît avec fierté; sa présence rappelle sa rivale à toute sa fureur; celle-ci s'élance avec précipitation sur elle, pour lui porter le coup qu'elle se destinoit; Zaïre l'esquive adroitement; elle se saisit de ce même poignard, et lève le bras pour en frapper *Zaïde*. Les femmes du Sérail se partagent alors, elles accourent à l'une et à l'autre; Zaïde, désarmée, profite de l'instant où son ennemie a le bras arrêté, elle se jette sur le poignard que Zaïre porte à son côté pour s'en servir contre elle; mais les sultanes, attentives à tous ses mouvemens, parent le coup. Dans l'instant les eunuques, appelés par le bruit, entrent dans le Sérail; ils voient le combat engagé de façon à leur faire craindre de ne pouvoir rétablir la paix, et ils sortent précipitamment pour avertir le sultan. Les sultanes, dans ce moment, entraînent et séparent les deux rivales, qui font des efforts incroyables pour se dégager, elles y réussissent. A peine sont-elles libres, qu'elles s'élancent l'une sur l'autre avec fureur. Toutes les femmes, effrayées, volent entre elles pour arrêter leurs coups. Dans le moment le sultan se présente:

le changement que produit son arrivée est un coup de théâtre frappant. Le plaisir et la tendresse succèdent sur-le-champ à la douleur et à à la rage. Zaïre, loin de se plaindre, montre, par une générosité ordinaire aux belles ames, un air de sérénité qui rassure le Sultan, et qui calme les craintes qu'il avoit de perdre l'objet de sa tendresse. Ce calme fait renaître la joie dans le Sérail, et le *Grand-Seigneur* permet alors aux eunuques de donner une fête à Zaïre ; la danse devient générale.

Dans un *pas de deux*, Zaïre et Zaïde se réconcilient. Le *Grand-Seigneur* danse avec elles un *pas de trois*, dans lequel il marque toujours une préférence décidée pour Zaïre.

Cette fête est terminée par une contre-danse noble. La dernière figure offre un *groupe* posé sur un trône élevé sur des gradins ; il est composé des femmes du Sérail et du Grand-Seigneur ; Zaïre et Zaïde sont assises à ses côtés. Ce groupe est couronné par un grand baldaquin dont les rideaux sont supportés par des esclaves. Les deux côtés du théâtre offrent un autre groupe de bostangis, d'eunuques blancs, d'eunuques noirs, de muets, de Janissaires et de nains prosternés au pied du trône du Grand-Seigneur.

Voilà, Monsieur, une description bien foible d'un enchaînement de scènes qui toutes intéressent réellement. L'instant où le *Grand-Seigneur* se décide, celui où il emmène la Sultane favorite, le combat des femmes, le groupe qu'elles forment à l'arrivée du Sultan, ce changement subit, cette opposition de sentimens, cet amour que toutes les femmes témoignent pour elles-mêmes, et qu'elles expriment toutes différemment, sont autant de contrastes que je ne peux vous faire saisir. Je suis dans la même impuissance relativement aux scènes simultanées que j'avois placées dans ce ballet.

La pantomime est un trait: les tableaux qui en résultent sont rapides comme l'éclair; ils ne durent qu'un instant et font aussitôt place à d'autres. Or, Monsieur, dans un ballet bien conçu il faut peu de dialogues et peu de momens tranquilles ; le cœur doit y être toujours agité. Ainsi, comment décrire l'expression vive du sentiment et l'action animée de la pantomime ? C'est à l'ame à peindre ; c'est à elle à saisir le tableau.

L'action des ballets dont je viens de vous parler est bien moins longue à l'exécution qu'à la lecture. Des signes extérieurs qui annoncent un sentiment, deviennent froids et languissans, s'ils ne sont subitement suivis d'autres signes

indicatifs, de quelques nouvelles passions qui
lui succèdent ; encore est-il nécessaire de diviser
l'action entre plusieurs personnages ; une même
altération, des mêmes efforts, des mêmes mouvemens, une agitation toujours continuelle fati-
gueroient et ennuieroient enfin et l'acteur et le
spectateur ; il importe donc d'éviter les longueurs, si l'on veut laisser à l'expression la
force qu'elle doit avoir ; aux gestes, leur énergie ;
à la physionomie, son ton ; aux yeux, leur
éloquence ; aux attitudes et aux positions, leurs
graces et leur vérité.

Le ballet des *Fêtes* ou des *Jalousies du
Sérail* , diront peut-être les critiques versés
dans la lecture des Romans, pèche contre le
costume et les usages des Levantins ; ils trouveront qu'il est ridicule d'introduire des janissaires et des bostangis dans la partie du sérail
destinée aux femmes du *Grand-Seigneur* , et
ils objecteront encore qu'il n'y a point de nains
à Constantinople, et que le Grand-Seigneur
ne les aime pas.

Je conviendrai de la justesse de leurs observations et de l'étendue de leurs connoissances ;
mais je leur répondrai que si mes idées ont
choqué la vérité, elles n'ont point blessé la
vraisemblance ; et dès-lors j'aurai eu raison de
recourir à des licences nécessaires que tous les

auteurs se sont permises dans des ouvrages bien plus importans que des ballets.

En s'attachant scrupuleusement à peindre le caractère, les mœurs et les usages de certaines nations, les tableaux seroient souvent d'une composition pauvre et monotone : aussi y auroit-il de l'injustice à condamner un peintre sur les licences ingénieuses qu'il auroit prises, si ces mêmes licences contribuoient à la perfection, à la variété et à l'élégance de ses tableaux.

Lorsque les caractères sont soutenus, que celui de la nation qu'on représente n'est point altéré, et que la nature ne se perd pas sous des embellissemens qui lui sont étrangers et qui la dégradent; lorsqu'enfin l'expression du sentiment est fidèle, que le *coloris* est vrai, que le *clair-obscur* est ménagé avec art, que les positions sont nobles, que les *groupes* sont ingénieux, que les *masses* sont belles, et que le dessin est correct, le tableau dès-lors est excellent et produit son effet.

Je crois, Monsieur, qu'une Fête turque ou chinoise ne plairoit point à notre nation, si on n'avoit l'art de l'embellir ; et je suis persuadé que la manière de danser de ces peuples ne seroit point en droit de séduire : ce *costume* exact et cette imitation n'offriroient qu'un spectacle très-plat, et peu digne d'un public, qui n'applaudit qu'autant que les artistes ont l'art d'associer la délicatesse et le goût aux différentes productions qu'on lui présente.

Si ceux qui m'ont critiqué sur la prétendue licence que j'avois prise d'introduire des bostangis et des janissaires au Sérail, avoient été témoins de l'exécution, de la distribution et de la marche de mon ballet, ils auroient vu que ces personnages, qui les ont blessés à cent lieues d'éloignement, n'entroient point dans la partie du Sérail où se tiennent les femmes; qu'ils ne paroissoient que dans le jardin, et que je ne les avois associés à cette scène que pour faire cortége, et pour rendre l'arrivée du *Grand-Seigneur* plus imposante et plus majestueuse.

Au reste, Monsieur, une critique qui ne porte que sur un programme tombe d'elle-même, parce qu'elle n'est appuyée sur rien. On prononce sur le mérite d'un peintre d'après ses tableaux, et non d'après son style; on doit prononcer de même sur celui du maître de ballets d'après l'effet des *groupes*, des situations, des coups de théâtre, des figures ingénieuses, des formes saillantes et de l'*ensemble* qui régnent dans son ouvrage. Juger de nos productions sans les voir, c'est croire pouvoir décider d'un objet sans lumière.

Je suis, etc.

LETTRE II.

Suite du méme Sujet.

Encore deux ballets, Monsieur, et mon objet sera rempli ; car il est temps que je finisse. J'en ai dit assez pour vous persuader de toutes les difficultés d'un art qui n'est aisé que pour ceux qui n'approfondissent rien , et qui imaginent que l'action de s'élever de terre d'un pouce plus haut que les autres, ou l'idée de quelques *moulinets ,* ou de quelques *ronds ,* doivent leur attirer tous les suffrages. Dans quelque genre que ce soit, plus on approfondit, plus les obstacles se multiplient, et plus le but auquel on s'efforce d'atteindre paroît s'éloigner. Aussi, Monsieur, le travail le plus opiniâtre n'offre-t-il aux plus grands artistes qu'une lumière souvent importune qui les éclaire sur leur insuffisance, tandis que l'ignorant satisfait de lui-même au milieu des ténèbres les plus épaisses, croit qu'il n'est absolument rien au-delà de ce qu'il se flatte de savoir.

Le ballet dont je vais vous entretenir a pour titre l'*Amour Corsaire* ou l'*Embarquement pour Cythère*. La scène se passe sur le bord de la mer, dans l'île de *Mysogine*. Quelques arbres inconnus dans nos climats embellissent cette île. D'un côté du théâtre on aperçoit un autel antique élevé à la divinité que les habitans adorent; une statue représentant un homme qui plonge un poignard dans le sein d'une femme, est élevée au-dessus de l'autel. Les habitans de cette île sont cruels et barbares; leur coutume est d'immoler à leur divinité toutes les femmes jetées malheureusement pour elles sur ces côtes. Ils imposent la même loi à tous les hommes qui échappent à la fureur des flots. Le sujet de la première scène est l'admission d'un étranger sauvé du naufrage. Cet étranger est conduit à l'autel sur lequel sont appuyés deux grands prêtres. Une partie des habitans est rangée autour de ce même autel, tenant dans leurs mains des massues avec lesquelles ils s'exercent, tandis que les autres insulaires célèbrent par une danse mystérieuse l'arrivée de ce nouveau prosélyte. Celui-ci se voit forcé de promettre solennellement d'immoler avec le fer dont on va l'armer, la première femme qu'un destin trop cruel por-

tera dans cette île ; à peine commence-t-il à
proférer l'affreux serment dont il frémit lui-
même, quoiqu'il fasse le vœu dans le fond de
son cœur de désobéir au nouveau dieu dont il
embrasse le culte, que la cérémonie est interrompue par des cris perçans poussés à l'aspect
d'une chaloupe que bat une horrible tempête,
et par une danse vive qui annonce la joie barbare que fait naître l'espoir de saisir quelques
victimes. On aperçoit dans cette chaloupe une
femme et un homme qui lèvent les mains vers
le ciel, et qui demandent du secours. *Dorval*
(c'est le nom de l'étranger) croit reconnoître
à l'approche de cette chaloupe sa sœur et son
ami. Il regarde attentivement ; son cœur est
pénétré de plaisir et de crainte ; il les voit enfin
hors de danger : il se livre à l'excès d'une satisfaction inexprimable ; mais cette satisfaction et
la joie qu'elle inspire sont bientôt balancées par
le souvenir du lieu terrible qu'il habite, et ce
retour funeste le précipite dans l'abattement et
dans la douleur la plus profonde. L'empressement qu'il a d'abord témoigné a fait prendre le
change et en a imposé aux *Misogyniens* ; ils
ont cru voir en lui du zèle et un attachement
inviolable à leur loi. Cependant *Clairville* et
Constance (c'est le nom des deux amans)

abordent enfin ; la mort est peinte sur leur visage, leurs yeux s'ouvrent à peine, des cheveux
hérissés annoncent leur effroi. Un teint pâle et
mourant peint toute l'horreur du trépas qui
s'est présenté mille fois à eux et qu'ils redoutent
encore ; mais quelle est leur surprise, lorsqu'ils
se sentent étroitement embrassés ! ils reconnoissent *Dorval*, ils se jettent dans ses bras ;
leurs yeux croient à peine ce qu'ils voient ; tous
trois ne peuvent se séparer ; l'excès de leur bonheur est exprimé par toutes les démonstrations
de la joie la plus pure ; ils s'inondent de leurs
larmes, et ces larmes sont des signes non équivoques des sentimens divers qui les agitent. Ici
leur situation change. Un sauvage présente à
Dorval le poignard qui doit percer le cœur de
Constance, et lui ordonne de le lui plonger dans
le sein. *Dorval*, indigné d'un ordre aussi barbare, saisit ce fer et veut en frapper le *Miso-*
gynien ; mais *Constance* s'échappant des bras
de son amant, suspend le coup que son frère
alloit porter : le sauvage saisit cet instrument ;
il désarme *Dorval* et veut percer le sein de
celle qui vient de lui sauver la vie. *Clairville*
arrête le bras du perfide, il lui arrache le poignard. *Dorval* et *Clairville*, également révoltés
de la férocité et de l'inhumanité des habitans

de cette île, se rangent du côté de *Constance* ; ils la tiennent étroitement serrée dans leurs bras; leurs corps sont un rempart qu'ils opposent à la barbarie de leurs ennemis, et leurs yeux animés et étincelans de colère semblent défier les *Mysogyniens*. Ceux-ci, furieux de cette résistance, ordonnent aux sauvages qui ont des massues d'arracher la victime des bras de ces deux étrangers et de la traîner à l'autel. *Dorval* et *Clairville* encouragés par le danger désarment deux de ces cruels; ils se livrent au combat avec fureur et avec audace, et viennent à chaque instant se rallier auprès de *Constance;* ils ne la perdent pas un moment de vue. Celle-ci tremblante et désolée, craignant de perdre deux objets qui lui sont également chers, s'abandonne au désespoir. Les sacrificateurs aidés de plusieurs sauvages, s'élancent sur elle et l'entraînent à l'autel. Dans ce moment elle rappelle tout son courage, elle lutte contre eux; elle se saisit du poignard d'un des sacrificateurs, elle l'en frappe. Délivrée pour un instant, elle se jette dans les bras de son amant et de son frère ; mais elle en est arrachée. Elle s'échappe de nouveau, et y revole encore. Cependant ne pouvant résister au nombre, *Dorval et Clairville*, presque mourans et accablés, sont en-

chaînés ; *Constance* est entraînée au pied de
cet autel, trône de la barbarie. Le bras se lève,
le coup est prêt à tomber, lorsque le dieu
protecteur des amans arrête le sacrificateur en
répandant un charme sur cette île, qui en rend
tous les habitans immobiles. Cette transition
des plus grands mouvemens à l'immobilité
produit un effet étonnant. *Constance* évanouie
aux pieds du sacrificateur, *Dorval* et *Clair-*
ville voyant à peine la lumière, sont renversés
dans les bras de quelques sauvages (1).

Le jour devient plus beau, les flots irrités
s'abaissent, le calme succède à la tempête, plu-

---

(1) Cette scène, en remontant à l'arrivée de *Cons-*
tance et de *Clairville*, offre une reconnoissance touchante ; le coup de théâtre qui la suit est intéressant.
Ce n'est point un intérêt particulier qui détermine les
combattans. *Constance* craint moins pour ses jours que
pour ceux de son amant et de son frère ; ceux-ci veillent moins à leur conservation qu'à celle de *Constance*.
S'ils reçoivent un coup, c'est pour parer celui que l'on
porte à l'objet de leur tendresse. Cette scène longue à
la lecture est vive et animée à l'exécution ; car vous savez qu'il faut moins de temps pour exprimer un sentiment par le geste, qu'il n'en faut pour le peindre par
le discours ; ainsi, lorsque l'instant est bien choisi,
l'action pantomime est plus chaude, plus animée et
plus intéressante que celle qui résulte d'une scène dia-

sieurs tritons et plusieurs naïades folâtrent dans les eaux ; un vaisseau richement orné paroît sur la mer (1).

Il aborde; l'Amour fait jeter l'ancre, il descend de son bord; les Nymphes, les Jeux et les Plaisirs le suivent; et en attendant les ordres de ce dieu, cette troupe légère se range en bataille. Les *Misogyniens* reviennent de l'extase et de l'immobilité dans lesquelles l'Amour les avoit plongés. Un de ses regards rappelle à la vie *Constance. Dorval* et *Clairville* ne doutant point alors que leur libérateur ne soit un dieu, se prosternent à ses pieds. Les sauvages, irrités de voir leur culte profané, lèvent tous leurs massues pour massacrer et les adorateurs

---

lognée. Je crois, Monsieur, que celle que je viens de vous montrer dans une perspective éloignée, porte un caractère auquel l'humanité ne peut être insensible, et qu'elle est en droit d'arracher des larmes et de remuer fortement tous ceux dont le cœur est susceptible de sentiment et de délicatesse.

(1) L'Amour, sous la forme d'un corsaire, le commande; les Jeux et les Plaisirs sont employés aux différentes manœuvres; une troupe de Nymphes vêtues en Amazones sont les soldats qui servent sur ce bord : tout est élégant, tout annonce et caractérise enfin la présence de l'enfant de Cythère.

et la suite de l'enfant de Cythère; ils tournent
même leur rage et leur fureur contre lui; mais
que peuvent les mortels, lorsque l'Amour commande? un seul de ses regards suspend tous les
bras armés des *Misogyniens*. Il ordonne que
l'on renverse leur autel, que l'on brise leur infâme divinité; les Jeux et les Plaisirs obéissent
à sa voix, l'autel s'ébranle sous leurs coups, la
statue s'écroule et se rompt par morceaux. Un
nouvel autel paroît et prend la place de celui
qui vient d'être détruit. Il est de marbre blanc;
des guirlandes de roses, de jasmins et de myrtes ajoutent à son élégance; des colonnes
sortent de la terre pour orner cet autel, et un
baldaquin artistement enrichi, et porté par un
groupe d'amours, descend des cieux. Les extrémités en sont soutenues par des zéphirs qui
les appuient directement sur les quatre colonnes
qui entourent l'autel; les arbres antiques de
cette île disparoissent, pour faire place aux
myrtes, aux orangers, et aux bosquets de
roses et de jasmins.

Les *Misogyniens*, à l'aspect de leur divinité
renversée et de leur culte profané, entrent en
fureur; mais l'Amour ne leur permet de faire
éclater leur colère que par intervalle; il les arrête toujours lorsqu'ils sont près de frapper.

Les instans du charme qui les rend immobiles,
offrent une multitude de tableaux et de *groupes*
qui diffèrent tous par les positions, par la distribution, par la composition, mais qui expriment également ce que la fureur a de plus affreux. Les tableaux que présentent les Nymphes
sont d'un goût et d'un coloris tout opposés.
Elles ne parent les coups que les *Misogyniens*
tentent de leur porter, qu'avec des grâces et
des regards pleins de tendresse et de volupté.
Cependant l'Amour ordonne à celles-ci de combattre et de vaincre ces sauvages: ceux-ci ne
font plus qu'une foible résistance; s'ils ont la
force de lever le bras pour porter un coup, ils
n'ont pas le courage de le laisser tomber. Enfin, leurs massues leur échappent, elles tombent de leurs mains. Vaincus et sans défense, ils
se jettent aux genoux de leurs vainqueurs qui,
naturellement tendres, leur accordent leur
grâce en les enchaînant avec des guirlandes de
fleurs. L'Amour satisfait unit *Clairville* à
Constance, les *Misogyniens* aux Nymphes, et
donne à *Dorval*, *Zénéide*, jeune Nymphe que
ce dieu a pris soin de former. Une marche de
triomphe forme l'ouverture de ce ballet; les
Nymphes mènent en lesse les vaincus; l'Amour
ordonne des fêtes, et le divertissement général

commence. Ce dieu, *Clairville* et *Constance*, *Dorval* et *Zénéide*, les Jeux et les Plaisirs dansent les principaux morceaux. La contredanse noble de ce ballet se dégrade insensiblement de deux en deux, et tout le monde se place successivement sur le vaisseau. De petits gradins posés dans des sens différens et à des hauteurs diverses, servent pour ainsi dire de piédestal à cette troupe amoureuse, et offrent un grand *groupe* distribué avec élégance; on lève l'ancre, les Zéphirs enflent les voiles, le vaisseau prend le large, et, poussé par des vents favorables, il vogue vers Cythère (1).

Je vais passer actuellement au *Jaloux sans rival*, ballet espagnol; et je vous préviens

---

(1) Ce ballet a été mis avec soin, et rien n'a été épargné. Les Nymphes avoient des habits galans dont les corsets différoient peu de ceux des amazones. Les vêtemens des sauvages étoient d'une forme singulière et dans des couleurs entières; une partie de la poitrine, des bras et des jambes, étoit couleur de chair. L'Amour n'étoit reconnu que par ses ailes, et étoit vêtu dans le goût des corsaires brigantins. Les habits des Jeux et des Plaisirs empruntoient la forme de ceux des matelots qui servent sur les bâtimens corsaires, avec cette différence qu'ils étoient plus galans.

Clairville, Dorval et *Constance*, sans être mis riched'avance qu'il y a encore des combats et des poignards. On appelle le misanthrope, *l'homme aux rubans verts :* on me nommera peut-être *l'homme aux poignards.* Lorsque l'on réfléchira cependant sur l'art *pantomime ;* lorsque l'on examinera les limites étroites qui lui sont prescrites; lorsque l'on considérera enfin son insuffisance dans tout ce qui s'appelle dialogue tranquille, et que l'on se rappellera jusqu'à quel point il est subordonné aux règles de la peinture, qui, comme la *pantomime*, ne peut rendre que des instans, on ne pourra me blâmer de choisir tous ceux qui peuvent, par leurs liaisons et par leurs successions, remuer le cœur et affecter l'ame. Je ne sais si j'ai bien fait de m'attacher à ce genre, mais les larmes que le public a données à plusieurs scènes de mes ballets, l'émotion vive qu'ils ont causée, me

---

ment, étoient vêtus de bon goût et convenablement. Un beau désordre composoit leur parure. Le dessin des habits étoit de M. *Boquet*, et la musique de M. *Granier*. Elle imitoit les accens de la nature : sans être d'un chant uniforme, elle étoit harmonieuse. Il avoit mis enfin l'action en musique; chaque trait étoit une expression qui prêtoit des forces et de l'énergie aux mouvemens de la danse, et qui en animoit tous les tableaux.

persuadent que si je n'ai point encore atteint le but, du moins ai-je trouvé la route qui peut y conduire. Je ne me flatte point de pouvoir franchir la distance immense qui m'en éloigne et qui m'en sépare; ce succès n'est réservé qu'à ceux à qui le génie prête des ailes; mais j'aurai du moins la satisfaction d'avoir ouvert la voie. Indiquer le chemin qui mène à la perfection, est un avantage qui suffit à quiconque n'a pas eu la force d'y arriver.

Fernand est amant d'*Inès*; *Clitandre*, petit-maître français, est amant de *Béatrix*, amie d'*Inès* : voilà les personnages sur lesquels roule toute l'intrigue. *Clitandre*, à propos d'un coup d'échec (1), se brouille vivement avec *Béatrix*. Inès cherche à raccommoder *Clitandre* et *Béatrix* : celle-ci naturellement fière se retire; *Clitandre* désespéré la suit; ne pouvant obtenir son pardon, il revient un instant après, et con-

---

(1) Quelques choses qu'aient pu dire les petits critiques au sujet de la scène simultanée de M. *Diderot*, et de la partie de trictrac jouée dans la première scène du *Père de famille*, ce qui la rend plus vraie et plus naturelle, j'ai mis un jeu d'échec dans mon ballet. Le théâtre est ou devroit être le tableau fidèle de la vie humaine : or, tout ce qui se fait de décent et de permis dans la société peut être jeté sur cette toile; tant pis

jure *Inès* de lui être favorable. Celui-ci lui promet de s'intéresser en sa faveur, mais elle lui expose le danger qu'elle court d'être seule avec lui ; elle craint la jalousie de *Fernand.* Le Français, toujours pétulant, et plus occupé de son amour que des inquiétudes d'*Inès* , se jette à ses genoux pour la presser de ne point oublier de parler à *Béatrix. Fernand* paroît, et, sans rien examiner, il s'élance avec fureur sur *Clitandre ;* il lui saisit la main dans l'instant qu'il baise celle d'*Inès* et qu'elle fait des efforts pour s'en défendre, et sur-le-champ il tire un poignard pour le frapper ; mais *Inès* pare le coup, et *Béatrix* , attirée par le bruit, couvre de son corps celui de son amant. L'Espagnol , dès cet instant, interprète les sentimens d'*Inès* à son désavantage ; il prend sa compassion pour de la tendresse, ses craintes pour de l'amour ; excité par les images que la jalousie porte dans

---

pour ceux que le beau simple ne séduit pas ; si leur cœur est glacé, et s'il est insensible aux images intéressantes que présentent des mœurs douces et honnêtes, faut-il qu'un auteur abandonne ses sentimens et renonce à la nature, pour se livrer à des féeries et des bambochades ? ou ne peut-on être ému que par un spectacle continuel de dieux et de héros introduits sur scène ?

son cœur, il se dégage d'*Inès* et court sur
Clitandre. La fuite précipitée de celui-ci le
sauve du danger ; mais l'Espagnol, au désespoir de n'avoir pu assouvir sa rage, se retourne
avec promptitude vers *Inès*, pour lui porter
le coup qu'il destinoit à son prétendu rival. Il
veut la frapper ; mais le mouvement qu'elle fait
pour voler au-devant du bras qui la menace,
arrête le transport du jaloux, et lui fait tomber
le fer de la main. Un geste d'*Inès* semble reprocher à son amant son injustice. Désespérée
de survivre au soupçon qu'il a conçu de son
infidélité, elle tombe sur un fauteuil. *Fernand*,
toujours jaloux, mais honteux de sa barbarie,
se jette sur un autre siége. Les deux amans
offrent l'image du désespoir et de l'amour en
courroux. Leurs yeux se cherchent et s'évi-
tent, s'enflamment et s'attendrissent. *Inès* tire
une lettre de son sein, *Fernand* l'imite ; chacun
y lit les sentimens de l'amour le plus tendre :
mais tous deux se croyant trompés, déchirent
avec dépit ces premiers gages de leur amour ;
également piqués de ces marques de mépris,
ils regardent attentivement les portraits qu'ils
ont l'un de l'autre ; et, n'y voyant plus que les
traits de l'infidélité et du parjure, ils les jettent à leurs pieds. *Fernand* exprime cepen-

dant par ses gestes et ses regards combien ce
sacrifice lui déchire le coeur; c'est par un effort
violent qu'il se défait d'un portrait qui lui est si
cher; il le laisse tomber, ou, pour mieux dire,
il le laisse échapper avec peine de ses mains.
Dans cet instant il se jette sur son siége, et se
livre à la douleur et au désespoir.

Béatrix, témoin de cette scène, fait alors
des efforts pour les raccommoder, et pour les
engager l'un et l'autre à s'approcher réciproque-
ment. *Inès* fait les premiers pas; mais,
s'apercevant que *Fernand* ne répond point à
son empressement, elle prend la fuite. *Béatrix* l'arrête sur - le - champ; et l'Espagnol
voyant que sa maîtresse veut l'éviter, fuit à
son tour avec un air d'accablement et de
dépit.

Béatrix persiste et veut toujours les contraindre à faire la paix. Pour cet effet, elle les
oblige à se donner la main; ils se font tirer
l'un et l'autre; mais elle parvient enfin à les
rapprocher et à les réunir. Elle les considère
ensuite avec un sourire malin. Les deux amans
n'osant encore se regarder, malgré l'envie qu'ils
en ont, se trouvent dos à dos; insensiblement
ils se retournent. *Inès*, par un regard, assure
le pardon de *Fernand*, qui lui baise la main

avec transport; et ils se retirent tous trois pénétrés de la joie la plus vive.

Clitandre paroît sur la scène. Son entrée est
un monologue; elle emprunte ses traits de la
crainte et de l'inquiétude. Il cherche sa maîtresse; mais apercevant *Fernand*, il fuit avec
célérité. Celui-ci témoigne à *Béatrix* sa reconnoissance; mais comme rien ne ressemble plus
à l'amour que l'amitié, *Inès* qui le surprend
tandis qu'il baise la main de *Béatrix*, en prend
occasion pour se venger de la scène que la
jalousie de son amant lui a fait essuyer; elle
feint d'être jalouse à son tour. L'Espagnol la
croyant réellement affectée de cette passion,
cherche à la détromper en lui donnant de nouvelles assurances de sa tendresse; elle y paroît
insensible, et, ne le regardant qu'avec des yeux
troublés et menaçans, elle lui montre un poignard; il frémit, il recule de frayeur, s'élance
pour le lui arracher; mais elle feint de s'en
frapper, elle chancelle et tombe dans les bras
de ses suivantes. A ce spectacle, *Fernand* de-
meure immobile, privé de sentimens; et, n'é-
coutant soudain que son désespoir, il s'y livre
tout entier, et tente de s'arracher la vie. Tous
les Espagnols se jettent sur lui et le désarment.
Furieux, il lutte contre eux et cherche à ré-

sister à leurs efforts, il en terrasse plusieurs ;
mais accablé par le nombre et par sa douleur,
ses forces diminuent insensiblement, ses jambes se dérobent sous lui, ses yeux s'obscurcissent et se ferment, ses traits annoncent la
mort, il tombe évanoui dans les bras des Espagnols.

Inès, qui, dans les commencemens de cette
scène, jouissoit du plaisir d'une vengeance
qu'elle croyoit innocente et dont elle ne pré-
voyoit point les suites, s'apercevant de ses
tristes effets, donne les marques les plus con-
vaincantes de la sincérité de son repentir ; elle
vole à son amant, le serre tendrement dans ses
bras, le prend par la main et s'efforce de le
rappeler à la vie. *Fernand* ouvre les yeux ; sa
vue paroît troublée, il tourne la tête du côté
d'*Inès :* mais quel est son étonnement ! il croit
à peine ce qu'il voit ; il ne peut se persuader
qu'*Inès* vive encore ; et, doutant de son bonheur, il exprime tour à tour sa surprise, sa
crainte, sa joie, sa tendresse et son ravissement ; il tombe aux genoux de sa maîtresse,
qui le reçoit dans ses bras avec les transports
de l'amante la plus passionnée.

Les différens événemens que cette scène a
produits rendent l'action générale ; le plaisir

s'empare de tous les cœurs; il se manifeste par des danses où *Fernand*, *Inès*, *Béatrix* et *Clitandre* président. Après plusieurs pas particuliers qui peignent l'enjouement et la volupté, le ballet est terminé par une contre-danse générale.

Il est aisé de s'apercevoir, Monsieur, que ce ballet n'est qu'une combinaison des scènes les plus saillantes de plusieurs drames de notre théâtre. Ce sont des tableaux des meilleurs maîtres, que j'ai pris soin de réunir.

Le premier est pris de M. *Diderot*, le second offre un coup de théâtre de mon imagination, je veux parler de l'instant où *Fernand* lève le bras sur *Clitandre*. Celui qui le suit est tiré de *Mahomet*, lorsqu'il veut poignarder *Irène*, et qu'elle lui dit en volant au-devant du coup :

Ton bras est suspendu ! qui t'arrête ? ose tout;
Dans un cœur tout à toi laisse tomber le coup.

La scène de dépit, les lettres déchirées, et les portraits rendus avec mépris, présentent la scène du *Dépit amoureux* de *Molière*. Le raccommodement de *Fernand* et d'*Inès* n'est autre chose que celui de *Mariane* et de *Valère* du *Tartuffe*, ménagé adroitement par *Dorine*. La feinte jalousie d'*Inès* est une épi-

sode de pure invention. L'égarement de *Fer-*
nand, sa rage, sa fureur, son désespoir et son
accablement sont l'image des fureurs d'*Oreste*
de *Racine*. La reconnoissance enfin est celle
de *Rhadamiste* et de *Zénobie* de M. *Crébil-*
lon. Tout ce qui lie ces tableaux, pour n'en former qu'un seul, est de moi.

Vous voyez, Monsieur, que ce ballet n'est
exactement qu'un essai que j'ai voulu faire
pour sonder le goût du public, et pour me
convaincre de la possibilité qu'il y a d'associer
le genre tragique à la danse. Tout eut du succès dans ce ballet, sans en excepter même la
scène du dépit, jouée partie assis et partie de-
bout : elle parut aussi vive, aussi animée et
aussi naturelle que toutes les autres ; il y a dix
mois que l'on voit ce spectacle, et qu'on le
voit avec plaisir ; effet certain de la danse en
action : elle paroît toujours nouvelle, parce
qu'elle parle à l'ame, et qu'elle intéresse également le cœur et les yeux.

J'ai passé légèrement sur les parties de détail pour vous épargner l'ennui qu'elles auroient
pu vous causer ; et je vais finir par quelques
réflexions sur l'entêtement, la négligence et la
paresse des artistes, et sur la facilité du public
à céder aux impressions de l'habitude.

Que l'on consulte, Monsieur, tous ceux qui applaudissent indifféremment, et qui croiroient avoir perdu l'argent qu'ils ont donné à la porte, s'ils n'avoient frappé des pieds ou des mains; qu'on leur demande, dis-je, comment ils trouvent la danse et les ballets? « Miraculeux, répondront-ils, ils sont du dernier bien; et les arts agréables sont étonnans ». Représentez-leur qu'il y a des changemens à faire, que la danse est froide, que les ballets n'ont d'autre mérite que celui du dessin, que l'expression y est négligée, que la *pantomime* est inconnue, que les plans sont vides de sens, que l'on s'attache à peindre des sujets trop minces ou trop vastes, et qu'il y auroit une réforme considérable à faire au théâtre; ils vous traiteront de stupide et d'insensé, ils ne pourront s'imaginer que la danse et les ballets puissent leur procurer des plaisirs plus vifs. « Que l'on continue,
» ajouteront-ils, à faire de belles pirouettes,
» de beaux entrechats; que l'on se tienne long-
» temps sur la pointe du pied pour nous aver-
» tir des difficultés de l'art; qu'on remue tou-
» jours les jambes avec la même vîtesse, et
» nous serons contens. Nous ne voulons point
» de changement; tout est bien, et l'on ne
» peut rien faire de plus agréable ». Mais la

danse, poursuivront les gens de goût, ne vous
cause que des sensations médiocres, et vous
en éprouveriez de bien plus vives, si cet art
étoit porté au degré de perfection où il peut atteindre. « Nous ne nous soucions pas, répon-
» dront-ils, que la danse et les ballets nous
» attendrissent, qu'ils nous fassent verser des
» larmes; nous ne voulons pas que cet art
» nous occupe sérieusement; le raisonnement
» lui ôteroit ses charmes; c'est moins à l'es-
» prit à diriger ses mouvemens qu'à la folie;
» le bon sens l'anéantiroit; nous prétendons
» rire aux ballets, causer aux tragédies, et par-
» ler petites maisons, petits soupers et équi-
» pages à la comédie. »

Voilà, Monsieur, un système assez général.
Est-il possible que le génie créateur soit toujours persécuté? soyez ami de la vérité, c'est
un titre qui révolte tous ceux qui la craignent.
M. de *Cahusac* dévoile les beautés de notre
art, il propose des embellissemens nécessaires,
il ne veut rien ôter à la danse, il ne cherche au
contraire qu'à tracer un chemin sûr dans lequel les danseurs ne puissent s'égarer; on dédaigne de le suivre. M. *Diderot*, ce philosophe
ami de la nature, c'est-à-dire du vrai et du
beau simple, cherche également à enrichir la

scène française d'un genre qu'il a moins puisé
dans son imagination que dans l'humanité; il
voudroit substituer la *pantomime* aux manières: le ton de la nature au ton ampoulé de
l'art; les habits simples aux colifichets et à
l'oripeau; le vrai au fabuleux; l'esprit et le bon
sens au jargon entortillé, à ces petits portraits
mal peints qui font grimacer la nature, et qui
l'enlaidissent; il voudroit, dis-je, que la comédie française méritât le titre glorieux de l'école
des mœurs; que les contrastes fussent moins
choquans et ménagés avec plus d'art; que les
vertus enfin n'eussent pas besoin d'être opposées aux vices, pour être aimables et pour séduire, parce que ces ombres trop fortes, loin
de donner de la valeur aux objets et de les éclairer, les affoiblissent et les éteignent; mais tous
ses efforts sont impuissans.

Le traité de M. de *Cahusac* sur la danse est
aussi nécessaire aux danseurs, que l'étude de
la chronologie est indispensable à ceux qui
veulent écrire l'histoire; cependant il a été
critiqué des personnes de l'art, il a même excité les fades plaisanteries de ceux qui, par de
certaines raisons, ne pouvoient ni le lire ni l'entendre. Combien le mot *pantomime* n'a-t-il
pas choqué tous ceux qui dansent le sérieux?

Il seroit beau, disoient-ils, de voir danser ce genre en *pantomime!* Avouez, Monsieur, qu'il faut absolument ignorer la signification du mot, pour tenir un tel langage. J'aimerois autant que l'on me dit : Je renonce à l'esprit ; je ne veux point avoir d'ame, je veux être brute toute la vie.

Plusieurs danseurs, qui se récrient sur l'impossibilité qu'il y auroit de joindre la pantomime à l'exécution mécanique, et qui n'ont fait aucune tentative ni aucun effort pour y réussir, attaquoient encore l'ouvrage de M. de *Cahusac* avec des armes bien foibles. Ils lui reprochoient de ne pas connoître la mécanique de l'art, et concluoient de là que ses raisonnemens ne portoient sur aucuns principes. Quels discours ! est-il besoin de savoir faire la *gargouillade* et l'*entrechat* pour juger sainement des effets de ce spectacle, pour sentir ce qui lui manque, et pour indiquer ce qui lui convient ? Faut-il être danseur pour s'apercevoir du peu d'esprit qui règne dans un *pas de deux*, des contre-sens qui se font habituellement dans les ballets, du peu d'expression des exécutans, et de la médiocrité des talens des compositeurs ? Que diroit-on d'un auteur qui ne voudroit pas se soumettre au jugement du

parterre, parce que ceux qui le composent n'ont
pas tous le talent de faire des vers?

Si M. de *Cahusac* s'étoit attaché aux pas de
la danse, aux mouvemens compassés des bras,
aux enchaînemens et aux mélanges compliqués des temps, il auroit couru les risques de
s'égarer; mais il a abandonné toutes ces parties
grossières à ceux qui n'ont que des jambes et
des bras. Ce n'est pas pour eux qu'il a prétendu
écrire, il n'a traité que la poétique de l'art, il
en a saisi l'esprit et le caractère; malheur à
tous ceux qui ne peuvent ni le goûter ni l'entendre! Disons la vérité, le genre qu'il propose
est difficile; mais en est-il moins beau? c'est le
seul qui convienne à la danse et qui puisse l'embellir.

Les grands comédiens seront du sentiment
de M. *Diderot;* les médiocres seront les seuls
qui s'élèveront contre le genre qu'il indique;
pourquoi? c'est qu'il est pris dans la nature,
c'est qu'il faut des hommes pour le rendre et
non pas des automates, c'est qu'il exige des
perfections qui ne peuvent s'acquérir, si l'on
n'en porte le germe en soi-même, et qu'il n'est
pas seulement question de débiter, mais qu'il
faut sentir vivement et avoir de l'ame.

Il faudroit jouer, disois-je un jour à un co-

médien, le *Père de famille* et le *Fils naturel*.
Ils ne feroient point d'effet au théâtre, me ré-
pliqua-t-il. Avez-vous lu ces deux drames? Oui,
me répondit-il. Eh bien! n'avez-vous pas été
ému? votre ame n'a-t-elle point été affectée,
votre cœur ne s'est-il pas attendri, et vos yeux
ont-ils pu refuser des larmes aux tableaux
simples, mais touchans, que l'auteur a peints
si naturellement? J'ai éprouvé, me dit-il, tous
ces mouvemens. Pourquoi donc, lui répondis-
je, doutez-vous de l'effet que ces pièces produiroient au théâtre, puisqu'elles vous ont séduit, quoique dégagées des charmes de l'illusion que leur prêteroit la scène, et quoique pri-
vées de la nouvelle force qu'elles acquerroient
étant jouées par de bons acteurs. Voilà la difficulté : Il seroit rare d'en trouver un grand
nombre , continua-t-il , capables de jouer ces
pièces : ces scènes simultanées seroient embar-
rassantes à bien rendre; cette action *pantomime* seroit l'écueil contre lequel la plupart
des comédiens échoueroient. La scène muette
est épineuse, c'est la pierre de touche de l'acteur. Ces phrases coupées, ces sens suspendus,
ces soupirs, ces sons à peine articulés, deman-
deroient une vérité, une ame, une expression
et un esprit qu'il n'est pas permis à tout le

monde d'avoir ; cette simplicité dans les vêtemens, dépouillant l'acteur de l'embellissement
de l'art, le laisseroit voir tel qu'il est ; sa taille
n'étant plus relevée par l'élégance de la parure, il auroit besoin, pour plaire, de la belle
nature ; rien ne masqueroit ses imperfections,
et les yeux du spectateur n'étant plus éblouis
par le clinquant et les colifichets, se fixeroient
entièrement sur le comédien. Je conviens, lui
dis-je, que l'uni en tous genres exige de grandes
perfections ; qu'il ne sied qu'à la beauté d'être
simple, et que le déshabillé ajoute même à ses
grâces ; mais ce n'est ni la faute de M. *Diderot,*
ni celle de M. de *Cahusac,* si les grands talens
sont rares ; ils ne demandent l'un et l'autre
qu'une perfection que l'on pourroit atteindre
avec de l'émulation ; le genre qu'ils ont traité
est le genre par excellence ; il n'emprunte ses
traits et ses grâces que de la nature.

Si les avis et les conseils de MM. *Diderot* et
de *Cahusac* ne sont point suivis, si les routes
qu'ils indiquent pour arriver à la perfection
sont dédaignées, puis-je me flatter de réussir?
Non, sans doute, Monsieur, et il y auroit de
la témérité à le penser.

Je sais que la crainte frivole d'innover arrête
toujours les artistes pusillanimes ; je n'ignore

point encore que l'habitude attache fortement les talens médiocres aux vieilles rubriques de leur profession; je conçois que l'imitation en tous genres a des charmes qui séduisent tous ceux qui sont sans goût et sans génie ; la raison en est simple, c'est qu'il est moins difficile de copier que de créer.

Combien de talens égarés par une servile imitation! Combien de dispositions étouffées, et d'artistes ignorés pour avoir quitté le genre et la manière qui leur étoient propres, et pour s'être efforcés de saisir ce qui n'étoit pas fait pour eux! Combien de comédiens faux et de parodistes détestables qui ont abandonné les accens de la nature, qui ont renoncé à eux-mêmes, à leur voix, à leur marche, à leurs gestes et à leur physionomie, pour emprunter des organes, un jeu, une prononciation, une démarche, une expression et des traits qui les défigurent, de manière qu'ils n'offrent que la *charge* ridicule des originaux qu'ils ont voulu copier! Combien de danseurs, de peintres et de musiciens se sont perdus en suivant cette route facile, mais pernicieuse, qui meneroit insensiblement à la destruction et à l'anéantissement des arts, si les siècles ne produisoient toujours quelques hommes rares qui, prenant

la nature pour modèle et le génie pour guide,
s'élèvent d'un vol hardi et de leurs propres
ailes à la perfection!

Tous ceux qui sont subjugués par l'imitation oublieront toujours la belle nature,
pour ne penser uniquement qu'au modèle
qui les frappe et qui les séduit, modèle
souvent imparfait et dont la copie ne peut
plaire.

Questionnez les artistes; demandez-leur
pourquoi ils ne s'appliquent point à être originaux, et à donner à leur art une forme plus
simple, une expression plus vraie, un air
plus naturel; ils vous répondront, pour justifier leur indolence et leur paresse, qu'ils craignent de se donner un ridicule, qu'il y a du
danger à innover, à créer; que le public est
accoutumé à telle manière, et que s'en écarter,
ce seroit lui déplaire. Voilà les raisons sur lesquelles ils se fonderont pour assujétir les arts
au caprice et au changement, parce qu'ils igno-
reront qu'ils sont enfans de la nature, qu'ils ne
doivent suivre qu'elle, et qu'ils doivent être in-
variables dans les règles qu'elle prescrit. Ils
s'efforceront enfin de vous persuader qu'il est
plus glorieux de végéter et de languir à l'ombre
des originaux qui les éclipsent et qui les écra-

sent, que de se donner la peine d'être originaux
eux-mêmes.

M. *Diderot* n'a eu d'autre but que celui de
la perfection du théâtre; il vouloit ramener à
la nature tous les comédiens qui s'en sont écar-
tés. M. de *Cahusac* rappeloit également les
danseurs à la vérité; mais tout ce qu'ils ont
dit a paru faux, parce que tout ce qu'ils ont
dit ne présente que les traits de la simplicité.
On n'a point voulu convenir qu'il ne falloit que
de l'esprit pour mettre en pratique leurs conseils. Peut-on avouer qu'on en manque? est-il
possible de confesser que l'on n'a point d'expression? ce seroit convenir que l'on n'a point
d'ame. On dit bien : Je n'ai point de poumons;
mais je n'ai jamais entendu dire : Je n'ai point
d'entrailles. Les danseurs avouent quelquefois
qu'ils n'ont point de vigueur, mais ils n'ont pas
la même franchise lorsqu'il est question de
parler de la stérilité de leur imagination. Enfin
les maîtres de ballets déclarent avec naïveté
qu'ils ne composent pas vîte, et que leur mé-
tier les ennuie; mais ils ne conviennent point
qu'ils ennuient à leur tour le spectateur, qu'ils
sont froids, diffus, monotones, et qu'ils n'ont
point de génie. Tels sont, Monsieur, la plupart des hommes qui se livrent au théâtre, ils

se croient tous parfaits. Aussi n'est-il pas étonnant que ceux qui se sont efforcés de leur des-
siller les yeux, se dégoûtent et se repentent
même d'avoir tenté leur guérison.

L'amour-propre est dans toutes les conditions et dans tous les états un mal incurable.
En vain cherche-t-on à ramener l'art à la nature, la désertion est générale; il n'est point
d'amnistie qui puisse déterminer les artistes à
revenir sous ses étendards, et à se rallier sous
les drapeaux de la vérité et de la simplicité.
C'est un service étranger qui leur seroit trop
pénible et trop dur. Il a donc été plus simple
de dire que M. de *Cahusac* parloit en auteur et
non en danseur, et que le genre qu'il proposoit étoit extravagant. On s'est écrié par la
même raison que le *Fils naturel* et le *Père de
famille* n'étoient point des pièces de théâtre,
et il a été plus facile de s'en tenir là que
d'essayer de les jouer, au moyen de quoi les
artistes ont raison, et les auteurs s'égarent.
Leurs ouvrages ne sont que des rêves faits par
des moralistes ennuyeux et de mauvaise humeur, ils sont sans prix et sans mérite. Eh!
comment pourroient-ils en avoir? y voit-on
tous les jolis mots à la mode, les jolies tour-
nures, les petites épigrammes et les petites

saillies? car les *infiniment petits* plaisent souvent à Paris. J'ai vu un temps où l'on ne parloit que des *petits enfans*, que des *petits comédiens*, que des *petits violons*, que du *petit anglais*, et que du *petit cheval de la foire*.

Il seroit avantageux, Monsieur, pour la plus grande partie de ceux qui se livrent à la danse et qui s'adonnent aux ballets, d'avoir des maîtres habiles qui leur enseignassent toutes les choses qu'ils ignorent, et qui sont infiniment liées à leur état. La plupart dédaignent et sacrifient toutes les connoissances qu'il leur importoit d'avoir, à une oisiveté méprisable, à un genre de vie et de dissipation qui dégradent l'art et avilissent l'artiste. Cette mauvaise conduite, trop justement reprochée, est la base du préjugé fatal qui règne indifféremment contre les gens qui se consacrent au théâtre, préjugé qui se dissiperoit bientôt, malgré la censure amère du très illustre Cynique de ce siècle, s'ils cherchoient à se distinguer par les mœurs et par la supériorité des talens.

Je suis, etc.

LETTRE III.

Résumé général sur les Ballets.

———

Mon intention , Monsieur, étant de finir et de ne plus parler ballets, je vais rassembler les idées éparses qui se trouvent dans mes ouvrages et en ajouter de nouvelles, pour présenter dans un seul cadre ce que les maîtres de ballets doivent savoir et ce qu'ils doivent pratiquer. Comme je sais qu'ils n'aiment point à lire, j'ai pensé qu'en leur offrant tous les principes de leur art dans une seule lettre, ce seroit satisfaire leur goût. S'ils sentent le prix de ma complaisance et des conseils salutaires que je leur donne, ils seront peut-être reconnoissans.

Les gens perdus dans une route sont fort aises de rencontrer quelqu'un qui leur montre le vrai chemin. Je veux être cet homme bienfaisant; tant pis pour ceux qui aiment mieux s'égarer que de suivre les conseils d'un voyageur éclairé.

Il y aura dans cette lettre (explicative de toutes les autres) quelques répétitions ; mais

elles sont nécessaires au développement de mes
premières idées. Un ouvrage didactique doit
présenter toutes les faces de l'objet qu'il traite ;
j'ajouterai encore que les licences sont permises dans le style épistolaire; qu'on peut
effleurer un sujet, le quitter, le reprendre,
l'approfondir et le développer ensuite; enfin,
j'observerai que, quand on écrit sur un art en
artiste, on ne peut se dispenser d'employer
les mots techniques qui lui sont propres ; car
chaque art a son langage particulier ; si l'on
changeoit les mots consacrés par l'habitude et
adoptés par l'usage, on deviendroit inintelli-
gible pour ceux qui les cultivent et pour ceux
qui les chérissent.

Avant d'entrer en matière, je dois m'exprimer franchement, et aller au-devant d'un
reproche qu'on seroit autorisé à me faire, si
je ne m'expliquois pas.

J'ai fait l'éloge justement mérité de la *pantomime* des anciens, et j'ai confondu ce mot
avec celui de *danse*. En cela j'ai adopté l'erreur
de quelques écrivains de l'antiquité, et je me
suis égaré avec eux; mais depuis quarante années (époque où mes premières lettres parurent), j'ai eu le temps de lire, de méditer et
de m'instruire ; mes recherches continuelles,

jointes à l'art difficile que je pratiquois journellement, les obstacles sans cesse renouvelés
qu'il me présentoit, répandirent une vive lumière sur mes travaux. Le résultat de mes
observations m'éclaira sur mes erreurs et me
prouva que *la danse proprement dite* étoit un
art inconnu des Grecs et des Romains, et que
je l'avois confondu avec la pantomime, qui n'est
autre chose que celui des gestes. Je me rétracte
donc à l'exemple de saint Augustin ; l'aveu sin-
cère d'une faute en atténue la gravité.

Je dois ajouter, pour que ma profession de
foi soit complète, que je crois aux chœurs des
anciens, à l'institution de leurs fêtes et de leurs
jeux ; mais que je ne crois nullement à la signification qu'on leur donne gratuitement en les
nommant *ballets,* parce que le ballet est un
composé de danses, de mouvemens combinés,
de pas et de temps variés à l'infini, et que je
ne vois autre chose dans les fêtes de l'antiquité
fabuleuse, que des marches, des contre-mar-
ches, et des évolutions propres à former mille
figures ou dessins variés, exécutés sur des
chœurs de musique vocale et instrumentale.
Avec un grand nombre de troupes on tracera
toutes les routes de la forêt de Saint-Germain ;
voilà un grand plan, voilà un vaste dessin ;

mais ne seroit-il pas absurde de dire que ce
corps a dansé tous les détours de cette vaste
forêt. Ce mot a donc été employé à contre-
sens, et la dénomination qui convient aux fêtes,
aux jeux et aux cérémonies de l'antiquité est
celle de marches figurées sur des chœurs de
musique instrumentale et vocale. Les jeux institués par Thésée, vainqueur du Minotaure,
n'étoient que des marches figurées par des évolutions militaires : ce héros exerçoit la jeunesse
de Délos à des jeux propres à leur inspirer le
goût de la guerre et l'amour des combats ; il
lui faisoit tracer tous les détours du fameux
Labyrinthe de Crète. Ces marches étoient composées de strophes et d'anti-strophes. La figure
qui présentoit un triangle allongé fut nommée
très-improprement *danse de la grue*. Cette
figure étoit l'image de celle qu'offre le départ
des cigognes. J'ai admiré pendant trois années
la régularité et l'ordre que ce volatile observe,
lorsqu'il abandonne pour un certain temps un
climat pour en aller chercher un autre. Est-
ce le cas de dire que les cigognes partent en
dansant, et qu'elles ont une connoissance de la
géométrie. Si les troupes sont exercées pendant
long-temps aux évolutions militaires, j'avan-
cerai que les cigognes s'exercent avant leur

départ, pour former régulièrement cette figure
angulaire; et que, lorsqu'il s'en trouve quelques-unes qui dérangent, par leur foiblesse,
l'ordre et la marche du départ, le conseil de
guerre s'assemble et prononce l'arrêt de mort
qui est promptement exécuté.

Quelques auteurs ont cherché l'étymologie
du mot *ballet*, et ils se persuadent l'avoir
trouvé en disant : Anciennement on dansoit
en jouant à la paume; le mot *ballet* dérive
donc du mot *balle*. Ils en ont fait *bal*, *ballet*,
ballon, *ballade*, *baladin* et *baladoire*.

Je crois fermement que danser en jouant à
la paume n'est autre chose que de bien saisir
la balle, de la renvoyer avec grâce à son adversaire ; que toutes les positions du corps
offrent dans ce jeu des contrastes d'attitudes,
par conséquent des positions et des oppositions
agréables et pittoresques. Ces auteurs auront
jugé, par les rapports que certaines choses
ont entre elles, que celui qui jouoit à la paume
avec élégance et facilité, *dansoit* en coupant
la balle, en la prenant de volée. *Masson*, pau-
mier de Paris, pouvoit servir de modèle à ses
confrères par la manière aisée et par la bonne
grâce qu'il déployoit dans ce jeu.

Les mots *ballet* et *danse* sont presque synonymes. Le mot *pantomime* même sera employé quelquefois à leur place, parce que le ballet n'est autre chose qu'une grande composition de danse, qu'un ballet sans danse ne peut exister, et que la *pantomime* qui est l'ame de la danse, et qui vivifie le ballet, appartient à ces deux arts. Le ballet présente le sujet et le trace, la danse le colorie, et l'action pantomime lui donne l'expression. Lorsque ces principes immuables seront adoptés, on sera tout étonné d'avoir pris le change, et d'avoir applaudi comme *ballet* des *pantomimes* tièdes, insipides, et dont on auroit absolument ignoré le sens, si des airs de vaudevilles très-connus et très-communs ne leur avoient servi de truchement, et n'avoient suppléé au vague, au décousu d'une foule de gestes insignifians dont ces misérables farces étoient remplies.

J'ai dit, dans le courant de mon ouvrage, qu'un ballet étoit un poëme ou un drame, et que, dans tous les genres, le compositeur devoit s'attacher aux règles de la poétique; que le ballet dans cette circonstance étoit une représentation d'un sujet quelconque, et qu'il devoit par conséquent avoir un commencement, un milieu et une fin, ou une exposition, un nœud et un dénouement. N'étant point assujéti aux unités, il lui est permis de ne point observer l'unité de lieu ni l'unité de temps ; mais il ne peut se dispenser de se conformer à l'unité d'action, qui seroit monstrueuse, si elle cessoit d'être une.

Lorsqu'il est possible, sans devenir froidement méthodique, de se soumettre aux trois unités, cela ne peut produire qu'un meilleur effet ; et le ballet offre alors un drame régulier. Je dirai cependant qu'il vaut mieux être irrégulier à quelques égards, que d'être méthodiquement ennuyeux. Le grand principe des arts est de plaire. J'ai prouvé ailleurs que l'on pouvoit faire une mauvaise tragédie en suivant les règles d'Aristote. C'est à l'esprit, au goût et à l'imagination à embellir ces règles. Lorsque le génie se trouve là, tout disparoît pour faire place à la nature.

Après avoir suffisamment parlé, dans le cours de mon ouvrage, des principes de la danse et des règles relatives à la composition des ballets, je vais parcourir les différens genres que le compositeur peut adopter, si toutefois il veut varier son jeu et plaire. Je n'offrirai ici que des esquisses légères, mais elles seront suffisantes au développement de mes idées.

Dans le ballet du *Jugement de Páris* j'ai
eu recours à un épisode qui fut d'autant plus
applaudi qu'il jetoit plus de clarté dans le sujet,
et prêtoit à l'action de nerveux ressorts.

Páris donne la pomme à Vénus. Je dois travailler pour le public instruit et pour le public
qui ne l'est pas. Pàris est indéterminé ; l'Amour
le presse, Vénus l'engage, Junon le sollicite,
Pallas l'invite par ses dons ; Vénus enfin reçoit
la pomme ; mais pourquoi ? est-ce parce qu'elle
est belle ? est-ce parce que le juge en est amoureux, qu'elle lui promet ses faveurs, qu'il va
les obtenir ? Non : on peut supposer ces choses,
on peut les croire ; mais cela n'existe pas.

Junon promet des grandeurs, des richesses ;
des sceptres ; Pallas, des victoires, des hommes,
des triomphes, une gloire immortelle ; Vénus
offre sa ceinture ; l'Amour, ses flèches et son
carquois ; cette déesse promet à Pàris des plaisirs et la possession de la beauté la plus rare.
Quelle est cette beauté ? C'est Hélène : voici
l'épisode. Le buste de cette princesse est présenté à Pàris par les Grâces et par les Amours ;
frappé de la beauté noble de cette Spartiate,
sûr de posséder un objet dont l'image porte à
son cœur le sentiment le plus délicieux, il ne
balance plus, il rend les lauriers à Pallas, les

sceptres à Junon, et donne la pomme à Vénus,
en regardant moins cette divinité que la beauté
qui a fixé son choix, et dont la possession
doit faire son bonheur. Cet épisode, en répandant de la clarté sur le sujet, prête encore
à l'action ; ce buste, en excitant la jalousie de
Pallas et de Junon, fournit, pour ainsi dire,
des couleurs vives à leur expression ; les attraits
touchans des Grâces présentent le buste d'Hélène ; l'Amour semble dire à Pàris : Regarde-la,
comme elle est belle ! c'est l'image de ma mère,
c'est le chef-d'œuvre de la beauté. Vénus
enfin, pour triompher des deux déesses, emploie tous ses charmes, tous ses attraits ; de
ce buste, dis-je, qui n'est rien, mais qui
devient en pantomime un épisode heureux,
résulte une multitude de tableaux et d'expressions différentes qui conduisent de moment en
moment à des groupes aussi pittoresques qu'intéressans.

Il ne faut pas croire que le genre comique
soit insusceptible du plus grand intérêt, et
qu'il ne soit borné qu'à la représentation des
fêtes villageoises, des fêtes marines, des camps,
des foires et de tous les tableaux variés que le
compositeur peut puiser dans les mœurs et dans
le costume des nations. Il y auroit beaucoup d'art

à rendre ce genre quelquefois intéressant. Les hommes dans toutes les classes ont des passions, des malheurs et un pathétique qui leur est propre; celui de la nature, dépouillé des apprêts de l'art, ne pourroit-il pas plaire ? Essayons d'annoblir ce genre, en ne bornant point son expression au sentiment de la joie et de la grosse gaîté.

Tout le monde sait qu'il y avoit jadis des bandits en Espagne et en Portugal. Sous le règne de la féodalité, les seigneurs avoient des troupes; sans cesse en guerre avec leurs voisins, ils portoient partout la désolation, l'effroi et la mort. Ce brigandage se répandit presque universellement : souvent des personnes d'un très-grand nom se mettoient à la tête de ces scélérats; ils faisoient des incursions dans diverses provinces du royaume, et les villages étoient le théâtre de leurs vols, de leurs pillages, et bien souvent de leur cruauté.

Je suppose donc la scène dans un village quelconque d'une province de l'Espagne. C'est la fête de ce village ; le bailli et sa femme, son fils, sa bru et leur enfant dans un âge très-tendre sont les personnages nobles de ce ballet.

Le maître d'école du village, sa femme, la servante du bailli et son vieux domestique en sont les caractères plaisans. Que l'on suppose tout ce que peut offrir de riant cette fête; jeux de toutes les espèces, escrime, prix distribués, joutes, danses nobles des jeunes époux, danse comique et pantomime, ballet général, repos employé à faire renaître la joie par les tours et les niches que l'on fait sans cesse au vieux domestique et à la duègne; gravité du maître d'école et de sa femme; musique caractérisée; danse bien adaptée à cette musique et au caractère national; tableau sans cesse mouvant et sans cesse agréable, varié par des contrastes naturels; intérêt préparé par l'amitié affectueuse du grand-père et de la grand'mère pour leurs enfans; marque d'amour et de tendresse pour leur petit-fils qui étale dans cette fête les grâces naïves et touchantes de son âge : telle est l'esquisse légère de ce tableau riant et champêtre, que tous les maîtres de ballets finiroient ici par une grande contre-danse. Mais poursuivons : dans l'instant où tout le monde se livre à l'expression d'une joie vive et pure, que les tables sont servies, que l'on boit, mange, que l'on chante, il paroît sur une colline qui termine le fond de la décoration une troupe de bandits ou de miquelets, qui, suivant leur coutume, se couvroient le visage d'un masque de

velours noir, non pas pour danser comme jadis
à l'Opéra, mais pour commettre leurs vols sans
courir les risques d'être reconnus. Cet aspect
imprévu répand aussitôt l'alarme; la joie disparoît; l'effroi, la crainte, la frayeur la remplacent; on fuit en confusion; le bailli prend
son petit fils dans ses bras, entre précipitamment dans sa maison qui est un vieux château
du seigneur, et qui est située sur la place où se
donnoit la fête; on le suit en foule, on s'y rassemble pour se défendre; on barricade les
portes : telle est l'image de ce second tableau.

Les bandits qui, en descendant le coteau,
ont vu toute cette manœuvre, assiègent le château; les uns en enfonçant les portes, les autres
avec des échelles en escaladant les fenêtres.
Pendant cet assaut, les femmes des bandits qui
sont restées sur la montagne, forment différens
tableaux dans le lointain par une pantomime
analogue et adaptée à la circonstance.

Les bandits ayant pénétré dans le château,
y mettent tout à feu et à sang; on entend des
cris, des coups de pistolets, le bruit des épées :
tout cela offre un grand tableau à l'orchestre,
et fait d'autant plus d'effet, que le compositeur
dérobe au public, par cette adroite fourberie,
l'action qui se passe, pique sa curiosité, aug-

mente son inquiétude, accroît son intérêt ; son
imagination travaille, elle enfante et lui trace
dans ce moment des tableaux bien plus effrayans que ceux qui lui seroient offerts par la
représentation réelle des objets qui lui sont
ravis.

Le fils du bailli tenant son enfant dans ses
bras, s'élance hors d'une fenêtre dans le moment
qu'on tire un coup de fusil ; apercevant ensuite
des échelles, il monte avec précipitation, va
chercher sa femme, lui confie son enfant, les
embrasse l'un et l'autre et remonte hors de lui-
même pour porter du secours à son père et à
sa mère. La jeune femme, pâle, échevelée et
mourante, ne sait de quel côté porter ses pas ;
elle veut fuir ; la crainte l'arrête ; elle chancelle,
ses jambes fléchissent, elle tombe évanouie ;
son enfant qui se jette sur elle en l'embrassant,
semble lui crier en versant des larmes : ma
mère, ma mère! Dans cet instant les bandits
victorieux sortent du château ; ils ont enchaîné
le jeune homme, ils traînent avec brutalité le
vieillard et sa femme ; le jeune enfant vole à son
père ; il lui montre sa mère qu'il croit morte. A
ce spectacle, le jeune homme, comme un lion
furieux, se débarrasse de ses chaînes, il vole à
sa femme ; le grand-père et la grand'mère y

courent et se groupent autour d'elle en fondant
en larmes : le petit garçon pleure ; mais voyant
que sa mère ouvre les yeux et que ses premiers
regards le cherchent, il se jette en pleurant
et en criant tout à la fois sur son sein.

Ici, le grand-père veut se rendre captif pour
ses enfans. Le fils se jette aux genoux des bandits, les engage à ne point prêter l'oreille aux
prières de ce vieillard ; il veut les suivre, il veut
tout faire, pour conserver la liberté à sa famille.
Ce combat de générosité d'amour paternel et
d'amour filial est suspendu par l'arrivée du
chef des miquelets. Ce seigneur, accompagné de
son épouse, touché d'une tendresse si rare et
d'un spectacle si touchant, refuse d'accepter
l'argent et les joyaux qui lui sont offerts ; il
ordonne à sa troupe de restituer tout. Cet acte
de générosité pénètre tous les villageois de reconnoissance ; ils embrassent les genoux de
leur libérateur qui, lui-même attendri ainsi que
son épouse, ne peut s'empêcher de donner quelques larmes à un tableau si touchant. Le vieillard, après avoir exprimé sa joie par les em-
brassemens qu'il prodigue à ses enfans, donne
ses ordres ; on apporte des brocs, des provi-
sions, on en couvre les tables ; on présente des
fleurs et des fruits au seigneur et à son épouse.

Les femmes des miquelets arrivent; et la fête courte et variée qui suit, essuie les larmes, rétablit la joie et ramène le ballet à son genre primitif.

Tout ceci est une pensée jetée sur le papier sans ordre, sans réflexion; ce n'est point un exemple, mais c'est peut-être une idée neuve, c'est une route mal aplanie, qui peut conduire à un beau chemin, c'est une esquisse du drame villageois. Pourquoi ces sentimens, à qui il ne manque qu'un ornement extérieur, ne plairoient-ils pas? Pourquoi la peinture naïve d'un incident malheureux ne nous intéresseroit-elle pas? Elle est prise dans la dernière classe des hommes, me dira-t-on; mais les hommes de cette classe, répondrai-je, sont des hommes, et dès-lors ils ont des droits incontestables sur le cœur de tous les hommes, toujours leurs semblables, dans quelque classe qu'il ait plu au sort ou à la fortune de les placer.

Les contrastes de ce petit ballet naissent d'eux-mêmes et sans effort, tout m'y paroît simple et naturel; et je me persuade que, cette idée pouvant donner naissance à une idée plus ingénieuse et mieux développée, l'on pourroit jeter beaucoup d'intérêt dans un genre que l'on a borné jusqu'à présent à imiter des bam-

bochades ou des actions aussi triviales et aussi
difformes.

Les ballets *moraux* présentent encore une
carrière à la danse. Les contes de Marmontel
sont des modèles de ce genre. Il en est beaucoup qui peuvent fournir des plans de ballets
aussi ingénieux qu'agréables, en en retranchant
toutefois ce que la pantomime ne peut exprimer que confusément. J'ai donné avec succès
la *Bergère des Alpes*.

Ces ballets naissent ordinairement de l'imagination ; ils peuvent être encore allégoriques.
Les allusions ingénieuses renferment souvent
un sens moral qui flatte d'autant plus qu'il est
inattendu, et qu'il est offert sans apprêt et sans
prétention par le goût et par le génie.

Je vais tracer l'idée que je me forme des
ballets de ce genre : c'est un essai ; ce peut être
un exemple.

Je suppose avec Prodicus qu'Hercule, dans
sa jeunesse, après la défaite du sanglier d'Eri-
manthe, fut accueilli dans un lieu solitaire par
la déesse de la Gloire et par la déesse des Plaisirs. La première, accompagnée d'une suite
nombreuse de guerriers et d'héroïnes, descend
d'un char brillant attelé de superbes coursiers ;
les guerriers et les guerrières, au son des ins-

trumens consacrés à la guerre, exécutent des danses caractéristiques; ils forment, en dansant, plusieurs figures militaires, et mêlent à leurs jeux tantôt l'image des combats avec les sabres et les boucliers, tantôt celle de la lutte; ils accompagnent ces exercices de voltes, d'évolutions; les vainqueurs sont couronnés des mains de la Gloire; on les porte en triomphe, on danse autour d'eux, on célèbre leur victoire; les arbres de la forêt sont chargés de trophées; tout est martial, tout peint la valeur, tout exprime le courage, tout parle en faveur de la Gloire, qui embellit elle-même cette fête.

Du côté opposé, la déesse des Plaisirs, entourée d'Amours et de Zéphirs, est accompagnée par les Jeux, les Ris et les Plaisirs. Des Nymphes charmantes embellissent cette fête; l'Amour et la Volupté en règlent les danses, en fixent les jeux; les Grâces y répandent leur enjouement, les arbres de la forêt sont ornés de festons qui supportent les trophées de l'Amour et de Cypris; le son des hautbois, des flûtes et des chalumeaux anime cette fête : danses vives et voluptueuses, courses légères, jeux de guirlandes, défis de tambourin, bergères enchaînées avec des guirlandes, bergers

couronnés de roses et conduits en triomphe
sous des baldaquins de fleurs portés par une
foule de petits Amours; groupes voluptueux
formés par les Plaisirs à l'entour du Héros, tableaux variés par les Grâces, situations embel-
lies par l'Amour; tout enfin trace ce que les
Plaisirs ont de plus doux, ce que la Volupté,
conduite par les Grâces, a d'attraits , et ce que
l'Amour, d'accord avec le Plaisir, peut avoir
de plus touchant.

Ce spectacle varié enchante le jeune Héros,
son cœur est troublé, son ame est vivement
émue; perpétuellement entouré par la Gloire
et par la déesse des Plaisirs; frappé des brillans tableaux de l'une, séduit par les peintures
touchantes de l'autre, il ne peut faire un choix.
Il se jette dans les bras des deux déesses; mais,
jalouses l'une de l'autre et ennemies irréconci-
liables, elles ne veulent point de partage : nouvel embarras, nouveaux tableaux présentés par
la Gloire, nouvelles images tracées par la déesse
des Plaisirs; elles animent leur suite, et elles
emploient leurs charmes et leurs attraits pour
triompher : toutes ces peintures affectent vivement le jeune Héros, son cœur indécis flotte
entre la Gloire et le Plaisir. Tantôt l'une l'appelle et parle à son cœur, tantôt l'autre l'irrite

et triomphe de ses sens. L'intérêt majestueux de l'honneur, les charmes ravissans du plaisir paroissent dans un parfait équilibre ; il voudroit les concilier, mais l'image d'un nouveau combat, la vue d'une action aussi magnanime qu'héroïque, l'éclat du triomphe, le bruit des timbales et des trompettes étouffent le son des flûtes et des chalumeaux : la Gloire va triompher ; un silence prépare sa victoire. Les deux déesses et leurs troupes attendent avec inquiétude la décision d'Hercule. Que de situations différentes à peindre ! Le jeune Héros, irrésolu sur son choix, flottant sans cesse entre la Gloire qui commande et le Plaisir qui séduit, balance, hésite ; son cœur est incertain, son ame est indéterminée ; quel combat ! quelle agitation ! quelle expression variée de sentimens ! Ce n'est qu'avec le plus violent effort qu'il abandonne le Plaisir, et qu'il s'échappe de ses bras pour se précipiter dans ceux de la Gloire. La déesse des Plaisirs fuit avec sa troupe. L'Amour, piqué, promet qu'il s'en vengera un jour. Hercule, qui les voit fuir et s'éloigner, sent que son cœur vole après eux, et qu'il est prêt à les rappeler. Dans cet instant d'agitation, il semble engager la Gloire, en la serrant plus étroitement dans ses bras, à ajouter encore à ses attraits pour triompher sans partage du sacrifice qu'il vient de lui faire.

Je crois que ce sujet est une fable *morale* et qu'elle suffit pour donner l'idée des ballets de ce genre. Mon objet n'étant point ici d'insérer des programmes que l'on trouvera ailleurs, je me borne à ne donner que des croquis qui, tout imparfaits qu'ils sont, prouvent néanmoins que je ne propose pas l'impossible, et que ce qui est fait médiocrement peut se perfectionner dans des mains plus habiles.

Le ballet *anacréontique* demande des scènes variées, des situations et des tableaux agréables; le Sentiment et l'Amour doivent les dessiner; les Grâces ingénues doivent les peindre : tout doit être léger dans ces sortes de ballets et porter le caractère du Plaisir délicat et de l'Amour sans art.

Je vais essayer de crayonner ici une scène de ce genre, telle que je la sens.

L'Amour, avant de quitter l'heureux séjour de l'Arcadie et le berceau des Grâces, voulut couronner la constance de Daphnis, en disposant le cœur de Philis à la tendresse et en ouvrant son ame aux charmes du Plaisir, toujours délicieux quand il est l'image du Sentiment.

Philis, triste et rêveuse, fixe un rameau sur lequel sont perchées deux tendres tourterelles, image la plus belle de l'Amour et de la Fidélité; puis détournant les yeux, elle considère deux cignes qui folâtrent sur les eaux d'un bassin rustique; elle aperçoit sur un autre bassin un autre cigne qui, seul et sans compagne, paroît livré à la tristesse. Sa vue se portant de là vers le sommet d'une colline, elle y découvre un berger occupé du soin de couronner sa bergère, et de l'orner des fleurs que le Plaisir fait éclore autour d'elle. Un peu plus bas, elle voit un berger qui brise son chalumeau et qui exprime ce que la douleur et la langueur ont de plus touchant. Tous ces tableaux variés qui lui sont offerts par la nature excitent ses réflexions; elle se méconnoît dans les uns; elle se retrouve dans les autres. Le jeune Daphnis, caché derrière un buisson de fleurs, observe son amante.

Le moment est favorable. Philis plongée dans une douce rêverie, et le cœur ému du spectacle touchant que la Nature vient lui offrir, est sans doute moins fière, moins farouche : l'Amour presse le berger; il l'entraîne vers sa bergère; mais sa timidité ralentit ses pas. La crainte de déplaire à Philis le fait fuir; il court et va se cacher dans un bosquet.

L'Amour s'apercevant qu'il lui faudroit trop
de temps pour vaincre la timidité du berger,
s'approche doucement de la bergère et se place
à ses côtés. Philis, la tête appuyée sur un de
ses beaux bras et livrée aux sentimens divers
qui remplissent son ame, ne voit et n'entend
rien; vainement l'Amour frappe du pied, tousse
et soupire : plongée dans ses réflexions, elle
n'écoute que son cœur.

Le Dieu s'approche de plus près, il agite ses
ailes; l'air frais et délicieux qu'elles répandent autour de la bergère semble lui donner un nouvel
être. Elle se retourne en soupirant et aperçoit
l'Amour; dans sa surprise, elle hésite, et ne sait
si elle doit rester ou fuir; un charme enchanteur la retient; elle considère avec l'admiration
du plaisir l'enfant dangereux; il est le plus beau
et le plus touchant qu'elle ait vu de sa vie; ses
cheveux bouclés d'où l'ambroisie s'exhale, ses
ailes dorées qui couvrent ses épaules d'albâtre,
son petit arc, ses flèches, son carquois, tout
attache ses regards, tout fixe son attention, et la
sensibilité succède bientôt à l'admiration : elle
serre tendrement dans ses bras l'aimable enfant, et elle se sent animée par un sentiment
qui est inconnu : elle ne veut plus enfin quitter
l'Amour; et la crainte qu'elle a qu'il ne lui

échappe, lui fait naître l'idée de lui couper les
ailes. A l'aspect du fer dangereux, l'Amour frémit, il tombe en pleurant aux genoux de Philis,
et il la conjure, au nom de la beauté dont elle
est l'image, de ne point le priver d'un ornement
qui lui est cher.

Philis, touchée par les larmes de l'Amour, ne
peut résister à ses prières ; ses ailes sont conservées ; mais par un caprice nouveau elle en
arrache une plume. L'Amour jette un cri ; et
Philis, après s'être orné le sein de cette plume
fatale, passe autour du cou du petit dieu un
ruban, et le mène en laisse en jouant avec lui
et en lui prodiguant d'innocentes caresses.

L'Amour, pour se venger du mal que Philis
vient de lui faire et pour servir en même temps
Daphnis, tire malicieusement une flèche de son
carquois ; Philis, qui commence à devenir curieuse, qui veut tout apprendre et tout savoir,
se saisit de la flèche ; elle en examine attentivement la forme, et, en essayant indiscrètement
si elle est aiguë, l'enfant malin qui la guette lui
pousse le bras et la fait entrer dans le bout du
doigt. Philis jette un cri, pousse un soupir, se
plaint de la noirceur de l'Amour, elle enveloppe son doigt du coin de son tablier, en gémissant et en laissant couler quelques larmes.

L'Amour appelle Daphnis qui, d'un coup d'aile, est transporté aux pieds de Philis : elle l'aperçoit et rougit ; le berger lui prend la main ; elle le repousse d'un bras mal assuré avec la fierté de l'innocence ; Daphnis, enhardi par l'Amour, ne se rebute point ; Philis cède, sa fierté se change en pitié, et bientôt cette pitié devient tendresse. Ses beaux yeux qui n'étoient ouverts que pour se fixer avec indifférence sur les objets tranquilles de la Nature, s'arrêtent avec complaisance sur le berger dont les charmes lui paroissent nouveaux.

L'Amour, qui est allé chercher les Grâces pour les rendre témoins de cette union, paroît dans le lointain avec ses aimables sœurs. Leur présence embellit tout ; leur influence répand sur les objets de nouveaux attraits. Rien aux yeux de Daphnis n'est aussi beau que Philis ; rien aux yeux de Philis n'est aussi beau que son berger. Enivrés de leur bonheur mutuel, ils se jurent une tendresse éternelle, et ils éprouvent l'un et l'autre ce sentiment délicieux qui n'est vivement senti que lorsque l'Amour règne sur le cœur de concert avec les Grâces, etc.

L'allégorie, Monsieur, est employée quelquefois dans la peinture et dans la poésie ; le ballet étant une peinture vivante et une poésie muette, peut s'en servir à son tour. Les allégories sont rarement heureuses : lorsqu'elles sont compliquées, qu'il faut les rechercher, les étudier ou les deviner, on peut dire alors qu'elles n'offrent que l'image obscure de l'énigme ou du logogryphe. L'allégorie doit être simple, précise et ingénieuse. C'est un trait lancé par l'imagination ; il frappe le but avec rapidité.

Ce seroit mal m'entendre que de croire qu'un ballet de ce genre doit offrir une allégorie continue. Toutes les scènes de cette composition doivent conduire sans embarras et sans confusion à un dénouement, et ce dénouement est celui où l'allégorie doit se montrer avec le cortége brillant des allusions.

Il seroit absurde de se servir du buste ou du portrait du prince ou du héros à qui la louange s'adresse ; ce foible moyen l'offenseroit sans doute ; il afficheroit l'ineptie du compositeur. Je ne dois point oublier de dire que la louange révolte lorsqu'elle est directe et que l'allégorie est l'enveloppe ingénieuse qui doit la couvrir.

On fait des ballets *allégoriques* pour les mariages des princes, pour leurs fêtes, pour leur naissance, pour leur convalescence ; on en fait enfin pour des victoires remportées et pour la paix.

On doit, dans ces diverses circonstances, avoir recours à des allégories ingénieuses; si c'est, par exemple, un guerrier que l'on veut peindre, on y substituera un Alexandre; si c'est un prince ami des arts, il sera désigné par un Auguste. Le sujet du ballet tient-il plus à la fable qu'à l'histoire? Apollon, les Arts, les Muses, la Gloire et l'Immortalité sont des personnages qu'on emploiera avec succès; si c'est un prince qui s'est signalé par des victoires, et que le compositeur puise son sujet dans la fable, Mars tiendra la place du héros; il sera couronné par la Victoire; la Renommée annoncera son triomphe, la Paix rassemblera les Arts effrayés par les horreurs de la guerre; les peuples seront conduits par l'Abondance; Vénus et les Grâces orneront les trophées du vainqueur, de guirlandes de laurier et de branches d'olivier; l'Amour, les Jeux et les Plaisirs formeront des couronnes et porteront les armes du héros; la Paix ouvrira son temple; la Guerre, la Discorde et la Terreur seront enchaînées par la Valeur; tels sont les tableaux que l'allégorie doit présenter; ils ne pourront plaire s'ils sont outrés.

La louange étant l'objet de l'allégorie doit

être dépouillée de flatterie et de mensonge ; il
faut qu'elle soit vraie et qu'elle porte sur les
qualités essentielles et les vertus connues de
celui à qui elle s'adresse ; car elle seroit, par
exemple, fausse et choquante, si, pour caractériser la bienveillance d'un prince, son amour
pour les arts, ses soins à faire fleurir le commerce et à entretenir une paix durable, on avoit
recours, pour le désigner, à Mars ou à Alexandre, et que l'on se servît, pour faire allusion à ses
vertus pacifiques, de tous les êtres qui peuvent
caractériser les tableaux effrayans de la victoire, et les peintures ensanglantées de la guerre.
D'après cet exemple, il est essentiel que le
maître de ballets étudie en peintre habile les
goûts, le caractère et les vertus de celui qu'il
veut peindre ; sans cela plus de ressemblance,
plus de vérité.

Lorsque je dis que l'on fait des ballets allégoriques, je ne prétends pas avouer que toutes
les scènes de ces ballets doivent être chargées
d'allusions ; une allégorie trop continuée paroî-
troit d'autant moins naturelle, qu'elle seroit un
effort de l'art ; d'ailleurs les vapeurs d'un encens
prodigué sans ménagement révolteroient ; un
seul grain suffit lorsqu'il est offert par le cœur
et qu'il est allumé au feu du sentiment. Toutes

les scènes d'un ballet de ce genre doivent mener successivement à *l'allégorie*; sans embarras, sans effort, mais par une suite heureuse d'événemens naturels qui conduisent insensiblement au dénouement; et c'est le dénouement de ces sortes de ballets qui doit présenter dans un seul tableau les *allusions* et les *allégories*. Lorsqu'il est possible de trouver un sujet connu qui ait quelque rapport à la circonstance, la représentation deviendra d'autant plus intéressante qu'elle ne sera point fabuleuse.

Afin de donner un corps à mes idées, je vais présenter quelques esquisses de ce genre difficile; laissant aux maîtres de ballets qui ont ou qui auront du génie, le soin de terminer l'ébauche que je leur offre.

Roger et *Bradamante*, tiré de *Rolland Furieux*, poème de l'Arioste, m'ont fourni le sujet du ballet donné à l'occasion du mariage de l'archiduc Ferdinand avec la princesse Béatrix de Modène.

Ce ballet offrit des instans qui peuvent donner un aperçu de l'allégorie. *Bradamante* arrivée dans la grotte de l'enchanteur *Merlin* y étoit reçue par *Mélisse*, fée bienfaisante; elle avoit appris par le pouvoir de son art magique que le cœur de *Roger* et celui de *Bradamante*

avoient été percés du même trait. Le dessein
de celle-ci étoit donc de consulter la fée sur son
union avec Roger, et d'apprendre d'elle si elle
seroit heureuse. Cette fée traçoit avec sa baguette
plusieurs cercles magiques et faisoit paroître
par le pouvoir de son art tous les héros et
toutes les femmes illustres qui devoient naître
de l'union de cette guerrière avec Roger, et former la tige de l'auguste maison d'Est. *Béatrix
de Modène* paroissoit la dernière dans ce ballet
d'ombres; elle étoit unie à un jeune Prince
portant en tête la couronne archiducale; ce
couple heureux étoit devancé par la Renommée; l'Amour et l'Hymen les enchaînoient
avec des fleurs, et la Gloire les couronnoit. Ce
ballet d'ombres étoit vaporeux; le costume y
étoit observé, et, en marquant l'époque des
temps et du costume, il répandoit beaucoup de
variété dans cette fête magique qui, à mon
sens, est *historique* et *allégorique.* Le dernier
moment du ballet traçoit un autre tableau de
ce genre.

J'avoue, Monsieur, que je me trouvai fort
embarrassé à le peindre. *Roger* et *Bradamante* professoient un culte tout opposé; cette
héroïne exigeoit que le Sarrazin embrassât sa
religion; c'étoit à ce prix qu'elle lui promettoit

son cœur et sa main ; le héros hésitoit, mais son amour triomphoit de ses scrupules, et il promettoit à *Bradamante* d'abjurer ses erreurs.

Bradamante et Roger, accompagnés d'une foule de chevaliers chrétiens et d'héroïnes, entroient dans un vaste peristile qui conduisoit au temple de l'Immortalité ; les chevaliers et les dames exprimoient par des danses héroïques la joie que cette union leur inspiroit ; Roger et Bradamante s'associoient à cette fête noble, et peignoient dans un *pas de deux en action*, leur amour et leur félicité. Cette fête préparatoire de l'union qui alloit se former étoit suspendue par l'arrivée des Vertus. La Vérité présentoit son miroir à *Roger*. Il n'avoit pas plus tôt jeté ses regards sur cette glace fidèle, qu'il étoit honteux de ses erreurs ; il n'hésitoit plus ; il jetoit loin de lui son turban, son armure, son bouclier et ses armes, et se précipitoit ensuite dans les bras de la Vérité ; toutes les vertus qui font la gloire des princes l'environnoient ; Bradamante au comble de la joie voloit vers lui ; les chevaliers et les dames se réunissoient à l'entour des deux époux et des vertus ; ceci formoit progressivement un groupe général avec des positions variées ; il offroit le tableau intéressant du Bonheur ;

les deux amans ensuite étoient unis par les
Vertus ; les dames présentoient à *Roger* un
casque riche, ombragé d'un panache blanc;
les chevaliers lui attachoient une magnifique
cuirasse ; *Bradamante* lui donnoit une superbe
épée et un bouclier ; il étoit admis au nombre
des chevaliers, et il en recevoit l'accolade. A
la fin de cette cérémonie, les nuages qui dé-
roboient le temple de l'Immortalité se dis-
sipoient. Le Destin traçoit dans son livre les
actions éclatantes de l'auguste maison d'Est.
L'Immortalité recevoit des mains de la Vérité
un médaillon sur lequel la Gloire avoit tracé le
double chiffre de *Ferdinand d'Autriche* et
de *Béatrix de Modène.* Ce tableau allégorique
étoit terminé par un ballet très-court dont la
fin offroit un groupe général. *Roger* et *Bradamante* en occupoient le centre, et ils étoient
couronnés par les Vertus.

La description de ce ballet paroîtra longue;
cependant son exécution étoit vive et rapide.
Je pourrois ajouter ici d'autres exemples de
ce genre de composition ; mais mon dessein
n'étant pas de faire un étalage de mes productions, je n'en dirai pas davantage sur les *ballets
allégoriques.*

Les auteurs dramatiques ont écrit des comédies *épisodiques* que l'on nomme *pièces à tiroir*. Elles offrent une foule de variétés et des oppositions de caractères très-pittoresques. Le *Mercure galant* et le *Procureur arbitre* sont des modèles de ce genre, et on les voit toujours avec un nouveau plaisir.

J'ai fait quelques ballets *épisodiques* qui ont eu du succès ; ce genre ouvre, pour ainsi dire, la porte à la gaîté ; le compositeur, délivré des règles sévères, peut suivre toutes les fantaisies de son imagination ; chaque entrée, chaque *pas de deux* ou *de trois*, présente des tableaux de chevalet faits pour plaire, si toutefois ils sont peints avec vérité ; la danse peut y déployer tous les caractères et tous les genres qu'elle embrasse. Ces ballets doivent encore offrir des contrastes agréables ; ils sont l'ouvrage du goût et de l'esprit ; ceux qui en sont doués n'ont besoin ni de préceptes ni d'exemples, et ceux qui en sont dépourvus ne pourroient en profiter ; car le goût, l'esprit et les grâces ne se donnent ni ne s'achètent : la nature seule s'est reservé le droit de les dispenser.

Enfin, Monsieur, on fait danser les chevaux : ce sont des écuyers instruits qui les dressent aux différens *airs ;* ils leur enseignent le pas *terre à terre*, en avant, en arrière, à droite et à gauche, les courbettes en avant, par volte et demi-volte, les cabrioles de différentes espèces. L'action d'un pas est composé d'un *saut*, d'une *cabriole* et d'une *courbette*; tous ces temps, tous ces pas s'exécutent ponctuellement et en cadence, lorsque le cheval obéit aux mouvemens de la main, aux aides ou *appuis*, plus ou moins prononcés des genoux, des mollets et du talon. Cette danse s'exécute dans les carrousels, au bruit des instrumens militaires, et ce sont les écuyers qui lui ont donné le nom de *ballet*. Au reste, cette espèce de danse est très-ancienne; Pline en accorde l'invention aux Sybarites, peuple voluptueux.

On cite pour modèle de ces sortes de fêtes le fameux carrousel de Louis XIII en 1662, mais on a donné la préférence à ceux qui furent exécutés à Florence en 1608 et en 1615.

Personne n'ignore que Louis XIV aimoit passionnément tout ce qui portoit un caractère de grandeur et de magnificence. Les carrousels qu'il donna étalèrent tout ce que le goût, la richesse et l'élégance peuvent déployer dans ces spectacles pompeux.

Voilà, Monsieur, ma tâche à peu près remplie; j'ai présenté des aperçus de tous les genres de ballets, et je finirai cette lettre, peut-être trop longue, par donner aux compositeurs (novices dans cet art) quelques conseils dont ils pourront profiter.

Je leur annonce qu'ils n'arriveront à rien sans avoir approfondi tous les beaux traits que la fable et l'histoire leur présentent.

Je leur conseille de voyager non seulement en France, mais encore chez les autres nations; ils apprendront que le *Menuet* nous est arrivé d'Angoulême, que la *Bourrée* a pris sa naissance en Auvergne : les montagnards de cette province leur fourniront un caractère de danse très-original. Ils saisiront à Lyon l'idée primitive de la *Gavotte*; en Provence, le modèle des *Tambourins*; en Béarn, les Basques leur offriront un modèle charmant. Se transporteront-ils en Espagne? ils apprendront que la *Chaconne* est originaire de ce pays; ils y étudieront le *Fandango*, danse aimable et voluptueuse, dont ils ignorent la marche et les mouvemens agréables qui en font le charme. En Allemagne, ils verront une immense variété de costumes et de danses différentes; en Autriche, en Bohême, en Moravie, des contrastes encore plus variés. Qu'ils dirigent leur course vers la Hongrie, ils y pourront étudier les danses et le costume de ce peuple; ils y rencontreront

une foule de mouvemens, d'attitudes et de positions dessinés par une joie pure et franche.
La Saxe, la Prusse et la Pologne leur fourniront de nouveaux genres à imiter, et ils apprendront que notre antique *Sarabande* et
notre *Courante* nous sont arrivées en ligne directe de Cracovie. Leurs talens les appelleront-
ils en Russie? ce vaste empire leur présentera
de nouveaux tableaux à peindre.

J'entends les maîtres de ballets se récrier,
me traiter d'innovateur et d'homme systéma-
tique qui ne s'attache qu'à introduire dans la
danse noble des caractères bas et roturiers.
Leurs cris ne m'étonneront pas; je leur répondrai froidement; je leur demanderai ce qu'ils
ont fait de leur *noblesse dansante* qui ne date
que depuis soixante-dix ans, et dont *Vestris*
le père et mademoiselle Heinel ont emporté
les titres qui leur appartenoient par droit de
succession. Je leur dirai que cette noblesse
n'existe plus, même à l'Opéra, berceau de son
origine, depuis que ce spectacle pompeux a
emprunté les petits chevaux d'osier de *dom
Japhet d'Arménie*, depuis qu'on y a introduit
des niais dégoûtans dont les plates ingénuités
révoltent le public et qui ne feroient pas sourire les spectateurs des petits théâtres des

boulevards ; depuis enfin que l'on a mis sur cette
magnifique scène, où les arts imitateurs s'empressent à déployer leurs trésors, des ballets
dont les sujets sont indécens. Je dirai encore
que la danse agréable et intéressante de ce
spectacle, tout étonnante qu'elle soit par les
dessins de ses groupes, éblouissante par le
brillant de son exécution, a renoncé à sa noblesse. J'ajouterai, pour finir, qu'il y a encore
une foule de caractères à peindre : ils ne sont
pas nobles, me dira-t-on. Eh bien ! Messieurs,
ayez l'art de les embellir.

Une jeune paysanne bien faite, bien jolie,
ayant de beaux yeux, soigneusement endiman-
chée, n'est-elle pas charmante? Un pâtre jeune,
beau, frais, vigoureux, gai, bien découplé,
bien vêtu dans son costume, est-il dégoûtant?
Non, Messieurs.

Sachez faire un bon choix dans vos modèles,
ayez l'art de les embellir; apprenez à les placer
dans des jours avantageux, à les peindre avec
vérité; ils plairont, n'en doutez point. En ad-
mettant mon opinion sur cet objet, vous va-
rierez vos productions à l'infini, vous ferez disparoître votre assommante monotonie; vous
serez neufs, et vos essais seront couronnés
par les plus brillans succès.   Je suis, etc.

LETTRE IV.

De l'Opéra depuis le milieu du dernier siècle
jusqu'à nos jours.

MADAME (1),

La tâche que vous m'imposez me paroît bien difficile à remplir. Vous exigez des détails sur l'Opéra ; vous voulez que je vous parle des gens à talens qui l'ont progressivement placé à côté de la perfection ; vous voulez enfin que je me transporte vers l'année 1740. Cela s'appelle prendre les gens au mot ; eh bien, je vais rétrograder encore et oublier un instant le présent, ce moment fugitif, que vous savez fixer et que vous rendez si précieux.

Je vais rassembler mes idées vagues et éparses pour consulter ma mémoire usée et souvent infidèle.

Après m'être transporté sur les dessus et les

---

(1) Cette lettre et les suivantes sont adressées à une princesse souveraine d'Allemagne, avec laquelle l'auteur a eu l'honneur d'être en correspondance.

dessous du théâtre, après en avoir parcouru les cintres, examiné le char brisé de Phaéton et le cheval fourbu de Persée, je descendrai dans les écuries de Bellerophon, et vous rendrai le compte le plus exact possible de tout ce que j'ai vu depuis l'année 1740. Je ne puis vous jurer fidélité sur les dates, mais je vous promets exactitude sur les faits.

Vous pourrez passer en revue les directions, les administrations et tous les grands talens qui ont contribué au succès du théâtre le plus pompeux et le plus magnifique de l'univers, celui enfin qui honore le plus le génie de la nation, et qui n'attend que les funérailles de la mode et la résurrection du bon goût, pour se porter au dernier point de perfection.

Je ne vous parlerai point, Madame, des directions des *Bontemps* , des *Bergers* , des *Saint-Germain* , des *Tresfontaine* , des *Thuret* , des *Rebel* et des *Franc-Cœur;* ces différens directeurs se succédèrent avec rapidité. Attachés aux vieilles rubriques de l'Opéra, ils ne firent rien pour le varier et l'embellir.

Je vous dois la description de la salle qui existoit alors. Elle devint, très-heureusement pour les talens et les arts, la proie des flammes.

Cette salle très-sale et très-ridiculement construite, étoit enterrée dans les bâtimens du Palais-Royal, et annonçoit la plus antique barbarie, à une époque où l'esprit et le goût, les connoissances et les lumières avoient été portés à leur perfection.

On étoit obligé de descendre de voiture, quelque temps qu'il fît, pour gagner un petit cul-de-sac qui avoit à peine une toise de largeur sur quatre à cinq de longueur. C'étoit là que se trouvoit la porte du spectacle, ressemblant parfaitement à celle d'une prison. La salle étoit basse et étroite ; les loges, séparées symétriquement, l'étoient encore par des cloisons ; et des espèces de piliers en formoient le cadre extérieur ; de sorte que chacun se trouvoit claquemuré dans une petite boîte carrée. Le décor de la partie coupée par les spectateurs étoit si vieux, si noir et si mal propre, qu'on n'y apercevoit aucun vestige de peinture. Cet ensemble bizarrement combiné ressembloit bien plus à l'antre ténébreux des Sybilles qu'à une salle d'opéra. Le tout étoit éclairé par deux petits lustres qui ne répandoient qu'une clarté lugubre.

La partie du théâtre étoit proportionnée au rétréci de la salle. L'avant-scène, ou le *proscenium* répondoit à tout le reste. Les décorations rachetoient l'obscurité de ce spectacle. Le célèbre *Servandoni* en fit de magnifiques. Ce théâtre fut machiné par Arnoud, qui avoit du goût et de l'imagination. Toutes les machines qu'il inventa étonnèrent par leur ensemble, leur prestesse et leur précision. Cette partie brillante de l'Opéra s'est perdue depuis qu'on a renoncé à *Quinault* et aux sujets brillans.

La tragédie s'est emparé du trône de la fable, et a élevé le sien sur ses débris.

Ce petit théâtre ne fut point dans le principe destiné pour l'Opéra qui n'existoit pas en France.

Il fut cédé à *Molière* en 1660, et ce peintre de la nature y représenta tous ses chefs-d'œuvre, jusqu'au moment où la mort mit un terme à sa brillante carrière. Ce fut le 17 février 1673 que ce beau génie fut enlevé aux arts et à sa patrie.

Ce théâtre, étant libre, fut cédé à *Lulli*, surintendant de la musique du roi, pour y représenter ses opéra. Ce spectacle eut lieu pendant quatre vingt-dix années dans cette salle informe, et elle seroit encore aujourd'hui le domicile de l'Opéra, si le feu ne l'eût pas entièrement consumée le 6 avril 1763. C'est bien le cas de dire qu'*à quelque chose malheur est bon ;* car le rétréci de ce spectacle enchaînoit toutes les

grandes idées, et présentoit sans cesse à l'imagination des artistes des obstacles que le génie
ne pouvoit surmonter.

Comme il falloit une salle d'opéra, et que
sa construction exigeoit du temps, on sacrifia
la magnifique salle des machines située dans
une des ailes du château des Tuileries. Ce
vaste théâtre, le plus beau de l'Europe, le plus
ingénieusement machiné, avoit été construit
sous le ministère de Mazarin, pour les grands
spectacles qui se donnèrent au mariage de
Louis xiv. Tous les arts qui embellissoient le
règne brillant de ce monarque, y déployèrent
à l'envi leurs trésors et leur magnificence. Vous
jugerez facilement de l'étendue de cette salle,
lorsque vous saurez que l'on éleva un mur
qui la partagea en deux parties, et que celle
du théâtre fut suffisante pour l'élévation de la
salle provisoire de l'Opéra. On y joua, le 24
janvier 1764, *Castor* et *Pollux*; et le 26 janvier 1770, on fit l'ouverture de la nouvelle
salle, construite sur le même emplacement de
celle qui avoit été brûlée. Cette dernière construction valoit mieux que l'ancienne; mais ce
théâtre, trop étranglé et trop resserré dans ses
flancs, s'opposoit à la célérité du service; il
étoit très-incommode à la manœuvre des ma-

chines et à l'exécution des ouvrages en tous genres. Ce nouveau théâtre ne subsista pas long-temps ; il fut réduit en cendres le 8 juin 1781. Alors M. le Noir, architecte, construisit sur le boulevard Saint-Martin une très-belle salle d'opéra en soixante-huit jours.

Enfin, Madame, l'Opéra quitta le boulevard, et alla s'établir sur un beau théâtre que la demoiselle Montansier avoit fait construire rue de Richelieu. Le Gouvernement le trouva commode et s'en arrangea. L'Opéra y fixa son domicile en 1794, et il y déploie encore aujourd'hui tout ce que les arts réunis peuvent produire d'intéressant et de merveilleux. Pendant l'intervalle de tous ces incendies, les arts se perfectionnoient ; c'est au milieu des flammes, des ruines et des décombres que le génie s'éleva, et que des hommes célèbres enfantèrent des ouvrages faits pour immortaliser ce spectacle magnifique et pompeux. Tout étoit sage et heureusement combiné ; en voulant embellir la beauté, on la fit minauder, et quelques artistes donnèrent successivement dans des abus très-préjudiciables à la perfection de leur art. Les applaudissemens prodigués sans choix, les éloges donnés à contre-sens à leurs premiers écarts, les encouragèrent à aller plus

loin : fiers de voir couronner leurs sottises,
glorieux de mériter chaque jour les suffrages
d'une jeunesse extravagante , ils s'égarèrent
sans s'en apercevoir , et sacrifièrent le beau
talent qu'ils possédoient à la mode et aux caprices du jour. Voilà, Madame , ce qui est
arrivé malheureusement dans la danse.

Je vous parlerai des progrès successifs de
cet art, qui fut porté au dernier degré de perfection il y a vingt-cinq ans , et dont les taches
légères n'empêchent pas qu'il ne soit aujour-
d'hui le plus fêté et le plus aimable.

Je suis avec respect , etc.

LETTRE V.

Sur le même Sujet.

MADAME,

L'Opéra de 1740 ne peut être comparé à celui d'aujourd'hui, car il n'y a point d'analogie entre l'infiniment grand et l'infiniment petit. L'état des appointemens ne s'élevoit alors qu'à douze mille francs par mois ; ceux de quelques premiers sujets étoient portés jusqu'à cent louis, et ceux des chanteurs, des chœurs, des figurans et des figurantes étoient fixés à quatre cents livres ; les sujets de l'orchestre n'étoient pas plus magnifiquement traités. Les grands corps de ballets n'excédoient pas le nombre de seize danseurs et danseuses ; les autres étoient composés de huit ou de douze personnes, et les chœurs chantans n'étoient pas plus nombreux. Tout étoit proportionné à la petitesse du local et au produit des recettes, qui, excepté celle du vendredi, étoient ordinairement très-minces. On ne donnoit alors que deux opéra par an, un d'hiver, tel que *Roland* ou

Armide, et un d'été, tel que les *Élémens* ou les *Fétes vénitiennes*. Vous voyez, Madame, que l'ordinaire de l'Opéra étoit très-maigre. Dans la belle saison, on représentoit habituellement des fragmens ou des actes détachés. Ces sortes de *mirotons* ne ragoûtoient personne : on les servoit les jeudi, et ce jour n'étoit point heureux pour la recette. Le public n'arrivoit point, et l'Opéra se perdoit dans le vide.

Ce spectacle étoit pauvre en vêtemens, et le costume barbare, adopté alors, annonçoit le mauvais goût; des habits d'une coupe désagréable, force oripeau, des franges et des paillettes étoient semées sans ordre et avec profusion sur des étoffes pesantes. Un nommé Perronet, dessinateur, parfaitement ignorant, étoit chargé de la partie intéressante du costume; mais, privé de connoissances et dépourvu de toute espèce de goût, il ne sortit jamais du petit cercle que la routine lui traçoit. J'ai vu les chœurs chantans porter pendant sept ou huit années les mêmes habits de panne, sur lesquels on appliquoit de larges points d'Espagne. Ces vêtemens offroient, par leur vétusté, l'image d'une batterie de cuisine; le cuivre et l'étain se montroient partout, et cette prodigalité devenoit complète, lorsque le corps

de ballet, vêtu dans le même genre, se réunissoit aux chœurs. Tous ces habits étoient roides,
guindés et sans le moindre pli ; ils étoient
étalés sur d'énormes paniers. Les hommes en
portoient de moins longs et de moins larges.

Voilà, Madame, l'esquisse fidèle de l'Opéra
en 1740. Je vais vous tracer successivement
celle des sujets qui embellissoient cette scène
noire, languissante et monotone. Vous voyez,
Madame, que ce récit n'est point amusant, et
qu'il est aussi froid que l'Opéra d'alors. Mais il
m'est impossible de prêter des charmes et de
la grâce à des choses mesquines.

Je suis, etc.

~~~~~~

LETTRE VI.

Sur les Sujets de la Danse en 1740.

Madame,

À l'époque où j'ai eu l'honneur de vous parler, la danse de l'Opéra n'offroit que des tableaux monotones; les ballets étoient froids, mal dessinés; on n'y voyoit aucune variété. Cette danse, que l'on nommoit *noble*, étoit dénuée d'expression et de sentiment. La musique languissante de *Lulli*, faite pour régler les mouvemens des danseurs, leur imprimoit un caractère de tristesse, plus propre à ennuyer le public qu'à l'intéresser. La première danseuse qui parut à l'Opéra depuis sa création, fut la demoiselle *Prévost*. Celles qui l'avoient précédée ne méritent pas qu'on les nomme. Elle débuta en 1704, et demanda sa retraite en 1730, elle fit le charme de ce spectacle pendant vingt-cinq années. Si l'on doit juger de ses talens par les regrets que le public montra lorsqu'elle quitta la scène, on doit augurer favorablement de son mérite.

La demoiselle *Camargo* fut pendant quelque temps son élève, et devint bientôt sa rivale. Cette danseuse quitta l'Opéra en 1734;
mais, passionnée pour son art, elle y rentra
en 1740, et demanda définitivement sa retraite
en 1751. La paix ne régna jamais entre la maîtresse et l'élève, qui reçut ensuite des leçons
de *Pécourt* et *Blondi*.

La demoiselle *Sallé*, danseuse remplie de
grâces et d'expression, faisoit les délices du
public. Je ne puis vous fixer l'année de son début ni celle de sa retraite. Elle ne paroissoit
plus à l'Opéra en 1745, époque où je com-
mençai à fréquenter ce spectacle : mais je la vis
souvent chez elle. Quoiqu'elle eût quitté le
théâtre, elle s'exerçoit tous les jours. Je fus
enchanté de ~~ danse; elle ne possédoit ni le
brillant, ni le. .fficultés qui régnent dans celle
de nos jours, mais elle remplaçoit ce clinquant
par des grâces simples et touchantes; exempte
d'afféterie, sa physionomie étoit noble, expressive et spirituelle. Sa danse voluptueuse étoit
écrite avec autant de finesse que de légèreté,
ce n'étoit point par bonds et par gambades
qu'elle alloit au chœur. Il est à présumer que
cette aimable danseuse ne resta pas long-temps
à l'Opéra, et que les deux voyages qu'elle fit à

Londres assurèrent sa fortune. La sensation qu'elle y fit fut telle, que le jour marqué pour son bénéfice le fut encore par la générosité de la nation. On se battoit pour entrer au théâtre, et l'enthousiasme qu'avoient fait naître les talens de cette sublime danseuse ne put mieux se manifester que par les bourses remplies de guinées, qu'on lui jeta sur le théâtre de toutes les parties de la salle. Indépendamment de l'or que renfermoient ces bourses, elle y trouva une foule de billets de banque. *Garrick* m'a assuré que cette représentation avoit valu à mademoiselle *Sallé* plus de deux cent mille francs. Les Anglais, généreux d'ailleurs, ne le sont pas tant aujourd'hui qu'ils l'étoient jadis. Il faut convenir aussi d'une vérité, c'est que les grands talens dans cet art étoient aussi rares qu'ils sont communs de nos jours.

J'ai vu danser la demoiselle *Camargo*. C'est à tort que quelques auteurs lui ont prêté des grâces. La nature lui avoit refusé tout ce qu'il faut pour en avoir, elle n'étoit ni jolie, ni grande, ni bien faite ; mais sa danse étoit vive, légère et pleine de gaîté et de brillant. Les *jetés battus*, la *royale*, l'*entrechat* coupé sans frottement, tous ces temps aujourd'hui rayés du catalogue de la danse, et qui avoient un éclat séduisant, la demoiselle Camargo les exécutoit avec une extrême facilité, elle ne dansoit que des airs vifs, et ce n'est pas sur ces mouvemens rapides que l'on peut déployer de la grâce; mais l'aisance, la prestesse et la gaîté la remplaçoient; et, dans un spectacle où tout étoit triste, traînant et langoureux, il étoit heureux d'avoir une danseuse aussi animée, et dont l'enjouement pût tirer le public de l'assoupissement où le plongeoit la monotonie.

La demoiselle Camargo avoit de l'esprit, et elle en fit usage en choisissant un genre remuant, actif, qui ne laissoit pas le temps aux spectateurs de l'anatomiser et de s'apercevoir de ses défauts de construction. C'est un grand art de savoir les déguiser sous l'éclat des talens. Si l'amour-propre mal combiné d'une foule d'artistes leur permettoit de s'analyser eux-mêmes, combien en verrions-nous qui, à l'exemple de mademoiselle Camargo, quitteroient le genre qui ne leur convient pas, pour prendre celui qui s'ajusteroit le mieux à leur taille et à leurs moyens physiques (1).

_____

(1) Mademoiselle Camargo, si gaie au théâtre, étoit naturellement triste et sérieuse; et après avoir entraîné le public à la joie et au plaisir; après avoir obtenu les

Voici le jugement que Voltaire prononce sur deux danseuses dont le genre étoit opposé ; ces vers furent adressés à mademoiselle Sallé :

Ah ! Camargo que vous êtes brillante !
Mais que Sallé, grands dieux ! est ravissante,
Que vos pas sont légers et que les siens sont doux !
Elle est inimitable, et vous êtes nouvelle.
    Les Nymphes sautent comme vous,
    Et les Grâces dansent comme elle.

Après elle, rien en danseuses n'étoit supportable. Une grande femme, nommée *Carville*, ne dansoit qu'avec les bras. La demoiselle *le Breton* seroit aujourd'hui une excellente coryphée.

La danse plus riche en hommes nous offroit le grand *Dupré* ; je dis *grand*, parce qu'il l'étoit de taille, et qu'un autre *Dupré* étoit bien plus petit que lui sous tous les rapports. Ayant déjà fait plusieurs fois l'éloge de ce beau danseur, je me bornerai à vous dire, Madame, que c'étoit une belle machine, par-

---

plus grands applaudissemens, sa physionomie reprenoit une teinte de tristesse. A peine rentrée dans les coulisses, le charme s'évanouissoit, et les traces aimables de l'enjouement et de la gaité étoient effacées en un instant.

faitement organisée, mais à laquelle il manquoit une ame. Il devoit à la nature les belles
proportions de son corps ; et de cette excellente construction et de l'emmanchement bien
combiné dans la charpente générale , résul-
toient naturellement des mouvemens doux et
agréables , et un accord parfait dans le jeu
liant de ses articulations. Toutes ces qualités
rares lui prêtoient un air céleste. Mais il étoit
uniforme ; il ne varioit pas sa danse, et il étoit
toujours *Dupré*.

Javilliers le doubloit , souvent avec succès :
et il avoit quelques temps particuliers et fami-
liers qu'il exécutoit avec grâce, sûreté et facilité.

J'ai vu *Dumoulin ;* il dansoit le pas *de deux*
dans la *Bergerie héroïque :* mais je n'aperçus
chez lui que les foibles rayons du couchant de
son talent qui , dans son aurore, pouvoit être
agréable.

Lani débuta dans un genre neuf, dont il
étoit le créateur celui des *Pâtres ;* il obtint le
plus éclatant succès et le plus justement mérité.

Enfin , Madame , j'ai vu *Malter,* que l'on
surnommoit le *Diable* , parce qu'il dansoit les
Démons. Il étoit vigoureux, dur et sec ; toujours épouvanté , il n'épouvantoit personne. Ce
genre idéal et fantastique ne s'est pas perfec-

tionné. Nos diables de l'Opéra n'imitent point ceux d'Eschyle ; ce sont de bons diables qui n'effarouchent pas même les femmes.

Je ne vous parlerai pas, Madame, de deux autres danseurs. L'un se nommoit *Malter l'oiseau :* ce sobriquet fait l'éloge complet de sa légèreté. Son frère ou son cousin avoit aussi son sobriquet ; ou l'appeloit *Malter la petite culotte.* Je vous demande pardon pour le mot. Il fut toujours médiocre danseur, mais il fit quelques élèves, et fut porté à la dignité de maître de ballets ; comme à cette époque un maître de ballets n'étoit rien moins qu'ingénieux, et qu'il ne s'écartoit point des anciennes rubriques, Malter remplit sa place à merveille.

Au reste, la danse alors offroit bien plus de talens en hommes qu'en femmes. C'est tout le contraire aujourd'hui. Le beau sexe l'emporte ; il triomphe, il lutte de force, de vigueur et de talent avec les hommes ; et les femmes mettent dans la balance du jugement un poids considérable en leur faveur.

Voilà, Madame, tout ce qu'une mémoire usée par le temps et le malheur a pu retenir sur r les anciens danseurs de l'Opéra.

J'ai l'honneur d'être, etc.

LETTRE VII.

Des Directions de l'Opéra.

———

Je vais passer, Madame, à deux directions qui changèrent la forme antique de notre Opéra. La première introduisit la pompe et la magnificence, et la seconde y ajouta une variété absolument ruineuse et fatigante à l'excès, pour tous les artistes employés à ce grand spectacle.

Les sieurs *Breton* et *Trial*, singulièrement protégés par le feu prince de Conti et le prince de Soubise, furent nommés directeurs en 1770. Ils étoient musiciens et agréables compositeurs. Ils avoient étudié les goûts variés de leurs protecteurs, dont ils connoissoient l'amour pour le luxe, la magnificence, et généralement pour tout ce qui portoit l'empreinte du beau. Ces directeurs, prévenus sans doute à l'avance de leurs nominations, crurent faire leur cour aux deux princes, en rassemblant une vingtaine de jolies femmes, affligées de l'âge de quinze

à seize ans. Je ne sais par quel enchantement
elles acquirent le talent que doit avoir une
excellente figurante ; mais le charme eut lieu.
Rien de si beau , de si séduisant à l'œil et à
l'imagination , que de voir vingt jeunes sultanes, plus jolies et plus belles les unes que les
autres, se disputer par leurs grâces et leurs
agaceries le mouchoir que tenoit le sultan.
L'éclat de l'or, des diamans, et celui de la
beauté réunis aux grâces et aux talens offroient
aux regards enchantés le tableau le plus pompeux , le plus piquant et le plus voluptueux.
Le costume se perfectionna. Il acquit la vérité
et la variété qui lui manquoient. Il devint tout
à la fois noble et décent ; et M. *Bocquet* le
porta au point juste de perfection qu'il devoit
atteindre.

Les décorations eurent à leur tour un nouvel
éclat. Elles furent plus vastes et plus *gran-*
dioses.

L'orchestre et les chœurs chantans furent
augmentés, et ces changemens heureux donnèrent à l'Opéra le caractère de grandeur et de
majesté qui lui est propre et qui lui manquoit.

Si le nombre des figurantes est plus considérable aujourd'hui qu'il ne l'étoit alors, il faut
avouer qu'elles n'approchent pas de leurs de-

vancières en talent, en intelligence, en grâces et en attraits. Quelle différence !

Rien n'est stable à l'Opéra en fait de direction. Celle-ci, malgré ses efforts, ne dura pas long-temps. On peut compter cinquante directions particulières; autant d'associations, sans y comprendre le bureau de la ville, les régies des acteurs, etc., etc. : tant de variations se sont opérées depuis la fondation de l'Opéra fixée à l'année 1672.

Ces changemens multipliés ont fait et font encore la ruine de ce spectacle. Ils entraînent après eux l'esprit de parti, ils excitent des mécontentemens et des cabales sourdes et intestines.

Le choix de ces directeurs n'a pas toujours été heureux. Dans la maladie invétérée qui travailloit ce grand corps, on crut devoir lui donner pour directeur un médecin. Mais il n'en est pas de cette grande machine comme du corps humain; le pauvre docteur qui connoissoit à merveille l'*indiqué*, l'*indiquant* et l'*indication*, y perdit son latin. Il ne put guérir ni les fièvres ardentes, ni les convulsions, ni le délire qui agitoient sans cesse ce corps vicieux et mal constitué.

Le sieur *de Vismes* fut nommé directeur de

l'Opéra. Il étoit *commis-principal* à la ferme générale ; et l'on ne pouvoit pas douter de son talent pour les calculs Il avoit de l'esprit, mais il n'eut jamais celui de s'en servir. Il crut, car il ne doutoit de rien, que l'on pouvoit conduire l'Opéra comme une brigade des fermes, et il se trompa. Il s'imagina qu'il falloit brouiller pour régner, et ce petit Machiavel médita mal ; ses petites tracasseries furent découvertes. Les sujets, divisés par de sourdes menées, se rapprochèrent et se réunirent. C'étoit le sieur de Vismes qui, par de fausses confidences, avoit élevé tous ces orages. Dès ce moment on se défia de lui, et on cessa de l'aimer.

Il mit le répertoire de l'Opéra à l'instar de la Comédie française. Il y avoit toujours six opéra sur pied. Le public qui paie, aime la variété et ne s'embarrasse pas des efforts que l'on fait et des sommes que l'on dépense pour la lui procurer. Tous les artistes harassés d'études, de répétitions, ne recueilloient de leurs sueurs et de leurs fatigues que de l'épuisement et de la maigreur. Le seul de Vismes s'engraissoit. A l'exemple de Mazarin, il fit venir des Bouffons de l'Italie qui ne firent rire personne; ils ne furent fêtés ni courus. La recette de l'Opéra alors très-abondante éprouva le contre-coup de chute des Bouffons. Enfin, Madame, le sieur de Vismes, étayé dans son entreprise par des ballets ingénieux, soutenu puissamment par le génie vaste de *Gluck* et par la mélodie enchanteresse de *Piccini*, secondé par d'excellens chanteurs et par un orchestre admirable, laissa payer au Corps municipal et au Roi 807,576 liv. Cependant, à cette époque, les appointemens ne s'élevoient qu'à la somme de 577,595 liv. La danse seule et les feux excédoient cette dernière somme de 125,000 liv.: le sieur de Vismes fut congédié; et, pour avoir régi en sens contraire de l'ordre et de l'économie, il obtint 8000 liv. de pension. S'il eût administré sagement, auroit-il obtenu une retraite aussi considérable? Je l'ignore; mais ce que je sais parfaitement, c'est que les premiers sujets qui avoient fixé l'amour et les applaudissemens du public pendant trente années, n'obtenoient que 5000 liv. de retraite. C'est bien le cas de dire que ce directeur fut payé et recompensé en raison inverse de ce que méritoient ses foibles talens.

En voilà assez, Madame, sur le passé. Dans ma première, je vous entretiendrai du moment présent.

J'ai l'honneur d'être, etc.

11.   S

LETTRE VIII.

Sur les principaux sujets de la Danse de l'Opéra depuis 1740.

M<small>ADAME</small>,

Je vais avoir l'honneur de vous parler des danseurs et des danseuses, qui, depuis une quarantaine d'années, ont porté leur art à la perfection.

Vestris le père hérita du beau talent de *Dupré* et de son sobriquet; on le proclama le dieu de la Danse; il égala son maître en perfection, et le surpassa en variété et en goût. *Vestris* dansoit le *pas de deux* avec sentiment et élégance. Ses fréquens voyages à Stuttgardt le conduisirent à l'étude; il devint grand acteur, et sut embellir par la vérité de son action tous mes poèmes pantomimes dans lesquels il joua les premiers personnages. Sa retraite de l'Opéra porta un coup fatal à la belle danse: privée de ce beau modèle, on l'a vu s'égarer dans les confins de l'extravagance. La révolu-

tion étant arrivée, la liberté illimitée ouvrit aux
arts la porte du temple de la Folie ; les artistes
en devinrent les ministres, proscrivirent le
goût de badiner avec la marotte, et sacrifièrent
aux caprices et à la fantaisie les beautés de
leur art. La sœur de ce beau danseur étoit
remplie de grâces ; elle avoit peu de vigueur,
mais elle dansoit le *pas de deux* avec autant de
goût que de volupté.

Feu *Gardel* doubloit Vestris avec succès
pendant ses absences ; mais lorsqu'il reparais-
soit, *Gardel*, malgré ses talens, son zèle et
ses efforts, étoit éclipsé.

Lany offroit des tableaux d'un genre opposé
au sérieux et au *demi-caractère* ; il dansoit les
pâtres avec une supériorité rare. Ce danseur
étoit savant en ce qui concerne le mécanisme des
pas ; il n'avoit, d'ailleurs, par sa construction
épaisse, que les charmes du genre qu'il avoit
adopté ; mais il les possédoit au plus haut degré.
Il étoit maître des ballets de l'Opéra. Ses productions dans ce genre n'annonçoient ni goût
ni imagination ; il étoit parfait dans ce qu'il
composoit pour lui, mais très-médiocre lorsqu'il travailloit pour le théâtre.

Dauberval, mon élève, ou plutôt celui de la
Nature, arriva à Paris, né avec de l'esprit, du

goût, de l'intelligence, et cette ambition propre
à étendre le cercle des talens; il fut obligé de
renoncer au genre sérieux. Modelé d'abord
par les Grâces, il devint gros et musculeux.
Mais l'étude de la belle danse conduit à tous
les genres; elle en est la clef : cette étude est
à l'art ce que le rudiment et la grammaire sont
à la pureté du langage. *Dauberval* sut embellir
et perfectionner le genre de *Lany*. Lorsque
ces deux danseurs se réunissoient aux demoiselles *Allard* et *Pélin*, ils formoient des *pas
de quatre* délicieux; une gaité franche et naïve,
une expression vraie, adaptées au sentiment
de la joie, un ensemble admirable, une précision rare, présidoient à tous leurs mouvemens; ces pas faisoient tourner la tête au public enchanté, sans le secours de la pirouette.
Les rares talens de la demoiselle *Allard*
méritent un éloge particulier; danseuse parfaite, excellente pantomime, composant elle-
même ses entrées avec goût sans le secours
des maîtres, chose très-rare dans son sexe;
elle a toujours fixé les applaudissemens les
plus justement mérités.

Mademoiselle *Guymard* fixa les applaudissemens du public depuis son début jusqu'à sa
retraite; les Grâces l'avoient douée de leurs

dons; elle en avoit les agrémens et les charmes.
Elle ne courut jamais après les difficultés; une
noble simplicité régnoit dans sa danse; elle se
dessinoit avec goût et mettoit de l'expression
et du sentiment dans ses mouvemens. Après
avoir long-temps dansé le sérieux, elle l'abandonna pour se livrer au genre mixte que j'avois
créé pour elle et pour le sieur *le Picq*. Elle
étoit inimitable dans tous les ballets anacréontiques; et, en abandonnant le théâtre, elle em-
porta ce genre agréable avec elle. Le nom de
mademoiselle Puvigné mérite une mention honorable. C'étoit une danseuse d'une taille médiocre, d'une exécution très-foible, mais re-
marquable par la grâce de sa personne, de
son geste et de tous ses mouvemens.

Mademoiselle *Lany*, élève de son frère,
débuta à l'Opéra à son retour de Berlin, et son
début fut un triomphe. Taille superbe et élégante, danse écrite avec perfection, nerf,
élévation, et brillant dans tous les élans : mais
cette danseuse ayant subi l'apprentissage le
plus rude, avoit contracté une timidité qui
tenoit sans doute à la rigueur de la leçon; cette
espèce de crainte qui ne la quitta jamais, lui ôtoit
l'expression qu'elle auroit pu ajouter aux
charmes de la plus correcte exécution.

Le public hérita ensuite des talens distingués de la demoiselle *Heinel*, élevée par les soins de *Lépy*, danseur charmant. Elle quitta Stuttgardt et Vienne, où je lui fis jouer plusieurs rôles dans mes ballets en action. Cette danseuse étonna Paris et la cour. Le *svelte* de ses contours, les charmes de sa figure, la perfection et la noblesse de sa danse, lui méritèrent de justes applaudissemens ; je dois ajouter qu'elle fut le modèle le plus parfait de la danse sérieuse.

Le Picq quitta Naples un instant pour venir me voir à Paris où je le fis débuter. Les belles proportions de sa taille, la noblesse de sa figure, l'harmonie enchanteresse de ses mouvemens, et le fini précieux d'une exécution d'autant plus étonnante qu'elle étoit toujours facile, et que les efforts du corps étoient sans cesse dérobés par les grâces ; tant de perfections réunies lui obtinrent le plus brillant succès tant à la cour qu'à la ville.

Je composai pour mademoiselle *Guimard* et le *Picq* les *Caprices de Galathée*, ballet anacréontique. Il fut représenté à Brunoy, et faisoit partie d'une fête de jour que *Monsieur* donnoit à la Reine. Cette heureuse bagatelle eut un succès complet. Les talens de *le Picq* et de la demoiselle *Guymard*, réunis à ceux de *Dauberval* et de la demoiselle *Allard*, l'embellirent singulièrement. Je la donnai ensuite à Paris et à Fontainebleau.

Le Picq fut fêté; on le nomma l'Apollon de la danse, mais la cabale intérieure de l'Opéra que j'appelle la boîte de Pandore, se joignit aux motifs qui le firent renoncer aux propositions brillantes qui lui furent faites. Il retourna à Naples, de là il vint me trouver à Londres où il fut fixé par des appointemens considérables. Je le fis débuter par *Apollon* et les *Muses*. Au bout de quelques années, il quitta l'Angleterre pour s'attacher au service de la cour de Russie. Ses talens pour la danse et la composition, joints à sa bonne conduite, lui méritèrent les bienfaits de la cour et l'estime des grands.

J'ai à vous parler encore d'une danseuse charmante, la demoiselle *Théodore*. Elle épousa *Dauberval* dont elle étoit l'élève. Cette danseuse étoit l'image de Terpsicore; elle avoit de l'aisance, de la facilité, et du brillant; c'étoit un *ballon* qui rendoit son exécution si légère, que, sans sauter, et par la seule élasticité de ses coude-pieds , on se persuadoit qu'elle ne touchoit point la terre.

Nivelon débuta à l'Opéra dans le même moment que *le Picq* ; et ce jeune danseur fut très-accueilli. Fait à peindre et d'une figure intéressante, il s'attacha au genre *demi-ca. actère*. Il dansoit le *pas de deux* avec grâce, et toujours le goût dessinoit ses attitudes ; il avoit infiniment de moëlleux et de douceur dans ses mouvemens : son honnêteté, son application à remplir ses devoirs, le rendirent le sujet le plus utile à la danse de l'Opéra, mais on abusa de sa complaisance pour lui faire remplir des rôles qu'il n'avoit point appris et qui ne lui furent jamais destinés. Sa bonne volonté l'exposoit continuellement à être jugé par comparaison, et ce jugement n'est pas toujours favorable lorsque l'on se charge d'exécuter ce que l'on n'a point médité, et que l'on se met en parallèle avec celui qui en a fait une étude particulière. Cette facilité qu'avoit *Nivelon* à se métamorphoser sans cesse, arrêtoit les études qu'il devoit à son genre. Il s'en aperçut trop tard, et tâcha d'éviter les piéges que l'on ne cessoit de lui tendre. On devint exigeant envers lui ; on voulut le contraindre à faire ce qu'on ne pouvoit ordonner à un premier danseur : fatigué des petites intrigues et des cabales sourdes qui régnent à ce spectacle, il demanda sa retraite.

Nivelon vit heureux et tranquille, s'occupe de son jardin et cultive quelques amis. Il a tout ce qu'il faut pour en avoir et pour se les attacher.

La demoiselle *Coulon* a obtenu sa retraite et sa pension après avoir mérité pendant long-temps les faveurs du public; elle avoit une intelligence rare, d'autant plus précieuse à l'Opéra qu'elle remplaçoit avec facilité toutes les absences occasionnées par des indispositions feintes ou vraies.

Je vous parlerai enfin des rares dispositions de *Gardel* (actuellement maître des ballets) pour le genre sérieux. La Nature lui avoit donné tout ce qu'il falloit pour remplacer *Vestris* le père. Il est malheureux, pour les progrès d'un art dont il seroit devenu le modèle, que des douleurs vagues et sans cesse renaissantes l'aient forcé d'abandonner la danse. Il s'est livré à la composition des ballets. Il est infiniment supérieur à son frère qui ne s'étoit attaché qu'à copier des opéra-vaudevilles, dont les petits couplets pleins d'esprit et de sel ne pouvoient être rendus par la pantomime : on écoutoit bien le petit air, mais on n'entendoit point les paroles et les pensées délicates qui en faisoient le charme.

Après vous avoir fait l'éloge justement mérité d'une foule de gens à talens dont la parque a moissonné une partie, et dont l'autre est nulle pour les plaisirs du public, je vous entretiendrai, Madame, des artistes actuels, et principalement de ceux qui peuvent servir de modèles à leur art.

J'ai l'honneur d'être, etc.

LETTRE IX.

Sur le même Sujet.

Pour bien juger des arts et apprécier les talens de ceux qui les embellissent, il faut les avoir vus et les avoir étudiés. Dans l'impossibilité où je suis de placer devant vos yeux ces objets intéressans pour nos plaisirs, vous voudrez bien vous contenter de voir défiler leurs ombres devant vous; c'est à votre imagination à leur prêter un corps et le mouvement; si vous lui donnez l'essor, elle vous créera des êtres parfaits, remplis de grâces, dansant, sautant et pirouettant à merveille.

La danse de l'Opéra, peut-être trop nombreuse, me rappelle une galerie de tableaux que je vis à Anvers. Elle appartenoit à un chanoine plus riche en argent qu'en bon goût : son amour pour la quantité étoit tel, que le dessus de sa porte cochère, le grand escalier, et sept ou huit salles très – vastes, étoient ornés de tableaux. Je voyageois avec *Reynolds*, le plus

célèbre peintre de l'Angleterre. Nous trouvâmes
dans ce grand assemblage de tableaux deux ou
trois *Rubens*, autant de *Van-Dick* et quelques
Téniers qui fixèrent notre admiration ; mais
ils étoient entourés d'une foule de bonnes et
de mauvaises copies, et d'un amas de petits
tableautins assez médiocres.

La danse de l'Opéra a infiniment d'analogie
avec cette galerie, soit pour la qualité, soit
pour la quantité. On y admire quelques beaux
originaux, quelques bonnes copies et une foule
de copies assez mauvaises. Ce mélange du bon,
du moins parfait et du médiocre, présente un
grand corps de danse, propre à exécuter et à
transmettre au public toutes les idées d'un
compositeur ingénieux. Les sublimes tableaux
que lui offroient Homère et Virgile, peuvent
être transportés sur la scène ; mais, pour les
peindre d'une manière parfaite, il faudroit que
les danseurs, qui consacrent tous leurs momens à leurs jambes et à leurs mouvemens
plus ou moins accélérés, en donnassent une
partie à l'étude des passions ; qu'ils exerçassent
leur ame à s'en bien pénétrer, et leurs bras et
leur physionomie à les exprimer avec énergie.
Voilà malheureusement ce qui manque à notre
danse de l'Opéra. La pantomime, qui en aug-

menteroit le charme et l'intérêt, ne s'y montrera que foiblement tant que l'on n'associera pas à l'école de cet art une école de gestes et d'expression.

Je commencerai par mettre sous vos yeux, Madame, le danseur le plus étonnant de l'Europe, *Vestris* le fils, élève de son père; il parut à l'Opéra dès l'âge le plus tendre. Son début dans le genre sérieux fut un triomphe; aplomb, hardiesse, fermeté, brillant, belle formation de pas, oreille sensible et délicate : telles étoient les qualités rares qui distinguoient ce jeune danseur.

Lany, qui étoit rentré à l'Opéra, mais que les tracasseries en éloignèrent bientôt, régla, ou composa, pour *Vestris* et ¡la demoiselle *Théodore,* un *pas de pâtre;* notre jeune protée saisit avec autant de goût que d'intelligence ce nouveau genre entièrement opposé à celui que son père lui avoit donné ; il y obtint le plus grand succès. Après le départ de *le Picq*, je le fis paroître dans la *Bergère Héroïque,* genre fin, délicat et caractéristique ; il y déploya les grâces naïves et toute l'expression qu'on pouvoit desirer. Dès-lors il abandonna le noble et le sérieux, pour se fixer à ce dernier dans lequel il excella, et dont il faisoit, accompagné de la demoiselle *Guymard*, le charme et les délices.

L'Opéra fit successivement des pertes que le temps n'a pu encore réparer. *Vestris* le père, mademoiselle *Heynel, Dauberval*, les demoiselles *Allard* et *Théodore*, demandèrent leur retraite. D'autres sujets parurent. Gardel l'aîné mourut; et la danse prit une route nouvelle. Ce fut *Vestris* le fils qui la lui traça; ce fut lui enfin que l'on prit pour modèle. Volant de ses propres ailes, n'écoutant que les conseils du Caprice et de la Fantaisie, il renversa l'édifice auguste que les élèves chéris de Terpsicore avoient élevé à cette Muse; temple fondé sur des bases solides, décoré par les Grâces, et sublime dans ses proportions et son ensemble. *Vestris*, plein d'aisance et de facilité, de vigueur et d'adresse, de souplesse et de force, de caprice et de fantaisie, et entreprenant sans réflexions, composa, pour ainsi dire, un nouveau genre d'architecture où tous les ordres, toutes les proportions, furent confondus et exagérés; il fit disparoître les trois genres connus et distincts; il les fondit ensemble et en fit un de cet amalgame; il se forma une nouvelle manière qui eut du succès, parce que tout réussit à ce danseur, que tout lui sied à merveille, et qu'il a l'art heureux d'enjoliver jusqu'à la sottise et de la rendre aimable.

Toute la jeunesse cria au miracle; les personnes sensées et de goût se bornèrent à gémir. Tous les danseurs embrassèrent avec idolâtrie le nouveau *palladium* que *Vestris* venoit de leur fabriquer: tous devinrent copistes imparfaits et infidèles; et singes de leur maitre, ils n'en offrent encore aujourd'hui que la charge grossière. Ils sont à s'apercevoir qu'il est impossible d'imiter ce qui est inimitable; car, pour y parvenir, il faudroit qu'ils eussent été jetés dans le même moule, qu'ils eussent en eux le même goût, les mêmes dispositions et les mêmes moyens physiques : privés de tous ces dons, ils se traînent péniblement dans l'arêne, et vainement ils accumulent leurs efforts pour atteindre leur modèle.

Les danseuses à leur tour ont donné dans le même travers. Qu'est-il arrivé de cette imitation déraisonnable et fantastique ? que la danse de l'Opéra est maintenant de la même couleur, du même style, du même genre; la manière *de faire* n'est qu'une : cet art a chassé la variété pour adopter la monotonie la plus insupportable : il n'offre plus à l'œil ces oppositions, ces contrastes et ce *clair-obscur* qui constituent le charme des beaux arts.

Vestris le père faisoit la pirouette beaucoup mieux que son fils, mais il ne la prodiguoit pas; il la laissoit desirer. Aujourd'hui cet ornement de la danse en fait le fond principal. Le *Vestris* d'aujourd'hui ne l'exécute pas avec douceur; il la tourne avec une vélocité extraordinaire; et lorsque le centre de gravité l'avertit de la chute, il s'arrête en trépignant fortement des pieds. Si ce dernier mouvement n'est pas le miracle de l'équilibre, c'est celui de l'adresse, de la prudence, et de la nécessité.

Malheureusement la pirouette n'est pas restée le partage du seul *Vestris;* elle est devenue le *temps* habituel de trente danseurs, et, qu'on me passe l'expression, le pain quotidien du public. A l'exemple de *Vestris,* tous les danseurs et les danseuses tournent, et avec eux la tête du public. Si, dans un grand ballet, tous les sujets y sont employés, et que chacun en particulier fasse six pirouettes, 50 multipliés par 6 donnent le produit de 180 pirouettes, qui, en les supposant composées de 6 tours chacune, donnent un résultat de 1080 tours. Ne pourroit-on pas dire, Madame, que la danse de l'Opéra semble avoir adopté, sans le savoir, le système de *Descartes*, et qu'elle se perd dans les tour-billons.

Cependant, comme l'abus des meilleures choses est toujours nuisible, et qu'on finit par reconnoître son erreur, il faut espérer que, las de tourner et de voir tourner sans cesse, on adoptera un genre plus noble, mieux proportionné et moins monstrueux.

Un seul exemple peut ramener à un goût sage l'artiste qui s'est égaré un instant. Un jeune danseur, à peine sorti de l'école, est venu débuter à l'Opéra. Né adroit et entre-prenant, il s'est attaché à imiter *Vestris* dans la pirouette seulement ; et il a mérité le prix des tourbillons. A le voir tourner, on est tenté de croire qu'il descend en ligne directe du plus célèbre *Dervis*, et qu'il est inspiré par le prophète Mahomet. Il tourne sur lui-même si long-temps et si rapidement, qu'il est impossible à l'œil de compter ses mouvemens de rotation. Vous jugez bien, Madame, que ce jeune homme est applaudi à toute outrance, et qu'on le considère comme une nouvelle planète tombée du ciel, et qui s'est fixée à l'Opéra. Cependant chacun raisonne sur ce nouveau phénomène ; les uns prétendent qu'il est éphé-mère et qu'il ne brillera pas long-temps ; les autres disent que la pirouette qu'on a applaudie comme une merveille de l'art, est au fond peu de chose, puisqu'un enfant, à peine sorti de l'école, l'exécute mieux que tous les danseurs qui l'exercent depuis vingt ans. Tous ces raisonnemens et les conséquences qu'on en tire ouvriront sans doute les yeux à *Vestris*, qui ne doit être comparé qu'à lui-même. Ses grands talens, son expérience, la richesse de ses moyens, donnent lieu de penser qu'il s'occupe dans ce moment de se créer un genre, basé sur les principes communs à tous les arts imitateurs; principes qu'il ne doit point avoir oubliés, et que lui seul est en état de faire revivre. Qu'il se hâte donc de présenter dans sa personne le modèle parfait de son art; qu'il l'embellisse, qu'il le fasse briller par de belles proportions, par l'harmonie de ses mouvemens et par le fini précieux d'une exécution simple mais savante; qu'il ramène les grâces que les difficultés et les tourbillons incommodes ont fait disparoître : tel est le vœu des amateurs; tel est celui de l'amitié, et de tous ceux qui s'intéressent à la réputation de ce danseur et à la perfection d'un art dont il a été le plus bel ornement.

Vous me pardonnerez, sans doute, la longueur de ma lettre, en songeant que *Vestris* méritoit bien d'être placé comme original dans un grand cadre, et d'y figurer sans alentours.

Je renvoie à une autre lettre, Madame, le desir que j'avois de vous parler des danseurs et des danseuses qui marchent sur les traces de ceux que je vous ai nommés. Depuis huit années je ne vais à l'Opéra que par intervalles. A cette époque, les hommes dans lesquels j'ai trouvé de grandes dispositions arrivoient de la province; ils ont acquis beaucoup de talens en travaillant sous un maître aussi célèbre que M. *Gardel*. Je les ai vus quelquefois, et je me trouve ainsi à portée de vous parler de leur mérite particulier.

Il ne me conviendroit pas, Madame, de vous entretenir des chanteurs et des chanteuses qui font le charme de l'Opéra et les délices du public; c'est à M. *Grétry* qu'il appartient de faire leur éloge. Ce compositeur ingénieux a enrichi ce spectacle de ses brillantes productions; il a écrit savamment sur son art, et personne n'est plus en état que lui d'apprécier le mérite de ceux qui se sont empressés de contribuer aux succès de ses ouvrages, soit par leur action, soit par le brillant de leur voix, soit enfin par le goût et l'expression de leur chant. Indigne de mettre une main profane à l'encensoir, je le lui laisse, fermement persuadé qu'il le dirigera dans des sens justes et proportionnés à la mesure des talens qui méritent d'être célébrés.

J'ai l'honneur d'être, etc.

LETTRE X.

Sur les Maîtres des Ballets de l'Opéra.

MADAME,

Avant de faire passer en revue devant vous les troupes légères de l'Opéra, je dois vous parler de celui qui les instruit et les exerce dans l'art ingénieux des plus agréables évolutions. M. *Gardel* est le commandant de cette troupe enjouée et folâtre ; il est maître des ballets en chef du théâtre des Arts depuis dix-huit ou dix-neuf années. Ses compositions ont obtenu les plus brillans succès, et elles ont conservé (chose assez rare) les charmes et la fraicheur de leur première jeunesse.

Ce compositeur n'a pas suivi la route étroite que son frère s'étoit ouverte; mais il a marché à pas de géant dans la carrière des ballets en action que j'avois tracée. Il dédaigna de transporter sur la scène pompeuse de l'Opéra des petits opéra-vaudevilles, dont l'esprit et le sel ne peuvent se rendre par les seuls secours de la pantomime : il a choisi ses sujets dans la

Mythologie, et les a traités avec autant d'imagination que de goût. L'éloge que je fais de M. *Gardel* ne peut être suspect ; je n'encense point les idoles, mais je sais rendre justice au vrai mérite.

J'ajouterai que la majeure partie des danseuses qui ont mérité des applaudissemens sort de son école ; il en résulte un ensemble parfait dans l'exécution et une harmonie rare dans les atitudes et les mouvemens du corps ; mais le mal et le bien, voisins l'un de l'autre, me forceront à revenir sur cet objet.

M. *Gardel*, depuis son admission à la place de maître des ballets de l'Opéra, a donné en 1790 *Télémaque* ; ce premier coup d'essai dans un art difficile fut un coup de maître. Ce ballet a obtenu le plus brillant succès. Il donna ensuite *Psyché* et le *Jugement de Páris*, qui furent également reçus avec enthousiasme par le public. Ces trois ouvrages du genre noble et héroïque ont eu un nombre considérable de représentations, et reçoivent encore les applaudissemens de la nouveauté.

M. Gardel composa ensuite la *Dansomanie*. Ce ballet, qui offre tous les genres de la danse, est rempli de gaîté et de pas charmans ; mais l'auteur y ridiculise la danse noble. Ne pourroit-on pas le comparer à l'enfant qui bat sa nourrice? car ce genre, abandonné aujourd'hui faute de grands moyens, est celui dans lequel excelloit M. Gardel. En faisant disparaître cette tache légère, cette production deviendra un tableau général de tous les genres dont la danse étoit en possession.

Ce compositeur a donné successivement le *Retour de Zéphire, Achille à Scyros, Paul et Virginie*, et une *Demi-Heure de Caprices*. Ces ballets ont presque tous obtenu les mêmes succès que les précédens.

Si je ne parle pas de celui de *Daphnis et Pandrose*, c'est qu'il ne peut figurer avec ceux que je viens de citer, et qu'il n'a eu qu'un très-petit nombre de représentations. Le sujet, tiré d'un roman de madame de Genlis, est froid, aride et obscur; il ne pouvoit inspirer le compositeur. La partie de la danse en étoit cependant brillante; mais, malgré les efforts réunis de tous les grands talens qui sont à la disposition de M. Gardel, ce ballet n'a pu obtenir de succès. En blâmant l'auteur sur le choix du sujet, qui ne présentoit aucun moyen pour l'action, les journalistes en désapprouvèrent le plan et attaquèrent impitoyablement le style du progamme.

Si ce ballet eût obtenu les applaudissemens que le public prodigua à ceux qui le précédèrent, en auroit-ou critiqué le programme?

Le pinceau, le ciseau, le compas et la règle, le burin, le noté de la musique, les mouvemens harmonieux et expressifs de la danse sont les moyens dont les artistes se servent pour imiter et embellir la nature : ils n'en connoissent point d'autres. C'est donc dans leurs compositions qu'il faut chercher un style riche et éloquent. Comme on ne peut juger d'après une description (que je suppose correctement écrite) des effets magiques que produisent les arts; de même il est impossible de prononcer d'après un programme sur l'effet d'un ballet en action qui présente à l'œil, avec rapidité , une foule de tableaux.

Je défie à l'imagination la plus vive et la plus exercée de se former une idée juste et précise des détails nombreux de cette vaste galerie : elle présentera faiblement les grands effets de la scène, les charmes de l'action, l'expression de la pantomime, le dessin des groupes, l'intérêt des coups de théâtre, et la variété infinie qui règne dans la danse. Quelque pénétrante que soit l'imagination, elle ne verra que des dessins faiblement esquissés, et des tableaux sans vie et sans couleurs. J'affirme donc qu'un programme n'est que le squelette d'un corps bien formé et bien constitué ; qu'il n'offre à la vue ni les chairs ni le mouvement, et qu'il est impossible d'apercevoir cette ame et cette action qui animent et qui vivifient tout.

Les écrivains de profession se consoleront sans doute de ne pas trouver dans les artistes des *Démosthène* et des *Cicéron*, lorsqu'ils fixeront leurs regards sur cette foule de chefs-d'œuvre qui ornent l'immense galerie des Tuileries. C'est là qu'ils trouveront le style, le goût, l'esprit, l'éloquence et le génie des arts imitateurs.

J'ai dit que la majeure partie des danseuses de l'Opéra sortoit de l'école de M. Gardel ; qu'elles contribuoient par leurs talens à l'ensemble d'une exécution aussi difficile que parfaite ; mais les connoisseurs se plaignent avec raison de ce que leur manière de danser est trop uniforme ; point de variété dans les pas, dans les attitudes, dans les mouvemens des bras, dans le travail des jambes ; tous les tableaux que l'art peut présenter sont de la même couleur ; ils ne sont point nuancés, et n'offrent aucun contraste : les objets privés de clair - obscur perdent nécessairement l'effet qu'ils doivent produire, et je pense que si les genres étoient plus variés, il y auroit moins de monotonie.

Il seroit bien à desirer que M. Gardel, qui a fait de si bonnes écolières, se fût donné la peine de former quelques danseurs; car les femmes l'emportent en talent et en nombre sur les hommes.

On doit aux rares talens de madame Gardel et de M. Vestris cette assommante uniformité qui règne dans l'exécution. Les danseuses veulent imiter cette Terpsichore moderne; et les danseurs, à leur tour, ne s'attachent qu'à copier le Prothée et le Batyle de la danse, qui, par la sublimité de ses détails, semble joindre la parole à ses mouvemens; de sorte que les uns et les autres ne présentent que des contre-épreuves imparfaites de deux dessins originaux et précieux.

On doit donc desirer, pour détruire la monotonie qui règne dans la danse de l'Opéra, le rétablissement des trois genres qui jadis existoient à ce spectacle. La Nature n'est point uniforme dans ses productions; les Arts doivent être variés comme elle, puisqu'ils sont enfans de cette mère commune, et que leurs productions ne peuvent ni intéresser ni plaire, s'ils n'en offrent l'image fidèle.

On regardera peut-être mes observations comme une critique. Je répondrai qu'il m'est permis d'exprimer mon opinion sur un art que j'ai approfondi, auquel j'ai donné une nouvelle existence, et qui, pendant soixante-dix années de ma vie, n'a pas cessé d'être l'objet constant de mon application et de mes recherches. Oui, Madame, au moment où j'ouvris une nouvelle carrière à mon art, les ballets n'offroient que de plates caricatures. Vous pouvez en juger par leurs titres; les *Savoyards*, le *Casseur de vitres*, les *Sabotiers*, les *Charbonniers*, les *Pierrots*, le *Suisse dupé*, etc. Ces farces ridicules, et toutes les scènes basses et dégoûtantes dont elles étoient composées, m'ouvrirent les yeux, et me déterminèrent à choisir des sujets nobles. La fable m'offrit ses dieux, l'histoire ses héros; et, renonçant à ces hommes vulgaires qui ne savent que se remuer joyeusement ou tristement, je m'efforçai de donner à mes productions la noblesse de l'Épopée et la grâce de la Poésie pastorale. Le succès couronna mes premiers essais; mon genre se propagea, et j'ai la satisfaction de voir, dans un âge très-avancé, qu'il a été adopté et sanctionné par le public de toutes les nations de l'Europe.

À mesure que j'avançois dans cette carrière,

je rencontrois de nouveaux obstacles qui m'é-
loignoient du but où je voulois arriver; je
m'aperçus que la langue du geste n'est que
celle des grandes passions, que l'instant présent est seul à sa disposition, qu'elle ne peut
rendre ni le *passé* ni le *futur*. Je me défiai donc
des narrations, des récits, des dialogues et de
toutes les beautés descriptives de la poésie et
de l'éloquence; je les admirois, elles étoient
pour moi des pierres précieuses que je ne pouvois employer.

Ces observations me firent sentir l'ineptie
de certains maîtres de ballets, qui mettoient
des comédies en pantomimes. On y cherchoit
vainement les charmes du dialogue, l'esprit de
l'auteur, ses saillies, ses bons mots; toutes ces
choses se trouvoient noyées dans une foule de
gestes insignifians, plus propres à fatiguer l'œil
qu'à parler au cœur et à l'esprit.

Indépendamment des ballets en action,
M. Gardel est encore chargé de la composition
des divertissemens qui sont liés aux opéra;
mais, comme il ne pourroit suffire seul au travail journalier de ces divertissemens, qui sont
souvent aussi fatigans que repoussans pour
l'homme occupé de grandes idées, il s'est adjoint M. Milon.

Ces froids divertissemens, la plupart du temps, ne tiennent à rien et ne disent rien ; ils ne peuvent inspirer le compositeur.

Les poètes grecs nous ont transmis des règles et des moyens heureux pour lier l'action. Les intervalles qui séparoient les actes étoient motivés, ils unissoient l'action passée à celle qui devoit suivre. Les intermèdes ne tomboient pas des nues, et portoient un caractère d'intérêt qui n'existe que très-rarement aujourd'hui dans nos entr'actes.

M. Milon a donné quatre ballets-pantomimes à l'Opéra, *Pygmalion*, *Héro et Léandre*, les *Noces de Gamache* et *Ulysse* ; ces productions, favorablement accueillies, ont fait connoître le mérite de l'auteur ; il doit être satisfait de ses succès. Réussir à côté d'un voisin comme Gardel, obtenir le suffrage du public sans le secours de l'intrigue et de la cabale, c'est avoir tout à la fois de la délicatesse, de la modestie et du mérite.

Je suis, etc.

LETTRE XI.

De quelques autres Compositeurs de Ballets.

M<small>ADAME</small>,

Les ballets en action sont devenus la folie du jour, ils sont le thermomètre des grandes recettes de l'Opéra. Ces ballets offrent la réunion de tout ce que les arts ont de plus séduisant; chaque artiste s'empresse à y déployer les richesses de celui qu'il professe. La danse y prodigue ce que les grâces, l'adresse, la vigueur et le brillant ont de plus ravissant; l'action pantomime embellit la danse, lui prête la parole, et la place au rang des arts imitateurs.

La richesse et l'élégance du costume, la magnificence des décorations, le jeu des machines, la variété des accessoires, enfin les charmes de la musique exécutée par le meilleur orchestre de l'Europe; toutes ces différentes choses réunies forment un tout parfait, et constituent le grand ballet en action; spectacle qui intéresse tout à la fois l'œil, l'oreille, l'esprit et le cœur, spectacle qui séduit et entraîne l'imagination

et berce l'ame au milieu des illusions les plus
douces et les plus voluptueuses.

Les ballets attirent la foule, et les plus anciens se montrent toujours avec le charme de la
nouveauté. Il y a des compositions de M. Gardel qui ont eu plus de six cents représentations.
On ne dira pas, d'après cette persévérance du
public, que les Français sont inconstans dans
leurs goûts, et qu'ils n'aiment que le changement. Qu'on ose citer la nation qui aura l'immuable constance de voir cinq ou six cents fois
la même production. Est-ce l'italienne? est-ce
l'anglaise? seroit-ce l'allemande? Non, Madame, lorsque les peuples de ces contrées ont
vu un ballet une trentaine de fois, ils s'en las-
sent; il faut, quelque excellent qu'il soit, le retirer pour toujours, et le remplacer par un
autre d'un genre et d'un caractère tout opposés.

Les jeunes danseurs de l'Opéra, dont les talens distingués ont obtenu les applaudissemens
du public, ont rêvé dans un accès de délire,
occasionné sans doute par l'amour propre,
qu'ils étoient compositeurs et maîtres de ballets, et qu'il leur étoit facile d'être tout à la fois
peintres et modèles.

Si toutes les professions demandent de longs

apprentissages, combien les arts imitateurs n'exigent-ils pas d'études, de connoissances variées, d'application et de veilles, pour s'élever au-dessus de la médiocrité. Ceux qui atteignent le plus haut degré de perfection sont des êtres privilégiés que la Nature favorise.

Avant de vous faire l'analyse des ballets composés par les jeunes artistes de l'Opéra, je dois vous dire, Madame, que l'administration de ce spectacle a, par un réglement constant et bizarre, arrêté qu'aucun compositeur de ballets ne pourroit montrer ses talens à l'Opéra; et que la porte du temple des arts, ouverte à la poésie, à la musique et à la peinture, seroit constamment fermée à tous les maîtres de ballets. Cette loi m'a toujours paru trop sévère: elle s'oppose aux progrès de l'art, et est préjudiciable aux plaisirs du public: elle fut cependant abrogée en faveur de M. Gallet mon élève; on lui permit de débuter, et il donna *Ariane et Bacchus*. Ce ballet, charmant dans ses détails et dans son ensemble, obtint un vrai succès. L'arrivée de Bacchus, suivi par les Bacchantes, les Faunes, les Sylvains et par le vieux Sylène, offrit au public enchanté le tableau vivant des Bacchanales de l'antiquité. Cette production nouvelle détermina l'administration à recevoir M. Gallet adjoint des ballets. Mais les difficultés qu'il éprouva, lorsqu'il voulut donner un ouvrage plus important, le dégoûtèrent ; il quitta l'Opéra, et alla porter ailleurs ses talens.

On l'a vu successivement briller sur les théâtres de Vienne, Milan, Naples, Londres et Bordeaux. Il y a soutenu la réputation qu'il avoit déjà acquise, et les arts peuvent le compter au nombre des compositeurs les plus ingénieux.

Le jeune Henry, danseur agréable, eut la fantaisie de se montrer dans la carrière de la composition ; il prit pour sujet de son ballet l'*Amour à Cythère*, titre qui demandoit de l'imagination, du goût, de la grâce et des tableaux anacréontiques ; mais rien de tout cela ne s'y est rencontré. L'action est sans intérêt, les allégories froides, une série de mouvemens du même genre, sans expression, sans contrastes et sans oppositions. L'inexpérience du jeune Henry peut excuser ses fautes. Il faut, pour se livrer à la composition des ballets, acquérir par l'étude, l'observation et l'expérience, toutes les connoissances qu'exige cet art difficile. Que ce jeune artiste attende donc que le temps ait mûri ses idées, et qu'il n'étouffe pas ;

par une imprudente émulation, ses heureuses
dispositions. Je conseille à M. Henry de profiter de sa jeunesse et des avantages qu'il a
reçus de la nature, pour devenir un jour le premier danseur sérieux de l'Opéra; mais, pour
parvenir à ce but, il faut qu'il s'applique, qu'il
ferme les yeux sur tous les objets qui l'entourent, et qu'il cesse d'imiter Duport dans
tous les enchaînemens de *pas*, qui conviennent
à la petite taille de ce dernier, mais qui sont
ridicules à la belle structure du sieur Henry.
Qu'il devienne, par un travail suivi et réfléchi,
le modèle parfait d'un genre qui a disparu, et
qui faisoit jadis les délices du public; qu'il
consulte Gardel et Vestris, ils lui montreront
la route qu'il doit suivre pour arriver à la perfection.

Le jeune Duport, danseur étonnant, a sauté
à pieds joints par-dessus les réglemens. Les
gens crédules, qui le regardent comme un
un esprit aérien, prétendent qu'il n'a pas
forcé la porte qui conduit au temple des arts,
mais qu'il s'y est introduit comme un sylphe.
Quoi qu'il en soit, il s'est présenté au théâtre
avec *Acis* et *Galathée*. Ce sujet de la fable
n'offre à l'imagination rien d'intéressant, il
est froid et aride : Duport s'est efforcé d'en

agrandir le cadre ; pour y parvenir, il a eu
recours aux épisodes; moyen qu'il est toujours dangereux de prodiguer. Il en est quelquefois d'agréables et d'intéressans, et beaucoup de superflus. Cette production est un coup
d'essai; elle a été vivement applaudie. Le jeune
Duport et sa sœur ont fait l'ornement de ce
ballet. Je l'ai jugé de sang froid. Il m'a paru
trop long, et je me suis aperçu que la broderie,
trop multipliée, faisoit disparoître le fond. Ce
sujet étant très-pauvre ne pouvoit fournir à
l'intérêt de deux actes; il eût été très-sage de
ne le présenter qu'en un seul. Les maîtres de
ballets ignoreront-ils long-temps encore, que les
plaisirs les plus vifs sont les plus courts, et que
la multiplicité des plus excellentes choses nous
entraîne à la satiété, nous provoque à l'ennui,
et souvent au dégoût.

Les succès de Duport l'électrisèrent; il donna
en dépit de la règle un second ballet, puisé dans
la comédie de Beaumarchais, et l'intitula le
Mariage de Figaro. Ce ballet offre les tableaux variés, de l'enjouement et de la gaîté ;
Duport n'a pu suivre à la piste le plan de l'auteur; ne pouvant rendre en pantomime l'esprit
de Beaumarchais, ses longs monologues, ses
proverbes et ses calembourgs ; il s'est sauvé par

la variété et les charmes de la danse, dont sa sœur et lui faisoient l'ornement; et ce qui a contribué au succès de cet ouvrage, est encore dû aux talens supérieurs de mademoiselle *Chevigny*, à la gaîté de mademoiselle *Colomb*, et aux efforts et à l'intelligence d'un charmant danseur, *Saint-Amand*. Duport a déployé, dans le rôle de *Figaro*, toutes les ressources de son art; sa gaîté, sa légèreté, le brillant de sa danse et sa pantomime animée ont enchanté le public. Ce divertissement pantomime a obtenu un grand succès.

Aumer, danseur de l'Opéra et bon pantomime, s'est aussi livré à la composition des ballets; il obtint la permission d'en faire au théâtre de la porte Saint-Martin. Il y débuta modestement (chose très-rare), et aima mieux être bon copiste du célèbre Dauberbal, qu'original foible et imparfait. Il donna successivement le *Déserteur*, la *Fille mal gardée* et le *Page inconstant*. Ces trois ballets, remis avec autant de soin que d'exactitude, furent jugés très-favorablement. Aumer, respectant son modèle, n'y ajouta rien. Encouragé par le succès, il donna *Jenny* et les *deux Créoles*, ballets de son invention. Ces deux productions, applaudies avec transport, continuent d'attirer la foule.

Madame Queriau, excellente pantomime, n'a pas peu contribué au succès de ces deux dernières productions ; elle a de l'expression ; ses gestes et le jeu varié de sa physionomie rendent souvent avec justesse les mouvemens de l'ame, mais elle prodigue un peu trop ses gestes, et elle se trompe quelquefois sur les nuances des passions, qui toutes sont différentes. La *jalousie*, la *vengeance*, la *colère*, le *désespoir*, ont des gestes fortement articulés ; mais une vive douleur, une affliction profonde, n'en demandent presque point, du moins il les faut petits et resserrés ; c'est à la physionomie, à l'œil, à la marche, au maintien, à peindre ces situations déchirantes. Lorsque les passions sont violentes, elles éclatent avec fracas, elles embrasent l'acteur. C'est alors qu'un mouvement tonique frappe et ébranle à la fois toutes les parties de son corps. Ce coup électrique de l'ame donne au pantomime une expression d'autant plus forte que ses gestes, ses regards et ses attitudes agissent de concert, et partent tout à la fois. Le jeu de la pantomime du célèbre *Garrick* m'a fait observer dans une multitude de circonstances les grands effets que produit le langage muet, lorsque l'acteur a une ame sensible et capable de peindre avec éner-

gie les sentimens, les affections et les passions
dont il est agité.

Permettez-moi, Madame, de terminer cette
lettre par une observation dont il résulte un
grand principe ; il n'est pas possible de le con-
tester, et l'on ne peut le détruire, puisqu'il a
été adopté et suivi par les plus excellens compositeurs.

J'annonce qu'un premier danseur, quelque
sublime qu'il puisse être, ne doit se livrer à
la composition qu'en abandonnant absolument
la danse. A l'âge de quarante-cinq ou cinquante
ans, le brillant de son exécution se ternit, sa
force et sa vigueur l'abandonnent, son adresse
diminue, et ses grands moyens d'exécution
s'affoiblissent ; les traits de sa physionomie se
ressentent du ravage du temps, les muscles qui
leur prêtoient de la mobilité perdent de leurs
ressorts, et dans cet état des choses la physionomie n'a plus d'éloquence. C'est dans cette
circonstance que le danseur doit se livrer à la
composition des ballets, si toutefois il a réuni
toutes les connoissances que cet art difficile
exige ; car il faut qu'il soit tout à la fois peintre,
poète et historien.

J'annonce encore comme une grande vérité
qu'un maître de ballets ne peut, sous aucun

prétexte, se charger d'un rôle dans ses compositions? Veut-il être tout à la fois auteur et acteur? qui se chargera avec intérêt de surveiller l'exécution de son ballet. Comme acteur pourra-t-il s'occuper de ce qui se passe à sa droite, à sa gauche et derrière lui? S'il s'en inquiète, il ne sera pas à son rôle, et le jouera détestablement; oublie-t-il son ballet pour donner toute son attention au personnage dont il se sera chargé, comment ira sa composition? Il sacrifiera donc, par un amour propre mal entendu, le tout à une partie. Le maître des ballets, jaloux de ses succès, doit donc rester constamment dans les coulisses, veiller à tout, et animer par sa présence tous les sujets chargés d'un emploi quelconque : toutes les parties de ce vaste spectacle doivent être soignées ; l'exactitude, la régularité, la précision doivent également y briller. L'entrée des corps de ballets, les groupes, les coups de théâtre, l'entrée des comparses, leurs évolutions, le changement de décoration, le jeu des machines, des trapes, les accessoires, etc. sont des objets sur lesquels le maître de ballets doit porter une attention particulière. Comment pourroit-il s'occuper de tous ces détails, s'il est lui-même destiné à remplir un rôle principal?

Un général commande et ne se bat pas, un maître de ballets commande et ne doit pas danser. Pardonnez-moi, Madame, ce rapprochement du petit au grand.

J'ai dit que le maître de ballets étoit peintre ou devoit l'être ; il faudroit qu'à l'exemple de celui-ci il voyageât. Les artistes déjà instruits vont en Italie pour étendre le cercle de leurs connoissances et pour étudier les grands maîtres des différentes écoles.

C'est dans ces délicieux climats, et sous un ciel heureux, que le génie et le goût placèrent le berceau des arts imitateurs ; c'est là qu'ils étalèrent les chefs-d'œuvre de la peinture, de la sculpture et de l'architecture ; c'est là que les jeunes artistes, enflammés à la vue de tant de merveilles, les étudient et les copient. Le génie de ces hommes illustres embrase le leur; ils trouvent dans les uns le brillant et l'entente harmonieuse des couleurs ; dans les autres, la pureté et l'élégance du dessin : celui-ci se distingue par la grâce de ses figures et le moëlleux de ses contours ; celui-là étonne par la richesse et la belle ordonnance de sa composition, et par la distribution heureuse de ses personnages.

Semblables aux abeilles, qui, après avoir

butiné sur les fleurs et les fruits, vont ensuite
en déposer les sucs parfumés dans leurs indus-
trieuses habitations, les artistes reviennent
dans leur patrie, et, l'imagination remplie de
grandes images, ils volent à leur atelier; leurs
pinceaux vigoureux font respirer la toile, et
leurs couleurs brillantes nous montrent la nature parée de tous les charmes de l'art. Leurs
noms, bientôt célèbres, se propagent dans
l'Europe, et le sceau de l'immortalité est imprimé sur leurs savantes productions.

Un maître de ballets, pour se perfectionner,
devroit connoître la manière de faire de ceux
qui se sont le plus distingués dans son art; il
trouveroit dans leurs compositions ingénieuses
un coloris différent, des oppositions plus ou
moins variées dans les groupes, les dessins et
la distribution de leurs personnages, une expression particulière dans le langage muet, mais
éloquent de la pantomime.

Dans les productions de maîtres moins habiles, il apercevroit les étincelles d'un feu caché
qui n'attend qu'un souffle favorable pour produire des flammes; dans les maîtres de ballets
de la dernière classe il trouveroit du galima-
thias, des idées incohérentes : mais au sein
même de ces compositions argileuses, il dé-

couvriroit des pierres précieuses dont il pourroit tirer un grand parti en les taillant, en
multipliant les facettes, en les polissant et en
les mettant à la place et au jour qui leur convient, elles acquerroient dans ses mains l'éclat
qui leur manquoit.

En voilà sans doute assez et peut-être trop
sur les maîtres de ballets. J'ai eu l'honneur
de vous montrer les portes du temple des Arts
ouvertes à tous les compositeurs : est-ce un
bien? est-ce un mal? Je dirai oui et non.

Je suis, etc.

LETTRE XII.

Sur les Danseuses actuelles de l'Opéra.

La danse de l'Opéra a éprouvé des pertes : la mort a enlevé plusieurs sujets d'un mérite rare. Soit inconstance, frivolité ou dégoût, d'autres ont pris la fuite, et font maintenant les délices des théâtres étrangers.

La Parque a moissonné à la fleur de l'âge la demoiselle *Chamerois*, danseuse charmante; elle luttoit avec avantage contre *Vestris*, son danseur favori; même force, même adresse, même vigueur, même brillant : elle avoit sur lui l'avantage de son sexe, celui des grâces qui l'accompagnent, et ce je ne sais quoi que l'on ne peut définir, mais qui donne un prix inestimable à tout ce que les jolies femmes font et disent; elles seules ont l'art d'embellir la laideur et de prêter un nouvel éclat à la beauté.

Deux poètes attendirent l'instant de la mort de cette nouvelle Tymèle (1): ils n'invoquèrent

____

(1) Célèbre mime du temps de Domitien; elle faisoit les délices de Rome; on ne pouvoit la comparer qu'à la célèbre Ampuse dont les talens faisoient tourner la tête aux Athéniens.

ni Apollon, ni Therpsicore, dont elle offroit la
copie fidèle. Le plus estimé de ces poètes
s'adressa, dans son délire, à saint Roch et à
son chien; il fit intervenir dans cette charmante bagatelle les saints et les saintes, les
anges et les archanges, et plaça mademoiselle
Chameroi en paradis. Sa danse légère et voluptueuse fit une si vive sensation sur les bien-
heureux du céleste séjour, qu'ils se mirent tous
à danser, à sauter et à pirouetter. Saint Pierre
ne voyant cette fête que par le trou de la
serrure, quitta son poste et se mêla à ces
jeux.

L'autre poète s'adressa à saint Thomas, et
ne trouva que des incrédules.

Ces deux plaisanteries, l'une bien versifiée,
et l'autre rimaillée, firent sur les lecteurs une
impression différente. La première fit sourire,
mais scandalisa les amis des mœurs; l'autre
fit bâiller les gens de goût et fut jetée au feu
sans produire ni flamme ni étincelles.

Quant à moi, Madame, qui n'ai pas la hardiesse de prononcer sur les ouvrages d'esprit,
je n'en parle que par ouï-dire. Le pamphlet
le mieux écrit a été jugé comme une étour-
derie d'autant moins excusable, que l'auteur
n'avoit pas besoin de cette futile production

pour faire preuve de talens. C'est à lui que nous devons les *Etourdis*, charmante comédie remplie de finesse, d'enjouement, d'esprit et de goût, et dont plusieurs scènes peuvent le disputer à celles de nos meilleurs comiques (1).

La cruelle Atropos vient de trancher tout récemment les jours de la demoiselle Louise *Courtois*.

Cette jeune et intéressante danseuse avoit de la légèreté, de la grâce, et une oreille parfaite; sa danse, vive et animée, rappeloit celle de la demoiselle Chamerois : elle l'avoit prise pour modèle; rien ne manquoit au brillant de son exécution, ni à la formation de ses pas. Ces deux sujets ne seront pas remplacés de long-temps.

Après vous avoir parlé des morts, je vais, Madame, vous entretenir des vivans. Mais, pour bien apprécier ces talens fugitifs, il faudroit les voir; dans l'impossibilité où je suis de placer devant vos yeux ces objets intéres-

_____

(1) On trouvera dans la *Correspondance de la Harpe* l'éloge justement mérité de cette comédie, que le public voit toujours avec un nouveau plaisir.

sans, vous voudrez bien vous contenter de voir
défiler leurs ombres. C'est à votre imagination
à leur prêter un corps et le mouvement; si
vous lui donnez l'essor, elle vous créera des
êtres parfaits remplis de grâces, d'élégance et
de charmes.

Mademoiselle Clotilde est première danseuse
du genre sérieux. Dire qu'elle est élève de
Vestris le père, c'est faire l'éloge complet de
ses talens. Sa taille est grande et élégante; elle
offre l'image de la belle Diane antique. Son
exécution est parfaite, et sa vigueur n'est pas
commune dans les femmes de sa taille; elle
arpente le théâtre avec facilité; elle a de la
grâce dans les bras et des développemens proportionnés à la majesté de sa structure. Sa
danse a de la noblesse, de la fermeté; et il
seroit à desirer que, n'ayant plus de recherches
à faire pour la perfection de l'exécution mécanique, elle s'attachât à l'expression si nécessaire aux grands rôles qu'offrent l'histoire,
la mythologie et les poètes. Qui pourroit mieux,
avec un si bel extérieur, les représenter
avec énergie, que la demoiselle Clotilde?
Mais il faut qu'elle s'applique à peindre les
sentimens et les passions qu'elle sait si bien
inspirer.

En voulant, Madame, vous faire l'éloge de madame Gardel, la plume s'échappe de ma main, les expressions me manquent, et il me faudroit de nouveaux mots et de nouvelles phrases pour vous faire la peinture fidèle de ses rares talens : sa danse est éblouissante; de ses pieds jaillissent, pour ainsi dire, des diamans: son exécution est d'un fini précieux; les *temps* les plus difficiles, les *enchaînemens de pas* les plus compliqués, sont exécutés par cette rivale de Therpsicore avec autant d'aisance que de perfection; elle a un tact fin et une oreille impeccable, ce qui prête à sa danse une grande précision et un nouveau charme. Cette danseuse étonnante a de l'aplomb, de la fermeté. Lorsque je l'admire, elle me réconcilie avec la pirouette, parce qu'elle la file avec douceur, qu'elle la termine par une belle *pause*, et qu'elle n'avertit pas le public, par un effort désagréable, qu'elle va la faire. Son corps est toujours bien placé; il est tranquille, et ne participe point aux mouvemens rapides et éblouissans de ses jambes; ses bras sont très-agréables : enfin, cette excellente danseuse fait le charme et les délices du public; elle est à la danse ce que la Vénus de Médicis est à la sculpture. Il faut la fréquenter pour être enchanté de son honnêteté, de sa décence, de son esprit et de sa politesse.

J'ai à vous faire l'esquisse de mademoiselle Chevigny. C'est une danseuse agréable et intéressante sous tous les rapports. Sa danse est parfaite, son exécution est vive et brillante. La formation et l'enchaînement de ses *pas* sont exacts et bien prononcés; elle a de la vigueur, des grâces, et elle réunit, comme danseuse, toutes les qualités et les charmes que cet art exige : mais la Nature ne s'est pas contentée de lui donner de la grâce, de la vigueur et de l'agilité, elle a été prodigue envers elle : figure noble, meublée de deux beaux yeux qui disent tout ce qu'ils veulent exprimer; physionomie mobile, propre à recevoir l'empreinte de toutes les passions ; gestes éloquens, parce que l'ame en est le ressort actif, et qu'elle les fait mouvoir dans des sens justes, propres à peindre tous les sentimens et toutes les affections. Cette excellente pantomime ne doit pas être négligée. Elle parle sans langue et articule sans voix. Le long repos auquel mademoiselle Chevigny a été forcément obligée de se soumettre à l'occasion d'une douleur aiguë dans le genou, lui a acquis un peu d'embonpoint; mais les grands talens ne se mesurent point à la toise par l'élévation de la taille, ni au pied par la circonférence du corps. Au reste, elle n'a rien perdu de l'adresse et de la facilité que lui a données une excellente école.

J'ai maintenant à vous faire le portrait en miniature de mademoiselle Colomb. Elle est d'une petite taille, et ses jambes sont un peu fortes ; mais elle les remue avec infiniment de brillant et de facilité. Elle met dans sa danse le charme séduisant de la gaîté. Je crois qu'elle a exigé d'être placée partout, et qu'elle a voulu quitter le cadre qui convient à son physique, et le seul, peut-être, où elle a le droit d'exceller, celui des pâtres : genre qui demande tout ce qu'elle possède, de la gaîté, de la vigueur, des grâces simples et naïves : il est dangereux de vouloir généraliser ses talens. Lorsqu'on en possède assez pour être la première dans son genre, il faut s'y attacher et n'en pas changer. Chaque individu, dans tous les états possibles, doit chercher la niche qui lui convient, et n'en pas sortir. Si ce précepte étoit régulièrement observé, tout iroit le mieux possible dans le meilleur des mondes possibles. Les grands cadres ne peuvent convenir qu'aux grands tableaux.

Je vais vous montrer, Madame, deux dan-

seuses charmantes, mesdemoiselles *Bigottini*
et *Millière*. Elles ne sont encore que rempla-
çantes, mais elles marchent d'un pas égal à la
perfection; la première est bien faite, a une
taille svelte, et une physionomie intéressante.
Elle suit de loin encore les traces brillantes et
légères des jolis petits pieds de notre Therpsicore moderne, mais elle s'égare toutes les fois
qu'elle en perd l'empreinte. Le public l'encourage par de nombreux applaudissemens;
mais les amateurs desireroient qu'elle ne né-
gligeát plus sa tête, son buste et ses bras dont
elle pourroit tirer le plus grand avantage. Ils
souhaiteroient encore qu'elle s'efforçât de se
tourner un peu plus en dehors; ses *entrechats*
deviendroient plus brillans. Malgré ces petites
négligences, mademoiselle *Bigottini* est une
danseuse à qui le temps assigne une première
place à l'Opéra.

Mademoiselle *Millière* possède dans un autre
genre d'heureux moyens. Elle est douée d'une
figure chiffonnée, mais infiniment agréable;
sa danse est brillante et vigoureuse; elle a l'art
d'y répandre les charmes de la gaîté et ceux
d'une belle exécution; et l'on ne doute point
qu'elle ne parvienne, avec du zèle et de l'application, à obtenir un premier emploi. Les

amis de l'art lui conseillent cependant d'exer-
cer son oreille, afin d'être plus fidèle à la mesure,
et engagent également mademoiselle *Bigottini* à ne pas négliger cette partie intéressante
aux charmes de l'exécution.

Quant à moi qui ne suis que l'écho fidèle du
public, je me permettrai de leur dire qu'il se
plaint de leur absence souvent répétée et toujours trop longue. Molière a dit qu'il étoit des
arrangemens à prendre avec le ciel. Ces demoiselles ne pourroient-elles pas en prendre avec
les humains? leurs indispositions seroient moins
longues et moins douloureuses, et leurs con-
valescences plus courtes; ce qu'elles perdroient
du côté du plaisir, elles le gagneroient par la
santé, la conservation et la fraîcheur de leur
teint, et les charmes de la jeunesse ne seroient pas flétris; elles ne perdroient ni leur
vigueur ni leur facilité, elles perfectionne-
roient leurs talens, et le public leur en té-
moigneroit par de vifs applaudissemens toute
la satisfaction.

Mademoiselle Saulnier est grande et bien
faite; elle danse agréablement, et montre des
dispositions pour la pantomime; mais il faut
qu'elle se pénètre plus vivement des passions
qu'elle doit exprimer. Les gestes n'ont d'autre

éloquence que celle que leur donne la physionomie, et tous leurs mouvemens sont insignifians, si les yeux et les traits du visage ne leur
prêtent, pour ainsi dire, la parole. On doit
donc regarder tous les mouvemens machinaux
des bras comme des zéros; et comme nombre
qui leur donne de la valeur, l'amabilité des
traits. Il faut qu'ils se plient et replient au gré
des passions et des affections que l'ame éprouve,
et qu'ils éclairent et animent, par le feu étince-
lant des yeux, tous les gestes. Ce coup électrique
se fait sentir et retentit dans l'individu qui en
est frappé; et lorsque mademoiselle Saulnier se
pénétrera de cette vérité, elle pourra devenir
excellente pantomime, talent très-rare à
l'Opéra.

Mademoiselle Victoire *Saulnier* est d'une
taille élégante, elle est belle comme Vénus;
mais les Grâces, les Ris, les Jeux et les Plaisirs
ne sont pas à sa suite. Je lui conseille de les
appeler et d'invoquer Therpsicore. Avec de
l'application et du zèle, elle acquerra tout ce
qui lui manque.

Mademoiselle Delile aînée remplaçoit madame Pérignon, danseuse, remplie de mérite
sous le rapport de son talent, ainsi que sous
celui des mœurs. La nature avoit donné à ma-

demoiselle Delile tout ce qu'il falloit pour fixer les applaudissemens du public. Elle réunit la vigueur à la gaîté, mais son embonpoint progressif la privera tôt ou tard de cette aisance, de cette facilité et de cette légèreté qui conviennent au genre de la danse qu'elle a adopté, et dans lequel elle fait plaisir.

Mademoiselle Duport, sœur du danseur étonnant, dont j'aurai l'honneur de vous parler, est d'une petite taille, et danse avec infiniment d'agrément et d'intelligence; mais je trouve qu'elle se livre à des difficultés d'exécution qui sont si faciles et si familières à son frère, et qui ne conviennent qu'à lui seul. Comme il est impossible au maître de communiquer à son élève sa vigueur, son élévation, son aplomb, sa fermeté, sa hardiesse, son agilité, je me permets de croire que Duport devroit créer pour sa sœur un genre de danse moins remuant, mais plus agréable, plus simple, plus gracieux; car, dans tous les cas il est dangereux d'exiger l'impossible et de vouloir ce que la nature ne veut pas.

Mademoiselle Fabre-Guiardel est élève de son frère. C'est faire un double éloge. Elle fut très-applaudie dans ses débuts, parce que son

exécution rappelle les anciens principes de
l'art, principes qui ne sont point perdus,
mais qui se sont égarés. Cette danseuse est
d'une taille trop moyenne pour le genre sérieux dans lequel elle excelleroit; elle a de la
vigueur, une correction sévère dans ses pas.
Comme le genre sérieux est la clef de tous les
autres genres, on la place partout, elle est
bien partout, et son intelligence et sa bonne
volonté font qu'elle n'est jamais déplacée. Si
cette danseuse pouvoit se délivrer de la crainte
et de la servitude de l'école, elle seroit moins
timide, et ses talens se déploieroient avec plus
de grâce et d'enjouement.

Madame *Vestris*, les demoiselles *Félicité*,
Hulin et *Marelier* sont des sujets agréables et
utiles, et dont l'intelligence, le goût et les talens feroient fortune dans les cours étrangères,
parce qu'elles n'y trouveroient point de rivales.

Je crois, Madame, avoir rempli vos intentions. Je vous ai fait l'éloge des danseuses, et je
vous ferai, dans ma première, celui des danseurs. J'ai évité, autant qu'il m'a été possible,
les observations critiques; mais, ne voulant
pas être le fade panégyrique du ridicule adopté
par la mode et le faux goût, je me permettrai

de m'élever hautement contre tous les abus qui, en s'introduisant dans la danse, en chassent les grâces, en bannissent les proportions, en éloignent le bon goût, et remplacent tout ce qui peut prêter des charmes à l'art, par une assommante monotonie d'*attitudes* fausses, de *temps* disproportionnés, et de *pauses* anti-naturelles. Lorsque l'on me persuadera que les Grâces et les Nymphes doivent danser comme des Bacchantes, que les Jeux et les Ris doivent se mouvoir comme les Faunes et les Sylvains; lorsque l'on me prouvera que les angles ouverts, saillans ou aigus, peuvent faire les charmes des arts imitateurs; lorsque les peintres, dont je respecte l'opinion et les talens, me démontreront qu'il faut renoncer aux rondeurs et aux proportions sages que la nature leur a tracées; lorsqu'ils me convaincront que, dans les arts imitateurs tout doit être roide et tendu, qu'il est beau de voir soixante bras élevés bien au-dessus de la tête, et trente jambes droites se porter par un mouvement spontané à la hauteur des épaules, je me tairai; mais j'aurai recours à un nouveau mouvement tout récemment adopté par la danse; je leverai et remuerai les épaules en signe d'improbation. Ce mouvement indécent entraîne à un autre bien plus indécent encore dans la partie que je ne veux pas nommer, et que l'on devine par cela même que je ne la nomme pas. Il ne convient qu'aux petites vielleuses savoyardes, aux montagnardes de l'Auvergne, et au *Fandango* des Espagnols, danse très-lascive.

J'ai dit, et je dois le répéter, qu'il existe une intime analogie entre la peinture et la danse, plan, ordonnance, distribution de personnages, *pauses*, *gestes*, attitudes, expressions, groupes, dessin *correct*, proportions sages, sujets historiques ou fabuleux : voilà ce qui constitue la peinture et la danse. Il faut donc conclure que tout ce qui est beau en peinture doit servir de modèle à la danse, et que tout ce qui est bon, sage et raisonnable dans cet art, peut à son tour être saisi par la peinture. Ces deux arts sont frères; ils se tiennent, pour ainsi dire, par la main. La nature doit présider à leurs productions, et il ne règne entre eux que peu de différence. Le peintre doit créer les personnages, et leur donner le mouvement et la vie; le maître des ballets, qui est peintre à son tour, a l'avantage de trouver les hommes tout faits. Le peintre ne peut saisir qu'un seul instant dans le sujet qu'il puise dans la fable ou dans l'histoire; mais le maître des ballets a

la faculté d'en lier plusieurs ensemble, et d'en
former, pour ainsi dire, une galerie immense,
par la variété de ses tableaux ; il a donc
moins d'obstacles à vaincre et de difficultés à
surmonter. Le peintre a plus d'études et de
recherches à faire ; mais il en est bien dé-
dommagé : son tableau est-il bon, il traverse
les siècles, et le plus excellent ballet n'offre
qu'un pastel que le temps efface et détruit insensiblement.

C'est donc à mon confrère Gardel à chasser
les abus, à faire une guerre ouverte aux nouveautés enfantées par le caprice et l'ineptie.
Étant chef absolu de la partie la plus brillante
de l'Opéra, il doit s'opposer avec fermeté à
toutes les innovations qu'enfantent la sottise et
l'ignorance. Si les Colifichets et les Guinguins
sont enfans de la Folie et du Caprice, les
Grâces sont filles du Goût et de la Décence ; il
appartient donc à M. Gardel de proscrire tout
ce qui pourroit appauvrir et engueniller ses
nobles compositions. Il ne peut pas oublier que
les beaux arts sont immuables dans leurs principes, qu'ils ne sont pas esclaves de la Mode et
des fantaisies éphémères du Caprice. N'ayant
que la Nature à imiter et à embellir, ils doivent rester constamment fidèles à cette mère

commune. Malheur aux fils ingrats qui l'abandonnent! Qu'enfanteront-ils ? De laides caricatures, des *bambochades*, des ouvrages bour-
soufflés et monstrueux, de petites productions
fades et dégoûtantes, rebut du public éclairé,
et la honte et le mépris de ceux qui leur ont
donné le jour.

J'ai l'honneur d'être, Madame, etc.

LETTRE XIII.

Des Danseurs actuels de l'Opéra.

Madame,

Ne pouvant rien ajouter à l'éloge que je vous ai fait de M. Gardel, je me contenterai de vous apprendre qu'il a été nommé maître des ballets de la Cour Impériale et Royale. J'ai assisté aux répétitions des quatre divertissemens qu'il a composés pour Sa Majesté l'Impératrice. Rien de plus aimable, de plus varié, j'en ai été enchanté. C'est le miracle d'un ensemble, d'une harmonie et d'un accord qui n'existe point, et qui ne peut exister dans les ballets de l'Opéra : quelle différence ! Mais vous ne serez point étonné d'une telle perfection lorsque vous apprendrez que ce sont les premiers et seconds sujets de la danse qui sont employés dans ces divertissemens, et que les figurans et les figurantes, dont les talens sont très-inégaux, ne sont point admis à ces fêtes d'appartemens.

Je vais vous montrer M. Vestris le fils : il est, sous tous les rapports, le premier danseur de l'Opéra et de l'Europe. Tant qu'il aura la faculté de se mouvoir, il sera le modèle inimitable de son art. Nouveau prothée de la danse, il la varie à son gré; depuis quelque temps il s'est créé le genre le plus aimable et le plus intéressant; son exécution est plus sage et plus correcte : il sacrifioit naguère au caprice et à la folie, aujourd'hui il sacrifie aux grâces et au bon goût. Ce célèbre danseur a reçu de son père les meilleurs principes. La nature l'a doué de tous les dons qui conduisent à la perfection de son art; taille charmante, à laquelle tous les genres peuvent convenir, vigueur et adresse, brillant et aisance, aplomb et fermeté, grâces, sentiment et expression. A le voir danser, on s'imagine qu'il est à la fleur de son âge, ou qu'Hébé lui a confié la clef de la fontaine de Jouvence. Il a, pour le maître des ballets, les égards qu'il mérite. Honnête envers ses camarades, il est toujours prêt à leur rendre service. Il ne s'est jamais mêlé des petites intrigues de coulisses, et ne s'est point prévalu de la supériorité de ses talens et des applaudissemens nombreux que le public lui prodigue, pour manquer à ses devoirs, soit par humeur, soit par des indispositions feintes et des absences fréquentes. Vestris est le danseur de

tous les jours, et c'est faire l'éloge de son talent, puisque tous les jours il paroit nouveau.

Duport est à la fleur de l'âge, et en peu
d'années il a fait des progrès si rapides et si
étonnans, qu'il est parvenu à obtenir le titre
et les appointemens de premier danseur. Il
surprend par son adresse et son brillant, par
sa hardiesse et sa vivacité, par sa vigueur et
sa souplesse : son exécution est remplie de
temps rapides et difficiles, qu'il exécute avec
infiniment d'aisance ; il pirouette à perte de
vue, et avec tant de vélocité, que l'œil en est
ébloui. Il ne danse pas aussi souvent que le
public le desireroit ; mais lorsqu'il paroit, il
danse trop long-temps ; il en résulte des cra-
chemens de sang ; c'est à l'expérience à le corriger : avec moins de feu et de pétulance, sa danse
deviendra plus sage ; il renoncera à des temps
trop compliqués, et les remplacera par des
oppositions qui jetteront dans ses mélanges
de *pas* ce clair-obscur si nécessaire à tous
les arts imitateurs. Au reste, Duport fait
les délices du public, et ses apparitions sur
la scène en augmentent le charme, et mettent
un poids considérable dans la balance de la
caisse de l'Opéra.

J'ai eu l'honneur de vous parler, Madame, des belles dispositions du jeune Henri ; grand et bien fait, il a le titre de premier danseur *sérieux* ; on doit entendre par ce mot le genre noble et gracieux qui exige la plus grande perfection.

Un journaliste, homme d'esprit, regarde Henri comme le modèle parfait de ce genre difficile. Moins heureux que lui, j'avouerai avec peine que je n'ai jamais eu le plaisir de voir danser le *sérieux* au jeune Henri ; je ne puis donc le juger que comme danseur demi-caractère et copiste infidèle de l'exécution de Duport. Ce qui va bien à ce dernier devient ridicule dans le premier ; l'un est petit et a une physionomie vive et animée ; l'autre est grand et a un visage froid et sérieux, qui ne peut convenir ni se prêter à la gentillesse qu'exige le demi-caractère ; je crois donc que le cadre qui lui est propre est la danse noble et sérieuse. Il a toutes les dispositions nécessaires à devenir, avec du zèle, de l'application et des recherches, le modèle d'un genre mort qu'il peut ressusciter : qu'il s'empresse donc à faire le miracle de la transfiguration ; mais, pour l'opérer, il doit abandonner la composition des ballets, ouvrages fatigans, nuisibles à la santé, et absolument contraires à l'étude suivie et constante qu'exige la perfection de la danse.

Lorsque sa vigueur et ses moyens d'exécution l'abandonneront, il sera temps alors qu'il se livre à la composition. Je l'engage à recevoir les conseils sages d'un vieillard expérimenté dans son art; il n'a d'autre desir que celui de le voir couvert d'éloges et d'applaudissemens par les gens de goût et le public éclairé.

Beaupré, premier danseur du genre comique, s'y tient constamment; il est brillant et vigoureux : sa danse est aussi gaie que son caractère; il est adroit et singe sans trivialité. Il est vivement applaudi par le public, et il joint à l'art de plaire celui de se faire chérir de ses camarades.

Goyon a été dans sa jeunesse un danseur très-brillant et très-vigoureux; mais de longs travaux ont diminué successivement sa force et l'éclat de son exécution. Ce qu'il a perdu de ce côté, il l'a regagné par l'action et l'expression de sa pantomime. Il saisit parfaitement l'esprit et le caractère des personnages qui lui sont confiés; mais quelquefois il passe la ligne fixée par la vérité, et, emporté par trop de feu, il charge son personnage et le dénature. C'est bien le cas de dire que l'esprit qu'il veut avoir gâte celui qu'il a.

M. Beaulieu est bien fait, a une jolie figure, de la vigueur. Sa danse est bien écrite : il a un tact fin et délicat, qu'il doit à la nature et à l'exercice de la musique. Il réunit à ces qualités beaucoup d'intelligence; mais ses bras n'ont pas encore l'agrement de ses jambes. Il faut avouer que c'est la partie la plus négligée chez la majeure partie des danseurs et des danseuses. Le grand Dupré me disoit un jour: *Ce n'est pas assez de bien danser avec les jambes, il faut encore savoir danser avec les bras.* Sans cela, plus d'harmonie dans les mouvemens, plus d'oppositions et plus de grâces. Au reste M. Beaulieu est un charmant danseur, que le public encourage par ses applaudissemens.

Saint-Amand, taille agréable, danseur fin, mais non fini, entreprenant quelquefois de faire ce que la nature ne veut pas qu'il fasse; n'étant pas de la première vigueur, il devroit ménager sés élans; il seroit avantageux pour lui qu'il cultivât la musique : il est très-bien placé dans plusieurs rôles pantomimes. Son maintien a de l'aisance et de la grâce; ses gestes ont de la noblesse, mais il lui manque cette mobilité des traits et ce langage expressif des yeux qui seuls peuvent donner de la valeur à la pantomime. Qu'il écoute les conseils de MM. Gardel et Vestris, et je suis persuadé qu'il deviendra un sujet aussi intéressant au public qu'à l'administration de l'Opéra.

Aumer a négligé la danse où cependant il est utile, pour se livrer tout entier à la composition des ballets. Il consacre la plus grande partie de ses momens à la lecture de tous les ouvrages propres à lui donner de grandes lumières; étude précieuse et malheureusement trop négligée. Il s'applique encore à la musique; et, à en juger par les premiers succès que ses compositions ont obtenus au théâtre de la porte Saint-Martin, on peut se persuader qu'il deviendra un jour un excellent maître de ballets; mais il faut d'heureuses circonstances pour développer les talens; lorsqu'elles manquent, ils restent enfouis, et ils sont perdus pour l'artiste et pour le public.

Branchu, Baptiste-Petit, Hulin, Léon et Titus sont des sujets très-utiles à la danse de l'Opéra; chacun d'eux a sa portion de talens : ils ont du zèle, de l'application, de la bonne volonté, et s'acquittent parfaitement de toutes les parties de la danse que M. Gardel leur confie.

M. Lefebre a été admis à l'Opéra depuis quelque temps; il avoit dans sa jeunesse les plus heureuses dispositions à devenir le premier danseur sérieux de ce spectacle. Il le quitta et porta l'aurore de son talent dans les cours étrangères où il obtint des succès. Il se livra ensuite à la composition des ballets; mais ne l'ayant pas suivi dans cette carrière, je me trouve dans l'impossibilité de faire son éloge. Je me bornerai à dire que, depuis son admission à l'Opéra, il n'a paru que dans le rôle peu important de Polyphème, et qu'il l'a rendu parfaitement.

Si je me suis égaré dans la foule nombreuse des talens qui ornent la danse de l'Opéra; si je ne les ai pas tous nommés, c'est que j'ai été mal instruit. Voilà mon excuse.

Le desir de vous satisfaire, Madame, m'engage à vous nommer tous les excellens danseurs qui ont quitté l'Opéra.

Armand-*Bauvillier*, élève de Vestris le père, danseur parfait en Italie; *Didelot*, à Saint-Pétersbourg; *Deshais*, à Londres; *Laborie*, à Londres. Il s'est cassé le tendon d'Achille, et ne danse plus : voilà quatre su-

jets précieux et du plus rare mérite. Enfin,
Taglioni et sa sœur en Italie.

La parque a moissonné les jours de messieurs
Dauberval et le Picq. Je vous en ai fait l'éloge;
elle a tranché aussi ceux de la demoiselle Rose,
la perle des danseuses dans le genre noble;
élève de Vestris le père, elle avoit hérité des
grâces et des talens de son maître.

Je suis avec respect, etc.

LETTRE XIV.

A Voltaire, sur Garrick.

Vous voulez, Monsieur, que je vous trace
le portrait de Garrick, de cet homme extraordinaire, qui fut tout à la fois le Protée, l'Ésope,
et le Roscius de son siècle. Pour bien peindre
cet acteur sublime, il faudroit avoir votre
goût et votre génie. Je ne vous offrirai donc
qu'un croquis très-imparfait des principaux
traits de ce grand homme ; laissant à votre
plume éloquente le soin de les embellir, et de
faire un tableau frappant de ce qui n'est chez
moi qu'une foible esquisse.

Mais une réflexion me fait tomber la plume
de la main. Je me souviens que je me hasardai
jadis de crayonner, dans mes lettres sur la
danse, les talens immortels de Garrick. Je ne
puis donc vous donner que le développement
de ma première pensée ; ce seroient toujours
les mêmes traits que j'aurois à saisir. Apelle
peignit Alexandre plusieurs fois, et donna à

ces différens portraits le charme de la ressemblance, et les attraits séduisans de la vérité;
mais il s'en faut bien que j'aie à ma disposition les pinceaux et les couleurs brillantes de
ce peintre célèbre.

Au reste, Monsieur, en vous obéissant, j'aurai rempli les devoirs sacrés de l'amitié; j'aurai semé, d'une main tremblante, quelques fleurs
sur la retraite momentanée de mon ami; et, en
vous entretenant de ses talens, de ses connoissances, de ses vertus sociales, j'aurai rendu
hommage à la vérité, et satisfait à l'obligation
que m'imposent l'admiration et la reconnoissance.

Il seroit bien à souhaiter, Monsieur, que
les hommes de lettres employassent un instant leurs plumes savantes à célébrer les talens
des artistes estimables, à qui le temps ordonne
de cesser leurs travaux, ou à qui la parque
commande de descendre dans la tombe; ils les
arracheroient, pour ainsi dire, de leurs sépul-
cres; et, en les ressuscitant dans la mémoire
des hommes, ils leur assigneroient une place
au temple de l'Immortalité.

Garrick, comme acteur, est étonnant. Il
joue la tragédie, la comédie, le comique et
la farce avec la même supériorité; il joint à la

plus belle diction le ton et les accents vrais de
la Nature. Faire répandre dans la tragédie un
torrent de larmes, effrayer le public, l'entraîner à la terreur, et l'épouvanter par la vérité
des tableaux déchirans qu'il lui présente, le
pénétrer de la plus vive douleur, l'électriser
au feu des passions et des sentimens qui embrasent son ame : tel est le talent de Garrick,
tels sont les effets d'une expression vraie, d'une
déclamation animée , qui tient tout de la
nature, et qui n'emprunte presque rien de l'art.
Après avoir représenté les plus grands caractères, il reparoît un quart-d'heure après dans
la petite pièce; et, en jouant le *Valet imbécille
d'un chimiste*, il tarit les larmes qui couloient
encore; il entraîne les spectateurs à la joie,
et les éclats de rire succèdent bientôt à la plus
sombre tristesse. Telle étoit, Monsieur, la
magie enchanteresse de Garrick. J'oserai dire
qu'il avoit autant de sortes de voix que de
physionomies différentes, qu'il avoit l'art d'a-
dapter, sans charge et sans trivialité, à la foule
immense des caractères qu'il avoit à rendre.
Son ame forte, mais sensible, se répandoit sur
tous les traits de sa physionomie, et les impré-
gnoit des sentimens et des passions qu'il avoit
à peindre. Les talens extraordinaires de Garrick

m'ont convaincu de l'existence des Protée, des
Pilade, des Batyle et des Roscius. Il pouvoit
être regardé comme le légataire de ces hommes
rares, qui firent jadis l'admiration d'Athènes
et de Rome. Ses gestes sont éloquens, parce
qu'ils ne sont point étudiés dans une glace infidèle, qu'ils sont mus par les passions, dessinés
par le sentiment, colorés par la vérité, et que
le principe de leurs mouvemens réside dans
l'ame de l'acteur. J'ajouterai qu'il a trouvé dans
sa sensibilité le sublime du silence. Son expression est pure, elle n'est pas plus étudiée que
ses gestes ; des transitions heureuses, un silence
effrayant, et qui annonce l'éclat des passions,
un débit simple en apparence, qui sert de re-
poussoir aux grands traits d'éloquence, et à
ce sublime que mademoiselle Dumesnil possédoit à un si haut degré de perfection ; tel est
Garrick. Cet acteur, vraiment magique, m'avoit
réconcilié avec les *monologues* et les *à parte ;*
je les avois regardés comme le triomphe des
contre-sens de la plupart de nos acteurs ; mais
ne pourroit-on pas reprocher à quelques-uns
de nos auteurs l'abus qu'ils en ont fait, ou la
négligence qu'ils ont mise à travailler ces morceaux ? L'acteur, quelque célèbre qu'il soit,
ne peut mettre de l'action et de l'intérêt là

où il n'existe que des mots; il ne peut tirer des étincelles d'un morceau de glace, ni prêter de la force et de l'énergie à un hors-d'œuvre déplacé, et absolument dénué de toutes les qualités qui constituent le monologue.

Ces situations pénibles et forcées tiennent de loin en loin à la nature. Je les regarde comme le trop plein d'une ame fortement agitée par quelques passions violentes, ou par de grands intérêts. Dans ce moment où l'homme égaré marche, profère quelques mots sans suite, tombe dans le silence et l'abattement, en sort avec désespoir, articule des phrases entre-coupées, verse quelques larmes, double le pas sans savoir où il va, s'arrête, lève les bras au ciel, exprime, par un morne silence et le geste de la douleur, combien son ame est déchirée; une telle situation, dis-je, annonce le désordre de la raison, et ne peut être regardée que comme le délire de la passion.

Dans ces situations très-difficiles à rendre, Garrick oublioit l'univers. Il ne parloit qu'à lui seul; il avoit les yeux ouverts, et ne voyoit personne; ses pas étoient errans, son ame s'imprimoit sur ses traits; ses gestes, remplis d'expression, parloient lorsqu'il se taisoit, et il étoit sublime dans ces morceaux; il en étoit

ainsi des *à parte;* attentif à ce que les interlocuteurs disoient, il en faisoit son profit, mais
ne mettoit jamais le spectateur dans la confidence; il savoit que *l'à parte* est l'expression
d'une réflexion vive et prompte, qui naît de
l'intérêt que l'acteur prend à l'action qui se
passe devant lui, à la conversation qu'on y
tient, dont le résultat doit être à son avantage.

Garrick étoit, pour ainsi dire, à l'affût de
la Nature; il la guettoit sans cesse, et la saisissoit toujours avec précision. Il ne se trom-
poit jamais dans le choix des teintes qu'il
devoit employer pour la peindre; dans les
instans, par exemple, où il étoit accablé d'une
profonde affliction, il ne faisoit point de gestes;
les traits de sa physionomie et ses larmes accompagnoient son récit; si dans ces momens
pénibles il s'en permettoit quelques-uns, ils
étoient lents, resserrés, et comprimés par la
douleur. Dans les passions vives et violentes,
l'expression animée de ses traits devançoit toujours le geste; c'étoit l'image de la foudre qui
frappe avant que l'éclair perce la nue.

Garrick étoit d'une taille médiocre, mais il
étoit parfaitement bien fait; il avoit une figure
vive et animée; ses yeux disoient tout ce qu'il
vouloit dire. La Nature lui avoit fait un don

bien précieux, en prêtant à tous ses traits et
aux muscles de son visage la plus parfaite mobilité, de telle sorte que sa physionomie étoit
le miroir de son ame, qu'elle se ployoit et se
déployoit avec une heureuse facilité aux sentimens et aux passions qu'elle éprouvoit. Le
jeu perpétuellement varié de sa figure, soutenu
par des regards remplis de feu, animoit sa
diction, et lui donnoit cette énergie de silence,
quelquefois plus éloquente que celle du discours.

Garrick avoit une mémoire imperturbable.
Le souffleur étoit pour lui une machine étran-
gère, dont il ne connoissoit ni l'usage ni l'u-
tilité. Cette faculté prodigieuse devoit nécessairement lui procurer cette aisance, et cette
sécurité si essentielle au jeu de l'acteur, qui,
dans le cas contraire, se trouve perpétuellement embarrassé. La peur de manquer de mémoire l'occupant sans cesse, met des entraves
à son débit, et rend sa déclamation lourde et
traînante. Ce n'est qu'en tremblant qu'il se livre
aux grands élans des passions, il ne les peint
qu'avec des demi-teintes ; et toujours dans la
gêne, il oublie tout ce qui pourroit prêter de
la force et de l'énergie à sa diction; la crainte
qu'il a de rester court l'enchaîne au milieu des
plus belles tirades, et des couplets les plus in-

téressans ; toujours moins occupé de ce qu'il dit que de ce qu'il a encore à dire, ses gestes, son maintien, et jusqu'à son silence, portent l'empreinte de la crainte et de l'inquiétude.

Un comédien sans mémoire, un danseur sans oreille, et un chanteur privé d'une intonation juste ne peuvent prétendre à la perfection que leur état exige, parce que les premiers moyens leur sont refusés par la Nature, et que tous les secours réunis de l'art ne peuvent y remédier, ni même les pallier. Ils devroient donc, pour se dérober à des craintes et à des désagrémens sans cesse renaissans, abandonner un art qui n'est point fait pour eux, et délivrer le public d'une présence qui l'importune.

Chez Garrick aucune tension, aucune servitude de mémoire ne se manifestoit. Il n'étoit point obligé de tâtonner avec elle, et ne craignoit ni de la perdre ni de la chercher. Non seulement il savoit ses rôles, mais il savoit encore ceux des interlocuteurs, qui se trouvoient en scène avec lui ; aussi s'exprimoit-il avec autant de facilité que d'énergie.

Il faut conclure que la déclamation théâtrale et la déclamation oratoire perdent leur force et leur puissance, si elles ne sont soutenues par la mémoire. Elle est à l'acteur et à l'orateur ce que la bravoure est à l'officier le plus instruit dans l'art de la guerre.

Par un mouvement d'humeur, Garrick abandonna le théâtre, ne légua ses talens à personne, laissa des regrets, et ne fut point remplacé. Des imitateurs froids et infidèles, en n'offrant que la charge grossière du plus beau talent, augmentèrent encore les regrets du public. Cette tradition précieuse, qu'il avoit établie avec autant de soin que de succès, s'égara dans un instant; nous ne connoissons plus celle du créateur de la comédie en France. Fierville, mort à l'âge de cent six ans, et qui fut contemporain de Molière, ne l'avoit point oubliée. Je lui ai vu jouer tous les rôles à manteau, que l'auteur avoit joués lui-même; et il me dévoila une foule de beautés que les autres acteurs m'avoient dérobées sous le manteau de l'ignorance et de la routine dont ils s'enveloppoient.

Le nom du poète, ceux du peintre, du sculpteur, du graveur et du musicien parcourent avec leurs chefs-d'oeuvre l'immensité des siècles, et deviennent immortels comme eux.

Il seroit bien à desirer sans doute de pouvoir transmettre à la postérité, à l'aide de certains signes, les beautés fugitives de la déclamation les charmes passagers d'une belle voix, les

grâces et les contours de la danse : ces talens
précieux sont éphémères ; ils ne vivent qu'un
instant ; ils ressemblent à ces phénomènes brillans qui devancent le coucher du soleil, en éta-
lant l'éclat des plus riches couleurs, mais qui
bientôt s'effacent et sont enveloppés sous de
sombres voiles ; de même la mort, cette nuit
éternelle, entraîne dans la tombe tous ces êtres
rares, qui embellissoient les arts, qui en faisoient le plus bel ornement, et leurs noms, et
leurs talens sont, pour ainsi dire, ensevelis
avec eux.

Je reviens à Garrick ; les grands théâtres de
Londres étant fermés pendant quatre à cinq
mois de la belle saison, il en profitoit, et faisoit des voyages à Paris, en Allemagne et en
Italie ; et, lorsqu'il partoit, il disoit à ses amis :
« Je vais faire mes études, et, en acquérant de
nouvelles connoissances, j'agrandirai sans doute
mes talens. » Il avoit apprécié ceux de Préville ; il disoit que cet acteur étoit l'enfant gâté
de la Nature ; il se lia intimement avec lui ;
l'estime et l'amitié devinrent réciproques. On
connoît assez imparfaitement ce qui se passa
entre ces deux acteurs dans une partie de campagne qu'ils firent à cheval. En voici le récit
fidèle : Cheminant gaîment, car l'esprit et

l'enjouement voyageoient en croupe avec eux,
Préville eut la fantaisie de contrefaire l'homme
ivre. Garrick, en applaudissant à l'imitation de
Préville, lui dit : « Mon cher ami, vous avez
manqué une chose bien essentielle à la vérité
et à la ressemblance de l'homme ivre que vous
venez d'imiter. » — « Quoi donc, lui dit Préville ? » — « C'est que vous avez oublié de faire
boire vos jambes ; tenez, mon ami, je vais
vous montrer un bon Anglais qui, après avoir
dîné à la taverne, et avoir avalé, sans tricher,
cinquante rasades, monte à cheval pour re-
gagner sa maison de campagne voisine de Londres, accompagné seulement par un jokey,
presque aussi bien conditionné que le maître.
Voyez-le dans toutes les gradations de l'ivresse;
il n'est pas plus tôt sorti des portes de Londres,
que tout l'univers tourne autour de lui. Il crie
à son jokey : Williams, je suis le soleil, la terre
tourne autour de moi. Un instant après il devient plus ivre; il perd son chapeau, abandonne ses étriers, il galope, frappe son cheval,
le pique de ses éperons, casse son fouet, perd
ses gants, et arrive aux murs de son parc; il
n'en trouve plus la porte, il veut absolument
que son coursier, dont il déchire la bouche,
entre par la muraille; l'animal se débat, se

cabre, et jette mon vilain à terre. » Après cet exposé, Garrick commença ; il mit successivement dans cette scène toutes les gradations dont elle étoit susceptible ; il la rendit avec tant de vérité, que lorsqu'il tomba de cheval, Préville poussa un cri d'effroi ; sa crainte augmenta encore lorsqu'il vit que son ami ne répondoit à aucune de ses questions. Après avoir fait des efforts inouis pour détacher son visage de la poussière, il lui demanda, avec l'émotion de l'amitié et de l'inquiétude, s'il étoit blessé ? Garrick, qui avoit les yeux fermés en ouvre un à demi, pousse un hocquet, et lui demande avec le ton de l'ivresse : Est-ce un verre de rum que tu m'apportes ? Il se relève, se met à rire, et serre Préville dans ses bras. Celui-ci lui dit avec transport : « Permettez, mon ami, que l'écolier embrasse son maître, et le remercie de la grande leçon qu'il vient de lui donner.

Garrick suivoit exactement la comédie française qui réunissoit alors les talens les plus distingués et les plus rares dans tous les genres ; l'ensemble et l'harmonie qui régnoient dans le jeu des acteurs offroient le spectacle le plus enchanteur et le plus parfait. Garrick disoit que Granval étoit le peintre fidèle des moeurs

de son siècle ; qu'il les représentoit avec une vérité d'autant plus précieuse, qu'il avoit l'art heureux d'embellir jusqu'aux ridicules, de les peindre sans charge, et de faire oublier, par un agréable prestige, jusqu'à son nom, pour ne paroître
que M. le comte, ou M. le marquis. Garrick
ajoutoit à l'hommage qu'il rendoit à la vérité,
que le débit aisé, le maintien noble et la grâce
que cet act eur avoit en abordant une femme,
soit pour la tromper, soit pour l'adorer, étoit
au – dessus de tout éloge. Il le comparoît à
Reinolds, peintre célèbre de Londres, qui
avoit le talent de saisir la ressemblance, et de
rendre la laideur aimable.

Garrick ne parloit de mademoiselle Dumesnil qu'avec un enthousiasme respectueux : Comment est-il possible, disoit-il, qu'un être à qui
la Nature semble avoir refusé tout ce qui est
nécessaire aux charmes de la scène , soit si
parfait et si sublime ? Non , ajoutoit-il , la Nature a tant fait pour elle, qu'elle a méprisé tous
les secours d'un art étranger : ses yeux , sans
être beaux, disoient tout ce que les passions vouloient leur faire dire : une voix presque voilée,
mais qui se ployoit avec flexibilité à l'expression vraie des grands sentimens, et qui étoit
toujours au diapason des passions, une diction

brûlante et sans étude, des transitions sublimes,
un débit rapide, des gestes éloquens sans principes, et ce cri déchirant de la nature, que l'art
s'efforce en vain de vouloir imiter, et qui portoit dans l'ame du spectateur l'effroi, l'épouvante, la douleur et l'admiration : ..t de beautés réunies, disoit Garrick, m'ont frappé
d'étonnement et de respect. Si cette actrice,
qui est l'image d'un rare phénomène, eût voulu
subordonner ses gestes et sa marche aux principes froidement compassés de la danse, elle
n'eût été qu'une marionnette. Les principes
d'un art étranger auroient fait grimacer la nature ; ce beau désordre qui l'embellit, et que
l'art s'efforce en vain d'imiter, auroit disparu,
ou se seroit affoibli, et le public eût été privé
d'une actrice célèbre, qui lui a fait éprouver
tour à tour toutes les émotions vives des sentimens et des passions. Combien ses talens ont
fait verser de larmes délicieuses ? combien elle
étoit chère au public, et combien ce précieux
chef-d'œuvre de la nature a été ...... Garrick
n'en dit pas davantage, et quelques larmes s'é-
chappèrent de ses yeux.

Dans le premier voyage que Garrick fit en
France, il vit mademoiselle Clairon à Lille.
Elle chantoit bien, elle dansoit agréablement,

11.   15

jouoit les soubrettes avec beaucoup d'intelligence. Garrick, qui s'y connoissoit, et qui avoit un pressentiment exquis, lui trouva plus d'une disposition à se distinguer un jour, et s'imagina qu'elle se perfectionneroit dans l'emploi des soubrettes, en voyant un modèle aussi parfait que mademoiselle Dangeville. Dans un autre voyage qu'il fit à Paris, il fut étonné de voir Lisette et Marton métamorphosées en reines; il admira des progrès d'autant plus étonnans, qu'ils étoient étrangers à l'emploi que mademoiselle Clairon avoit exercé. Les talens de mademoiselle Dumesnil l'avoient électrisée, et elle marcha d'un pas rapide dans la carrière que cette actrice inimitable s'étoit frayée. L'art fit pour mademoiselle Clairon tout ce que la Nature avoit fait pour mademoiselle Dumesnil. Garrick admira ses talens; il disoit qu'elle s'étoit approprié une partie des richesses de mademoiselle Dumesnil; que, guidée par l'esprit et l'art, elle les avoit arrangés à sa taille, à sa figure et à ses moyens physiques. Mais, en admirant ce prodige, il ne pouvoit se dispenser de donner la préférence à celle qui avoit fait germer et croître ses talens. Il n'est point douteux, ajoutoit Garrick, que les grands exemples dont elle fut frappée ne l'aient identifiée avec son modèle, et que ses études dirigées par une foule de gens d'esprit et de goût ne l'aient insensiblement placée à côté de Melpomène.

Lord Chesterfield, l'homme le plus instruit et le plus aimable de Londres, dit à Garrick que mademoiselle Clairon avoit changé d'esprit et de caractère en changeant d'emploi; qu'elle avoit renoncé à sa frivolité et à sa gaîté naturelles pour cultiver les lettres et acquérir toutes les connoissances qui sont essentielles au grand genre qu'elle avoit adopté; que la fréquentation habituelle des hommes de lettres, joint à un esprit naturel et au desir brûlant de se distinguer, lui avoit aplani les difficultés. Milord ajouta qu'en applaudissant à sa métamorphose et à l'emploi honorable de ses momens, il étoit fâché de voir qu'elle traînât partout les sciences avec elle; que ce pathos et ce boursoufflage gâtoient une jolie femme; que l'esprit qu'elle vouloit avoir, et après lequel elle couroit sans cesse, nuisoit à celui qu'elle avoit. Elle a encore, continua milord, un ridicule qui est assommant; c'est d'être perpétuellement montée sur les échasses de la tragédie, de ne parler et de n'agir qu'en impératrice de théâtre. Que l'on soit pénétré deux heures de la journée du rôle dont on doit se débarrasser le soir, à la bonne heure ; mais ne s'exprimer perpétuellement que d'après le personnage qu'on doit représenter, en afficher sans cesse le caractère, le ton et le maintien, est une chose ridicule. L'art d'un grand acteur est de faire oublier jusqu'à son nom lorsqu'il paroît sur la scène. C'est ce que vous savez si bien faire, mon cher Garrick, ajouta lord Chesterfield : aussi lorsque je viens chez vous, c'est pour vous voir et causer avec mon ami, et je n'y viendrois sûrement pas, si j'étois assuré de n'y trouver qu'un roi ou un empereur.

Garrick, sans fronder l'opinion de Milord, tâcha de pallier les sottises d'un amour-propre mal entendu, et avança que mademoiselle Clairon, qui connoissoit parfaitement le public, avoit peut-être gagné autant d'admirateurs avec ce ton emphatique, que mademoiselle Dumesnil avec son air simple et modeste ; si différens chemins, ajouta Garrick, mènent à la fortune, des routes différentes peuvent également conduire à la célébrité. Ah ! s'écria Milord, vous êtes amoureux de Clairon, puisque vous encensez ses ridicules ! Point du tout, répliqua Garrick, mais j'aime ses talens, et je les admire d'autant plus que je crois qu'ils lui ont coûté

infiniment de peine à acquérir. Elle ne doit
à la Nature que la beauté de son organe : tout
le reste appartient à l'art. Elle a eu celui de
se calquer sur mademoiselle Dumesnil, sans
la copier servilement ; j'ajouterai que son modèle étoit l'amie et la confidente de la Nature ;
que rien n'étoit étudié chez elle ; que tout,
jusqu'à son désordre, étoit sublime, et que
mademoiselle Clairon, à l'aide de l'esprit et de
l'art, est parvenue à s'asseoir à côté de son
modèle.

Le Kain étoit l'idole de Garrick ; il le regardoit comme le Roscius de la France. Cet
acteur extraordinaire, me disoit-il, n'a point
eu de modèle. Le génie de son art l'a élevé
en un instant à une perfection vraiment divine.
Son talent est son ouvrage ; il ne doit sa sublimité qu'à lui-même, et je le regarde comme
le créateur de l'art de la déclamation en France.
Le Kain ne me parloit de Garrick qu'avec
l'enthousiasme qu'inspirent aux grands talens
les talens supérieurs.

Mademoiselle Dangeville l'avoit enchanté
dans les rôles de soubrettes ; la finesse de son
jeu, le tatillonnage propre à son emploi, la vo-
lubilité nuancée de sa diction, l'intérêt soutenu
qu'elle mettoit à la scène, lui avoient acquis

des droits à l'estime que Garrick montroit pour
ses talens accomplis.

Il eut la curiosité d'aller voir un comédien,
qui étoit alors à Lyon, et qui avoit eu la sagesse
et la singularité de se refuser à plusieurs ordres
du début qui lui assuroient sa réception dans
la troupe du Roi. Il vit jouer cet acteur, nommé
Drouin, et frère de madame Préville ; il rem-
plissoit l'emploi des valets. Sa taille et sa physionomie étoient faites pour ses rôles, il avoit
un jeu serré, un débit brillant, un grand sang
froid en apparence, qui étinceloit de feu ; ne
riant jamais, et faisant rire tout le monde, sans
grimaces et sans charge ; il étoit perpétuellement
à la scène ; il avoit un masque fripon et mobile, qui se ployoit admirablement à la fourberie de ses rôles. Il joua, pour Garrick, les *Dave*,
et quelques autres grands valets de son emploi. D'après l'aveu des comédiens de Paris,
qui méprisoient ceux de la province, Garrick
fut surpris d'y trouver un acteur aussi étonnant
et aussi parfait. Il convenoit que Drouin étoit
supérieur en tout à Armand, et il disoit qu'il
étoit bien étrange que l'on ne l'eût pas fixé à
Paris, par les plus grands avantages, cet acteur
vraiment fait pour être un des plus beaux ornemens de la scène française.

Je lui répondis que le mépris des comédiens du Roi pour les acteurs de province étoit d'autant plus ridicule, qu'ils y avoient presque tous débutés ; et que le public de nos villes de parlement étoit aussi éclairé, et même avoit moins d'indulgence que celui de la capitale.

Mais je m'aperçois trop tard, Monsieur, que ma lettre est bien longue : puisse-t-elle vous servir de somnifère ! je remets à un autre courrier à finir la tâche que vous m'avez imposée.

Daignez recevoir, Monsieur, avec votre bonté ordinaire, tout mon bavardage ; agréez les assurances de mon admiration et de mon respect. En me mettant aux pieds de M. de Voltaire, c'est me prosterner devant ceux d'Apollon.

N.

~~~~~~

LETTRE XV.

Sur le même sujet.

———

Lorsque j'ai pris la liberté , Monsieur, de vous adresser M. le comte de F**, il étoit à peu près raisonnable : vous me le renvoyez fou ; l'ivresse de l'admiration que vous lui avez inspirée a, pour ainsi dire , métamorphosé son existence; son esprit va d'exaltation en exaltation. Il ne voit , il ne parle que du grand homme , et il en parle avec le délire de l'enthousiasme : il me dit qu'il me doit sa félicité ; qu'il n'oubliera jamais que c'est moi qui lui ai procuré le bonheur de voir et d'entendre le génie de la France. Il se vante modestement de vous avoir présenté des vers de sa façon , et il avoue que vous avez eu l'indulgence de les lire et d'excuser sa hardiesse. Il m'entretient de vos bontés, et m'assure que vous avez été content de ma première lettre sur Garrick, et que vous attendez la seconde pour me répondre.

Je vais remplir vos intentions et vous parler encore une fois de ce grand comédien.

Daignez vous ressouvenir, Monsieur, que vous m'avez promis votre indulgence, et que j'en ai le plus extrême besoin. Ce n'est point avec une plume foible que l'on ose écrire à l'homme qui dispose, à son gré, de celle du goût et du génie.

Garrick étoit propriétaire et directeur du théâtre royal de *Drury-Lane*. En se donnant un associé riche, qui n'étoit chargé que de la partie économique de ce grand spectacle national, il s'étoit réservé celle des talens. Sa troupe de comédiens étoit considérable. Il avoit en outre des chanteurs et des chanteuses, des chœurs, un orchestre nombreux et un corps de ballet assez médiocre. Indépendamment de ce grand assemblage, il avoit des peintres dirigés par le célèbre Lauterbou. n modeleur, un machiniste ingénieux qui avoit l'inspection de l'atelier des menuisiers et des serruriers. Le magasin de la garde-robe et des habits de costume étoit d'autant plus grand, que tous les acteurs et actrices étoient vêtus de pied-en-cap, et n'avoient par conséquent aucune dépense à faire. Leurs appointemens varioient à raison du plus ou moins de talens. Les premiers sujets en avoient de considérables. Deux mois et demi de la saison, qui en dure à peu près huit étoient consacrés en grande partie au bénéfice des acteurs, c'est-à-dire, à des représentations à leur profit. Celles des acteurs estimés leur valoient jusqu'à cinq cents guinées. Garrick jouoit dans quelques-uns de ces bénéfices, soit par clause d'engagement, soit par faveur. Ce bienfait s'étendoit encore sur la classe la plus obscure de ce théâtre, c'est-à-dire, que les ouvriers et les gagistes avoient des représentations qui étoient toujours excellentes. Garrick en avoit une dont il seroit d'autant plus difficile d'évaluer le montant, que les uns payoient leurs billets dix et quinze guinées, et qu'une loge lui en valoit vingt-cinq, et quelquefois trente. Au reste, Garrick étoit le thermomètre des recettes; lorsqu'il jouoit, toutes les loges et toutes les places étoient retenues; à cinq heures la salle étoit pleine, et les bureaux de distribution étoient fermés.

Je n'ai plus qu'un mot à dire sur les bénéfices. Les auteurs qui se distinguoient par un succès soutenu, avoient une représentation à leur profit, indépendamment des honoraires qui leur étoient attribués; et le produit qui en résultoit valoit infiniment mieux que tout ce qu'on accorde chez nous au goût et à l'imagination.

Il est d'usage de donner, vers les trois derniers mois de la saison, une grande pantomime ornée d'une infinité de machines de transformation, et de changement de lieu. Arlequin est le héros de ces farces communément plates et dégoûtantes. Cependant les auteurs de ces rapsodies sont bien payés; le machiniste en fait l'ornement principal. J'avouerai que j'y ai vu des machines ingénieuses. Je vais vous parler de celle dont les effets m'ont paru d'autant plus frappans, qu'il m'a été impossible d'en deviner les causes. Je ne m'aviserois pas, certes, d'entretenir M. de Voltaire de ces jeux d'enfans, et de lui montrer les marionnettes, si je ne savois qu'après avoir éclairé le monde littéraire du feu de son génie, et avoir passé seize heures de la journée à embellir les arts, à donner de grands modèles dans tous les genres, et s'être élevé par la puissance de son imagination jusque dans les plus hautes régions des connoissances humaines, il se plaisoit à descendre sur la terre, à danser les soirs des branles aux chansons, à rire de mauvais contes bleus, et à les trouver couleur de rose. Je sais que le philosophe de Ferney a le bon esprit de se débarrasser un instant de son génie. Homère ne sommeilloit-il pas au milieu de ses héros?

Pour éviter des détails trop minutieux, je me bornerai à vous dire qu'il régnoit au milieu d'un jardin un vaste bassin de marbre blanc, au centre duquel s'élevoit un socle de marbre.

Arlequin s'élance sur ce socle, s'y pose en attitude; son accoutrement disparoît, je ne vis plus qu'un Triton de marbre blanc, ayant à sa bouche une trompe marine, longue environ de deux pieds, et dont le sommet ou l'entonnoir pouvoit avoir dix pouces de diamètre. De cet entonnoir s'élevoit à la hauteur de douze pieds un jet d'eau, et du pourtour de cet entonnoir sortoient huit autres jets, qui, en tombant dans les eaux brillantes du bassin, formoient une espèce de cloche. Si tout ceci fût resté immobile, rien ne m'auroit étonné; mais ces jets avoient un mouvement rapide et continu. Ils étoient composés de gaze argentée, et l'eau étoit imitée de manière à faire illusion. C'est vainement que j'offris vingt-cinq guinées pour me procurer cette machine ingénieuse.

Je reviens à Garrick. La haute considération dont il jouissoit, l'amitié du public poussée jusqu'au délire, de grands talens et une immense fortune engageoient naturellement tous les acteurs, dont il étoit le maître et le modèle, à avoir pour lui l'estime et la vénération qu'il méritoit. Il assistoit régulièrement à toutes les répétitions des pièces, qui demandoient les soins particuliers. Alors il prenoit le livre des mains du souffleur ; il corrigeoit les acteurs en leur disant : Écoutez-moi, mais ne m'imitez pas ; voilà la situation que vous avez à peindre ; et en vous en pénétrant, votre ame vous fournira toutes les nuances qui conviennent aux sentimens que vous voulez exprimer. Avec de la douceur, de la patience et de grands exemples, il étoit parvenu à faire, dans tous les genres, de très-bons acteurs.

Il avoit établi une ligne de démarcation entre les talens, et il l'avoit envisagée comme un stimulant à leurs progrès. Il y avoit trois foyers ; un pour les premiers acteurs, il étoit orné des bustes de tous les grands hommes de l'Angleterre ; un autre étoit destiné aux seconds talens; le troisième étoit réservé aux acteurs en sous-ordre. Personne ne rompoit cette ligne ; l'application, le zèle et les succès pouvoient seuls la franchir. Si la mort n'eût pas enlevé Roubillard, sculpteur français et homme de mérite, il lui auroit fait exécuter votre buste, ceux de Corneille et de Racine. Pour la comédie, ceux de Molière, de Regnard et de Destouches ; son dessein étoit de les placer dans le foyer. Sur les représentations que lui fit un grand personnage, il répondit : Les grands hommes ont l'univers pour patrie. Il ne voyoit les acteurs qu'au théâtre, et ne les recevoit chez lui que lorsqu'ils avoient des affaires particulières à lui communiquer. Il avoit d'ailleurs pour eux tous les égards que méritent les talens ; mais il ne se permettoit aucune familiarité. Il avoit du goût, de l'esprit et des connoissances ; il aimoit les arts, et fréquentoit souvent ceux qui en faisoient l'ornement. Sa bibliothèque étoit immense et du meilleur choix. Les chefs-d'œuvre enfantés par le génie français, y brilloient à côté de ceux des savans de l'Angleterre. C'est dans cette vaste pièce que Garrick recevoit tous les jours, depuis midi jusqu'à deux heures, les nombreuses visites qu'on se plaisoit à lui faire ; il avoit souvent vingt voitures à sa porte. Cette société étoit composée des hommes les plus instruits de la cour, des savans, des gens de lettres et des artistes. La conversation étoit vive, animée, et d'autant plus intéressante, que l'esprit, le goût et le génie en faisoient les frais. Garrick n'étoit point étranger aux matières qui en formoient l'objet ; il y déployoit une érudition rare, qu'il accompagnoit de ré-

flexions profondes. Si la conversation s'établis-
soit ensuite sur les anecdotes du jour, sur les
ridicules du moment, et sur ces scènes scan-
daleuses qui se renouvellent chaque jour dans
une ville riche et immense, Garrick avoit la
parole, et obtenoit les suffrages. Renonçant
à son sérieux, il devenoit léger, plaisant, enjoué, conteur aimable, critique fin et adroit;
il mordoit en riant, il égratignoit en faisant
patte de velours, mais il ne se permettoit pas
d'emporter la pièce. C'étoit sur de semblables
sujets qu'il remportoit le prix. Presque personne ne discutoit et ne racontoit avec autant
de facilité et d'esprit; il joignit à l'art de ra-
conter celui de peindre les personnages et de
les imiter parfaitement.

Après vous avoir entretenu, Monsieur, des
talens de Garrick, de ses connoissances et de
son esprit, je voudrois bien vous dire quelque
chose de son caractère. Il avoit l'ame bonne
et bienfaisante, il étoit alternativement gai et
enjoué comme un Français, sérieux et sombre
comme un Anglais. Ces deux manières d'être
étoient momentanées au point qu'après avoir
été on ne peut pas plus aimable, plus enjoué et
plus spirituel, il se taisoit, devenoit morne et
pensif, avoit l'air de s'occuper des choses les

plus graves et les plus tristes ; puis tout-à-
coup il sortoit de cette situation, faisoit l'é-
loge ou la critique de ce qu'on avoit dit pendant le sommeil de sa gaîté, et devenoit plus
intéressant que jamais. Les grandes occupations
de son état, ses études, les plans d'embellissement qu'il formoit pour sa campagne, ses
projets de construction pour une maison de
ville et pour la construction de son théâtre ;
l'attente enfin du retour de quelques vaisseaux
sur lesquels il avoit un intérêt majeur ; tout
cela, dis-je, pouvoit bien, de concert avec les
brouillards de la Tamise, et le caractère national, exciter ces disparates du moment. D'ailleurs, l'imagination brillante de Garrick étoit
sans cesse en activité ; elle étoit remplie de tant
d'objets divers, qu'il trouvoit toujours le temps
trop court.

Au milieu de tant d'occupations, son ame
paroissoit calme et tranquille ; mais elle ne
l'étoit, si j'ose le dire, qu'à la superficie ; semblable à ces eaux brillantes et limpides qui, dans
les beaux jours d'été, paroissent fixes et immobiles, mais qui frissonnent lorsqu'une feuille
légère tombe sur leur surface, et qui s'agitent
au moindre souffle du zéphir ; telle étoit l'ame
de Garrick. Les grandes passions étoient à sa

ordres; les feux qui les alimentoient, étoient couverts sous la cendre; mais il les allumoit, les faisoit éclater à sa volonté, et son génie théâtral en formoit les volcans.

Je vous ai dit, Monsieur, qu'il jouissoit de la plus grande considération, et c'est une vérité. Il alloit à la cour, et leurs majestés se faisoient un plaisir de le distinguer, et de lui dire les choses les plus flatteuses. Ce qu'il y a de singulier et de rare, c'est qu'aucun courtisan n'étoit jaloux de l'accueil dont le roi et les princes l'honoroient; au contraire, ils l'entouroient avec l'empressement de l'amitié, le complimentoient, et partageoient sincèrement sa satisfaction.

Garrick eût été nommé plusieurs fois membre du parlement d'Angleterre, s'il l'eût desiré; à chaque élection, des amis puissans vouloient le mettre sur les rangs; il les remercioit : Heureux, leur disoit-il, d'avoir votre amitié, votre estime, et de jouir des bontés du public! Qu'ai-je à désirer de plus précieux, de plus flatteur? Je ne veux aucun emploi, aucune charge; je desire seulement être toujours Garrick, et j'aime à croire que je jouerai bien mieux mes rôles à *Drury-Lane* qu'à Westminster.

Il vivoit à Londres sans faste, et ne donnoit à manger que le dimanche. Sa table n'étoit pas servie avec superfluité, et les convives n'étoient pas nombreux. A l'époque dont je vous parle, la majeure partie de la noblesse ne tenoit pas maison, mangeoit à la taverne, et laissoit leurs familles à la campagne. Ceux qui étoient employés dans le ministère, ou qui avoient des places à la cour, qui exigeoient leur présence, avoient leur maison montée.

Les Anglais déploient dans leurs terres la plus grande magnificence, et y restent le plus long-temps qu'ils peuvent, parce qu'ils aiment la campagne, les chevaux et la chasse. Je connois plusieurs seigneurs qui ont à leurs gages tous les habitans du village, excepté quelques marchands. A deux heures on sonne une cloche; le tailleur, le sellier, le chirurgien, l'apothicaire, le barbier, le charpentier, le serrurier, le carrossier, etc., etc., ferment leurs boutiques; ils arrivent au château, où on leur sert un très-bon dîner; à trois heures, chacun revient chez soi reprendre ses travaux; à huit heures, ils retournent au château, et y soupent.

Garrick, qui vivoit à Londres avec économie, tenoit un grand état de maison à sa campagne, avoit un nombreux domestique, beaucoup de chevaux et de chiens de chasse, et recevoit chez lui une grande société. Les jours

de fêtes et dimanches, il parcouroit, les après-
dîners, les villages voisins ; regardoit jouer les
paysans, se mêloit souvent à leurs jeux, prenoit leur allure et leur langage; il appeloit cela
s'instruire en s'amusant. Comme il représentoit alternativement tous les caractères, il étoit
naturel de le voir chercher des originaux et des
modèles dans toutes les classes, dans toutes les
conditions. A l'exemple des peintres célèbres,
il vouloit imiter la nature; et, pour y réussir,
il la cherchoit sans cesse, et savoit en faire un
heureux choix : c'est sans doute à cette étude
constante et suivie qu'il a dû la supériorité de
ses talens.

Il avoit, à cinq ou six milles de Londres,
une belle maison de campagne, et un superbe
jardin, dans lequel il avoit fait élever un temple à *Shakespear*. La statue pédestre du Corneille de l'Angleterre y étoit placée. Son salon
étoit vaste; il étoit orné de douze panneaux
peints par l'ingénieux Pillement; quatre desquels représentoient les saisons, quatre autres
les élémens, et les derniers offroient les quatre parties du jour. Garrick avoit, en face de
son jardin, une prairie immense, qui étoit
séparée par un grand chemin; je lui conseillai
de faire construire un pont d'une seule arche,

qui auroit des deux côtés une pente douce et facile, et qui lui offriroit un spectacle perpétuellement varié. Il approuva mon idée, et ne fit point de démarches infructueuses pour obtenir une permission; elle lui fut accordée, et par ce moyen il étendit ses jouissances et sut profiter de l'ouverture de cette arche pour placer différens points de vue par les plantations qu'il se proposoit de faire dans sa prairie.

Je lui demandai un jour s'il étoit vrai qu'il eût retouché les tragédies de Shakespear. Il me répondit : Je ne suis ni assez imbécille, ni assez téméraire pour oser porter une main profane sur les chefs-d'œuvre du génie et de l'imagination. Je les regarde avec cet enthousiasme et cette admiration que les artistes ont pour l'*Apollon de Belveder*. J'avouerai, ajouta-t-il, que, le temps ayant imprimé quelques taches légères sur le plus beau monument de l'esprit humain, je me suis empressé de les faire disparoître, et d'enlever, d'une main tremblante et respectueuse, le peu de poussière qui altéroit la sublimité des plus beaux traits. Mais je me serois bien gardé de corriger des productions qui, par leurs beautés, placent cet auteur célèbre au-dessus de l'homme, et l'élèvent dans les régions célestes de l'immortalité.

Je lui dis que j'approuvois son respect et son enthousiasme, que les chefs-d'œuvre du génie et de l'imagination étoient à l'esprit ce que la plus belle fleur, la rose, étoit à l'œil et à l'odorat, et qu'on ne pouvoit la toucher sans se piquer ou la flétrir.

Je vous ai obéi, Monsieur; j'ai parcouru une route sèche et aride; j'aurois bien voulu la semer de quelques fleurs, mais tout le monde n'a pas, comme vous, le don précieux de les laisser tomber de sa plume sur tout ce qu'elle écrit.

J'ose espérer que l'homme (ou le génie) qui a autant de réputations différentes que la Renommée a de voix diverses, voudra bien se rappeler le jeune étourdi qui le faisoit quelquefois rire à Berlin avec ses méchans contes; j'espère encore qu'il recevra avec sa bonté ordinaire mon insipide griffonnage. Si vous apercevez chez moi le petit bout de l'oreille, couvrez-le de la main gauche, car je crains la droite.

Adieu, Monsieur, recevez les assurances de mon admiration; je ne fais pas de vœux pour votre gloire, vous n'en avez pas besoin, mais j'en ferai toujours de bien ardens pour votre conservation et votre santé; vivez autant que vos ouvrages, et soyez immortel comme eux.   Je suis, etc.

LETTRE XVI.

Observations sur la construction d'une Salle d'Opéra.

———

La quantité de salles de spectacles détruites depuis vingt années par les incendies ; le nombre effrayant de victimes livrées à la fureur des flammes, et mille autres accidens aussi funestes, engagent tous les gouvernemens à ne jamais permettre qu'un édifice (qui, dans une grande ville est le rendez-vous des citoyens pour y jouir du spectacle des arts et se délasser de leurs travaux) fût construit dans un espace resserré et entouré de maisons ou de palais qui finissent toujours par être incendiés.

Ces funestes événemens mettent la fortune des citoyens en danger, anéantissent les chefs-d'œuvre des beaux arts, et exposent la vie de ceux qui les cultivent à des malheurs sans cesse renaissans.

Si l'on ajoute à ces tableaux effrayans les entraves perpétuelles qui resserrent le génie, qui captivent l'imagination, qui circonscrivent les idées, qui enchaînent la volonté, et qui forcent le peintre, le maître des ballets, le musicien, et souvent le poète à sacrifier au rétréci du local les grands effets de leur art; on sentira qu'une salle construite et placée comme est celle de l'Opéra, ne peut qu'exciter des craintes sans cesse renouvelées. Le frontispice de ce théâtre touche, pour ainsi dire, au bâtiment de la Bibliothèque nationale, et cet édifice contient ce que le génie des hommes a enfanté de plus rare et de plus précieux. C'est le sanctuaire des sciences : il renferme la collection la plus complète et la plus nombreuse qui existe en Europe.

Le théâtre de *Louvois*, construit légèrement à quatre ou cinq toises de l'Opéra, tenant à une quantité de maisons mal bâties, augmente encore le danger; la rue neuve *le Pelletier*, déjà fort étroite, l'est devenue davantage depuis qu'on y a élevé une foule de petites maisons construites en bois, et occupées par un grand nombre de locataires : comment est-il possible que des bâtimens aussi inflammables aient été tolérés sous les yeux d'un gouvernement sage.

Il seroit donc à desirer pour le progrès des

des arts qui concourent unanimement à la perfection d'un spectacle dont la nation française se glorifiera toujours ; il seroit à desirer qu'on élevât un monument digne d'elle, qui permît aux artistes de donner l'essor à leur imagination, et qui rassurât le public sur des craintes que des événemens fâcheux ne rendent que trop légitimes.

L'Opéra brûlé deux fois en dix-neuf ans, et dans ce même espace, les théâtres de Vienne, de Milan, de Venise, de Stockholm, d'Amsterdam, de Lyon, de Mantoue, de Varsovie, des Boulevards, de l'*Odéon*, etc. consumés tous avec une telle rapidité, qu'il fut impossible d'arrêter les progrès du feu, tant de catastrophes cruelles sont bien faites pour fixer l'attention d'un citoyen. C'est en cette qualité que j'écris et que je soumets mes réflexions aux gens de goût et aux artistes. Elles me paroissent d'autant plus solides, qu'elles sont le fruit d'une expérience acquise sur presque tous les théâtres de l'Europe pendant soixante années. Effrayé des effets de tant de désastres, j'ai remonté aux causes ; et en appréciant enfin les beautés éparses de ces différens monumens, je n'ai pu fermer les yeux sur les défauts dont ils étoient et sont encore remplis. Si mes réflexions ont de la publicité, elles engageront des hommes plus instruits que moi à jeter de nouvelles lumières sur un objet qui intéresse autant l'humanité que la gloire de la nation, l'embellissement de la capitale, et les progrès des arts en général.

Je ne pardonnerai jamais aux artistes de vouloir faire briller leurs talens aux dépens des convenances et de subordonner les convenances à leurs fantaisies; je ne voudrois pas non plus que celui à qui le gouvernement donneroit la préférence, négligeât dans la construction de ce grand édifice des choses absolument essentielles, et qui, jusqu'à ce moment, ont été oubliées: la commodité du public qui paie, et le droit qu'il a de voir et d'entendre, méritent des égards particuliers; mais le parti que les architectes ont pris depuis quelques années, s'oppose au plaisir que l'on va chercher; la forme ronde nouvellement adoptée, et de laquelle il seroit très-avantageux de se passer, prive le spectateur des charmes de la scène, des effets des décorations et des tableaux variés que lui offre la danse; de sorte que le public qui donne son argent, ne voit que le profil des objets qu'il devroit voir en entier. Ce rond ou ce cercle tronqué par le *Proscénium* forme deux parties

rentrantes, de manière que les loges qui se
trouvent placées depuis l'avant-scène jusqu'au
point central de ce cercle ne jouissent que de
la moitié du spectacle ; c'est-à-dire, que les
loges de la droite ne voient que ce qui se passe
à la gauche du théâtre, et que les loges de
la gauche n'aperçoivent que les objets qui agissent sur la droite : tels sont les désagrémens
résultant de cette forme ronde. J'avoue qu'elle
est agréable à l'œil , mais je dis qu'elle est
destructive de l'illusion et du plaisir. Il seroit donc sage de prendre un autre parti, et
de ne pas sacrifier le tableau à la forme du
cadre.

L'architecte doit s'occuper encore de la conservation des spectateurs et des acteurs ; en
s'appliquant sérieusement à cette partie, il
dissipera les craintes, il calmera la frayeur, il
préviendra tous les accidens et tous les dangers
qui en troublent le plaisir et en éloignent les
jouissances.

Si l'on me consultoit sur la construction
d'une salle de spectacle, je conseillerois d'abord
de ne point sacrifier aux beautés de l'art les
choses absolument essentielles aux charmes de
la représentation, à la sureté du public, et à
celle du service, qui, en raison de la variété et

de la multiplicité des mouvemens, doit se faire
d'une manière facile. N'ayant que des notions
fort imparfaites de l'architecture, je me tairai
sur la construction et sur les proportions que
les parties doivent avoir entre elles, pour former un beau tout. Je ne parlerai point des différens ordres d'architecture qui peuvent entrer
dans la composition de cet édifice, et contribuer à sa magnificence. Je garderai encore le
silence sur les ornemens tant intérieurs qu'extérieurs qui peuvent l'embellir, mais je dirai
avec les gens de goût que ce monument doit
annoncer l'habitation des arts; qu'il doit être
simple, noble et élégant comme eux, commode
par la multitude des dégagemens et des sorties;
la partie sur laquelle j'oserai m'étendre, sera
celle du théâtre, parce que mes connoissances
m'y autorisent. Au reste, aucun architecte ne
peut dédaigner les avis de ceux qui connoissent,
par des épreuves constamment réitérées, tous
les défauts qu'il est presque impossible de pres-
sentir, qui échappent souvent aux combinai-
sons de l'artiste, mais qui ne se dérobent point
à l'œil de l'expérience.

J'ai vu tous les théâtres de l'Italie, de l'Allemagne, de l'Angleterre, de la France et du
Nord. De cette quantité d'édifices, je n'en con-

nois pas un dont les défauts ne surpassent les beautés.

La construction d'une salle d'opéra est bien différente de celle d'une salle de comédie ; je ne parle ici que de la partie du théâtre, de son étendue, de ses dessus, de ses dessous, et des parties latérales. Je dis donc que le théâtre actuel est trop petit pour les grandes choses qu'on y donne, et qu'il seroit encore plus petit pour les plus grandes choses que l'on pourroit y donner ; il faut un cadre plus vaste et propre à recevoir sans gêne les tableaux de l'imagination et du génie : on me dira peut-être qu'on y représente facilement *Psyché*, *Páris* et la *Caravanne*. Que les raisonneurs consultent le maître des ballets, le machiniste et le peintre, ils seront étonnés des difficultés qu'ils ont eues à vaincre, des obstacles qu'ils ont eus à surmonter et des entraves qui s'opposent non seulement à leur goût, mais les forcent souvent à renoncer aux vastes projets qu'ils avoient conçus : ce n'est point une halle que je demande ; quatre pieds d'ouverture de plus à l'avant-scène, et dix-huit pieds ajoutés à la profondeur du théâtre, produiroient une étendue suffisante à toutes les grandes compositions. Je vais offrir un seul exemple.

Je suppose qu'un poète fît entrer dans le plan de son opéra l'attaque d'une place fortifiée, la destruction de ses remparts et l'incendie générale de la ville; qu'il voulût ensuite faire paroître le vainqueur dans un char attelé de quatre chevaux de front, le faire devancer et suivre par soixante hommes de cavalerie et deux cents d'infanterie; qu'il voulût joindre à ce pompeux cortége les captifs, les trophées remportés sur les vaincus, enfin tous les accessoires qui pourroient ajouter de la grandeur et de l'intérêt à cette entrée triomphale; comment, dis-je, le poète s'y prendroit-il pour faire exécuter cette idée *Grandiose* sur un théâtre si petit, et aussi mal distribué que celui de l'Opéra? Il faudroit absolument qu'il renonçât à son plan, et qu'il le regardât comme un rêve de son imagination.

Cependant on voit de ces grands et magnifiques tableaux dans les opéras italiens, naturellement décharnés, privés d'action, d'intérêt, et dénués des ressources immenses et des secours puissans que la réunion des arts et la multiplicité des talens nous offrent à l'Opéra; convenons de bonne foi qu'il nous reste encore de grands tableaux à imaginer, mais que les cadres nous manquent, ou qu'ils sont trop petits.

Une salle de spectacle doit être exactement isolée. Il seroit à desirer que les rues qui y aboutissent en fussent éloignées et assez spacieuses pour que l'on pût y pratiquer de larges trottoirs qui préservassent la partie du public la plus nombreuse du danger d'être écrasée par les voitures. Cette précaution seroit d'autant plus sage, que les cochers de Paris et les meneurs de cabriolets le sont moins.

Un théâtre isolé fournit à l'architecte les facilités de multiplier les dégagemens et les sorties ; n'étant point gêné par un espace donné, il peut pratiquer de beaux corridors, de magnifiques escaliers, des galeries extérieures, et ne rien négliger enfin de ce qui contribue à la commodité et à la sûreté du public ; distribution qu'il lui est impossible d'exécuter dans une petite cage resserrée de tous côtés par des maisons.

Ce théâtre isolé doit communiquer à un bâtiment isolé comme lui, par deux galeries couvertes qui conduiroient les artistes à la droite et à la gauche du théâtre. Ce corps de bâtiment serviroit aux loges des acteurs, des actrices, des danseurs, des danseuses et de tous les sujets employés à la représentation de l'Opéra ; on y pratiqueroit un grand foyer

propre à l'exercice des danseurs et à la répétition des pas particuliers; le comble de ce bâtiment serviroit encore aux magasins des habits
de costume et à l'atelier des tailleurs ; ce qui
éviteroit le gaspillage résultant des transports
continuels.

Ce bâtiment assureroit tout à la fois la tranquillité et la précision du service , il seroit
éloigné de huit toises au moins du corps de
l'édifice ; cette distance formeroit une cour
assez spacieuse pour y construire une pièce
d'eau de trois toises en tous sens , et de six
pieds de profondeur ; ce qui produiroit un
total de 1944 pieds cubes d'eau. Par le moyen
des conduits qui y aboutiroient, elle se rempliroit à volonté , à mesure que les circonstances exigeroient qu'on la mît à sec.

Les deux galeries de communication entre le
bâtiment isolé et le théâtre seroient soutenues
par des arcades ; ce qui formeroit deux parties
couvertes et abritées, propres à y placer les
pompes, les échelles , les crocs , les seaux, et
généralement tous les instrumens propres aux
incendies.

J'exigerois encore comme une chose absolument indispensable que l'on donnàt aux parties latérales de la droite et de la gauche du

théâtre six toises au moins de largeur, à prendre depuis le premier châssis qui suit le *proscénium* jusqu'au maître mur ; cet espace nécessaire à la manoeuvre perpétuelle des ouvriers, à l'entrée des acteurs, des corps de danse, des choeurs et des comparses, donneroit beaucoup de facilité à toutes les branches de service, et il en naîtroit un ensemble, une précision, une variété dans les effets qui n'ont jamais existé à l'Opéra.

Est-il possible que, dans un lieu resserré de toutes parts, on puisse se livrer aux impressions de son rôle, et se pénétrer du caractère que l'on doit représenter ? La vie des acteurs est perpétuellement en danger, et menacée de cent morts différentes, celle des ouvriers occupés dans les dessus et les dessous du théâtre est également exposée ; tel est le tableau fidèle du désordre, de la confusion et de la crainte qui règnent sur ce théâtre.

Indépendamment des six toises de distance dont je viens de parler, il seroit de la plus absolue nécessité de construire deux corps de bâtiment placés sur l'alignement de la partie du théâtre, mais cependant assez éloignés d'elle. On y communiqueroit par un pont solide, soutenu par une grande arche. Les deux

pavillons de l'*Odéon*, théâtre le mieux construit et le plus sagement distribué de la capitale, jetteront de la clarté sur ma proposition.
L'un de ces deux pavillons offriroit aux peintres-
décorateurs un atelier commode à la peinture
des décorations. L'autre présenteroit de vastes
magasins propres à y déposer celles dont on
ne se sert pas aujourd'hui, mais dont on se
servira quelques jours après. Il résulteroit de
la construction de ces deux bâtimens : sûreté,
économie, et facilité dans le service du théâtre.
Sûreté, parce que les décorations, les accessoires de toute espèce ne pourroient, ainsi que
le pavillon parallèle, devenir la proie des
flammes, qu'ils serviroient encore de rempart
au théâtre, et que quatre pompes placées sur
chacun des ponts maîtriseroient le feu, et
en arrêteroient les progrès. *Economie*, parce
que l'on n'auroit plus ni chevaux, ni voitures,
ni conducteurs à entretenir ; que les décorations ne se dégraderoient plus par le chaos des
charriots et le frottement qu'elles éprouvent.
Ils en effacent les teintes et les dessins, brisent
les *champstournés* et les *découpés* de tous les
châssis. Les décorations étant portées à bras,
soit de la salle des peintres au théâtre, soit du
théâtre au magasin, n'éprouveroient aucun des

inconvéniens qui résultent naturellement du transport par charriots.

L'augmentation que j'ai donnée à la largeur et à la profondeur du théâtre faciliteroit le moyen d'y établir deux hangars ou magasins fermés par de grandes arcades : ces deux emplacemens seroient pratiqués de droite et de gauche sur les parties latérales du théâtre, et les arcades se fermeroient à volonté. On y déposeroit les décorations du jour, les chars, les accessoires, les troupes ou les comparses nécessaires à la pompe du spectacle. C'est alors qu'il n'y auroit ni tumulte ni confusion, que la scène seroit libre, que les acteurs seroient tranquilles, que la manœuvre du théâtre s'exerceroit avec plus de facilité et de précision. A la suite de ces deux magasins il seroit de toute nécessité d'y placer deux réservoirs et deux pompes.

Ayant augmenté la largeur de cet édifice, on me demandera sans doute ce que l'on feroit de l'emplacement qui existeroit depuis les corridors des loges jusqu'au gros mur de ce bâtiment. Je vais répondre à cette question : 1°. les circonstances en détermineront la distribution ; la guerre ne peut être éternelle ; les douceurs de la paix attireront une foule d'étrangers ; l'industrie renaîtra ; le commerce de-

viendra florissant; les manufactures reprendront une nouvelle activité ; les arts imagine-
ront des chefs-d'œuvre, et toutes les sources
taries de la richesse publique deviendront
abondantes : c'est alors que la mode de louer
des loges à l'année se renouvellera , et ce sera
cette époque heureuse qui, en fixant la prospérité de la France , déterminera la distribution de ce bâtiment. 2° Il faut de toute nécessité une salle pour les administrateurs, précédée d'une autre pièce ; il faut un secréta-
riat, une pièce ou bibliothèque de musique
et d'ouvrages dramatiques; il faut encore un
café et des lieux à la moderne avec des réservoirs.

Si tout ceci ne convenoit pas , on pourroit
(et la circonstance de la paix le détermine-
roit) pratiquer de petites pièces en face des
premières loges, qui seroient louées à l'année,
et que les propriétaires orneroient à leur fantaisie : tous les architectes savent que cet usage
est adopté dans tous les grands théâtres de
l'Italie. Les pièces dont j'ai parlé plus haut et
que je crois absolument nécessaires seroient
placées au-dessus de la distribution que l'on
nomme *retirade*.

Je reviens à la partie du théâtre. Il seroit

fort utile que l'administration de l'Académie
Impériale de Musique eût huit hommes pris
du corps des pompiers ; ils ne quitteroient
point le théâtre pendant les représentations,
ils auroient de grandes seringues, telles qu'on
en a en Allemagne et en Angleterre. Elles suf-
firoient, dans le premier moment de danger, à
éteindre les plafonds et les rideaux : d'ailleurs,
les pompes placées de droite et de gauche du
théâtre suppléeroient abondamment, et dans
un instant, à l'insuffisance de ces seringues,
si le cas l'exigeoit.

Je crois fermement que le feu prendroit bien
moins facilement aux plafonds et aux rideaux,
si la distance qui règne entre les châssis des
décorations avoit plus d'étendue. D'ailleurs
les ciels, les plafonds et les rideaux étant moins
pressés les uns contre les autres auroient un
jeu bien plus libre, et ne s'embarrasseroient
plus dans leurs mouvemens.

D'une plus grande distance entre les châssis
et d'un plus grand intervalle de la cage à ces
châssis, il résulteroit non seulement beaucoup
d'avantage pour l'effet des décorations, mais
encore une économie d'autant plus précieuse à
l'administration, que, loin de diminuer la magnificence des scènes, elle y ajouteroit infini-

ment. Il me sera facile de faire sentir et de dé-
montrer cette vérité.

Un théâtre ouvert dans ces flancs permet au
peintre-décorateur de supprimer des châssis,
par la raison que la distance qui règne entre
eux et le mur, lui facilite le moyen de leur
donner plus de largeur ; de sorte qu'une décoration, composée d'un fond et de trois ou
quatre châssis paroitroit bien plus vaste et
plus *grandiose* que celle qui seroit formée de
huit ou dix châssis étroitement resserrés. On
sent qu'il est impossible, dans cette dernière
distribution, de pratiquer de beaux percés et
de grandes échappées de vue ; aussi se plaint-
on de la monotonie et de la symétrie qui règnent dans les décorations : quelque bien pensées
et quelque bien peintes qu'elles soient, elles
n'offrent que des rues droites, que des allées
d'arbres ou de colonnes ; et le point de perspective angulaire et pris de côté, dont les célèbres *Bibien* et *Servandoni* se sont si heureusement servis, n'a pu, faute de moyens,
être adopté sur un théâtre étranglé vers le
fond, et trop resserré dans ses flancs.

Le théâtre de l'*Odéon* fut construit pour la
comédie française, et l'architecte avoit parfaitement bien combiné tout ce qui étoit néces-

saire à ce genre de spectacle; l'idée que l'on avoit conçue d'y transporter l'Opéra n'étoit point admissible. Quelle différence entre le nombre d'artistes qui compose la comédie et celui qui est employé au théâtre des arts! A la comédie française, la règle d'unité de lieu est scrupuleusement observée; dès-lors point ou peu de changemens de décorations; à l'Opéra, les sites varient à chaque instant; et, lorsqu'il y a dans les pièces d'apparat soixante personnes sur le théâtre français, il y en a trois cents sur celui de l'Opéra, sans compter les inutiles.

Avant de quitter la partie du théâtre, je dois observer que les réservoirs pratiqués dans les cintres me paroissent absolument inutiles, parce que l'expérience m'a démontré qu'ils ne pouvoient être d'aucun secours; celui que je place entre les deux corps de bâtimens, et ceux que j'établis sur les côtés du théâtre, en offrent d'aussi prompts que de multipliés; celui qui seroit dans la cour préserveroit toute la charpente, la manœuvre des dessus et des dessous, et fourniroit encore abondamment, au moyen des pompes foulantes, l'eau nécessaire aux deux réservoirs placés dans les enfoncemens du théâtre; dès-lors plus d'obstacles, plus de degrés incommodes à monter. En multipliant les secours, j'opposerois aux causes qui détruisent communément tous les théâtres, une grande quantité d'eau; je la conduirois aisément partout où il en faudroit : il seroit même inutile de multiplier les réservoirs, s'il étoit difficile d'y parvenir. Les chemins qui conduisent aux secours de ce genre, doivent être libres et d'un accès facile; il faut beaucoup d'espace pour qu'un service accéléré puisse se faire sans augmenter le désordre et le découragement qu'occasionnent les désastres, et que la crainte du danger accroît en raison des obstacles qui éloignent la promptitude des secours. L'action du feu étant de monter et d'élever au-dessus de lui la fumée, elle suffoque les ouvriers et les contraint de fuir; pour éviter la mort, ils abandonnent leur poste; c'est ce qui est arrivé devant moi plusieurs fois, et ce qui m'autorise à regarder les réservoirs placés dans les cintres comme inutiles.

Ce sont, je le répète, les pompiers qui doivent avoir la garde des réservoirs et des pompes, pour veiller à ce que les uns soient toujours remplis, et à ce que les autres soient toujours en état de jouer. Ils doivent, avec quatre ouvriers qui leur sont adjoints, faire une ronde d'inspection tous les soirs après les répétitions

et les représentations; et, pour parer à tous
les inconvéniens, ils doivent coucher alternativement dans la salle et faire des rondes dans
la nuit. L'administration peut facilement se
procurer l'argent nécessaire à cette dépense
utile; elle s'occupera également de la conservation des talens en tous genres qui concourent
à ses plaisirs et à l'embellissement de ce spectacle.

On feroit encore, tous les quinze jours, en
présence des administrateurs ou des directeurs,
l'essai des pompes, ainsi que l'inspection des
réservoirs dont on renouvelleroit l'eau au moins
tous les mois.

Je proposerois encore une chose de pré-
voyance et d'utilité; ce seroit de pratiquer
dans le gros mur du fond du théâtre une
arcade de la longueur environ de douze pieds
sur quinze ou de dix-huit de hauteur. Cette
ouverture seroit fermée par une porte à deux
battans recouverte en tôle; dans des momens
de danger, on l'ouvriroit pour disposer facilement et à volonté des tuyaux adaptés aux
pompes placées dans la cour et à côté du grand
réservoir; nulle difficulté alors pour monter
sur le théâtre; les échelles, les crocs et autres
ustensiles emmagasinés sous les deux terrasses

séparant la salle du bâtiment destiné aux acteurs.

Cette ouverture serviroit encore, dans plusieurs circonstances, à prolonger le théâtre et à éloigner le point de perspective. Le théâtre de Naples et celui de Louisbourg offrent cet avantage. Dès-lors le peintre-décorateur et le maître des ballets peuvent étendre leurs idées et déployer sans obstacle les richesses de leur imagination. Cette ouverture enfin faciliteroit les moyens de montrer des chars attelés, de la cavalerie et de l'infanterie.

Il est aisé de sentir que cette prolongation du théâtre ne pourroit s'opérer sans le secours d'une charpente mobile dont toutes les pièces seroient numérotées, et qui se monteroient et démonteroient avec facilité et en très-peu de temps.

Une chose tout aussi nécessaire à la sûreté du public, et qui doit d'autant plus fixer l'attention de l'architecte qu'elle est indispensable, c'est de disposer toutes les portes de manière qu'elles s'ouvrent en dehors; toutes celles de sortie ne doivent avoir qu'une même clef; les deux portiers de l'administration en auroient chacun une, et ils seroient tenus d'ouvrir avant la fin du dernier divertissement, où à l'instant qui leur seroit prescrit par l'inspecteur de la salle.

Cette précaution de faire ouvrir en dehors ne doit plus être négligée. L'exemple que je vais citer, et qui malheureusement n'est pas le seul de ce genre, en démontrera l'absolue nécessité. Dans un incendie égal à celui de l'Opéra, une foule de spectateurs prit la fuite avec précipitation ; plusieurs d'entre eux se cramponnèrent aux portes, soit pour assurer leur sortie, soit pour éviter les risques d'être renversés ou écrasés ; cette colonne grossit à un tel point, et les efforts réunis pour pousser en avant furent tels, que ceux qui tenoient les portes furent déplacés, ils ne les quittèrent point ; mais ne pouvant résister au choc, elles se fermèrent, il ne fut pas possible alors de faire reculer des gens qui n'entendoient rien et qui étoient saisis de frayeur ; les cris de la mort et du désespoir, des enfans et des femmes écrasés, d'autres dévorés par le feu, étouffés par la fumée, telle est l'esquisse de cet effrayant tableau ; l'instant d'après fut le signal de la mort ; les flammes gagnèrent, elles dévorèrent tout. Nul n'échappa à leur fureur, et la salle d'Amsterdam fût le tombeau d'un nombre prodigieux de citoyens qui furent abîmés sous ses débris.

Le plafond de l'avant-scène, ou *proscénium*, doit avoir assez d'étendue, pour que la voix ne se perde pas dans les cintres, mais pour qu'elle se porte avec facilité et qu'elle soit propagée dans la partie occupée par le spectateur.

Une précaution essentielle et qu'il est bien inconcevable qu'on n'ait pas encore prise, c'est de ne laisser aucune communication entre la charpente du cintre du théâtre chargée de ponts, de machines, de toiles, de cordages, et la charpente du plafond de la salle. Rien de plus facile que d'interrompre toute continuité. La construction du *proscénium* ne se refuse pas à ce moyen; il faudroit que les massifs de de l'avant-scène supportassent une voûte sur laquelle seroit élevé un mur de brique qui couperoit toute communication. Cette construction faciliteroit encore les moyens que Soufflot a ingénieusement employés à la salle de Lyon. Il y existe une espèce de rideau de tôle double, dont les côtés s'emboîtent dans deux rainures pratiquées dans les massifs de l'avant-scène; de sorte qu'à la moindre apparence de feu, la salle et le théâtre se trouvent pour ainsi dire séparés par un mur de fer.

Dans les beaux jours de l'été, les spectacles sont déserts; on abandonne la magie des arts,

pour aller jouir des prodiges de la nature ; je
fis faire cette observation à Soufflot au moment où il alloit construire le théâtre de Lyon,
et je lui conseillai d'élever dans les loges une
séparation qui s'ouvriroit à volonté, comme on
ouvre les glaces ou les jalousies d'une voiture.
Je lui dis : les loges de huit places seront ré-
duites à quatre: dans les grandes représentations
on n'aura d'autre peine à se donner que de
baisser un panneau. Soufflot, qui avoit la modestie des grands talens, adopta mon avis ; il est
bien malheureux que cet artiste célèbre, en dépit de l'envie, n'ait pas eu le courage de mé-
priser les cris de l'ignorance et de la sottise;
il eut la foiblesse de succomber sous les coups
de Patte ; il en mourut.

Les grands talens en tous genres ressemblent
aux belles productions de la nature : chaque
arbre, chaque fleur, a sa chenille et son insecte.

Après avoir mûrement réfléchi sur la partie
du théâtre, l'architecte doit s'occuper des spectateurs. Il faut, comme je l'ai dit plus haut, qu'ils
soient commodément placés, qu'ils voient et
qu'ils entendent de quelque endroit de la salle
où ils se trouvent.

Une précaution qui n'est pas à négliger est
la forme intérieure de la salle. Les acteurs, dans

toutes les circonstances, ne doivent être ni
trop près ni trop éloignés du spectateur ; l'acteur doit être, pour ainsi dire, le point central
du cercle que la forme des loges décrit dans sa
totalité. Cette juste distance qui n'a jamais été
observée dans aucun théâtre, est indispensa-
blement nécessaire aux charmes de l'illusion.
La scène est comme un tableau dont on ne
peut sentir tout l'effet que dans un certain
point d'optique.

Un autre objet auquel on n'a jamais réfléchi,
c'est que le spectateur, dans quelque place que
ce soit, ne doit point voir ce qui se passe derrière les décorations ; s'il a la faculté d'y porter
ses regards, il perd une partie du plaisir qu'il
se proposoit d'avoir, et on lui ôte à tous égards
celui de l'illusion : en plongeant ainsi dans les
ailes, il y découvre la manœuvre du théâtre,
il y aperçoit cent lumières incommodes, et,
lorsqu'il veut ensuite ramener ses regards sur
la scène, tout lui paroît noir et confus, son
œil fatigué ne distingue plus les objets ou ne
les voit qu'à travers un brouillard. Indépendamment de cet inconvénient, il en résulte un
autre absolument contraire au plaisir des yeux
et à la magie de la peinture : l'ordre de la décoration est interrompu, et les intervalles que

l'œil mesure entre chaque châssis coupent par
lambeaux l'ouvrage du peintre, détruisent le
mérite de sa composition, et privent enfin le
spectateur d'une des parties enchanteresses de
la scène.

Voici encore un inconvénient plus destruc-
tif des grands effets, si, dans un Opéra, il y a
un incident, un coup de théâtre, une action
dont dépende le dénouement; si, par exemple,
le spectateur touché de la situation malheureuse d'Oreste, prêt à être immolé à la fureur
de Thoas; si, dans ce moment, dis-je, je vois
Pilade et sa suite se préparer à voler au secours
de son ami; si j'aperçois le glaive destiné à
punir le tyran, je prévois le dessin de Pilade,
je m'en occupe, j'oublie les acteurs qui sont
en scène, mon attention se partage, et mon imagination se divise, pour ainsi dire, entre les
deux objets qui l'ont frappée. Pilade paroit; et
cette catastrophe qui forme le dénouement, ne
me fait aucune impression; l'acteur m'a mis
dans sa confidence, je sais tout, j'ai pénétré son
dessein, j'ai découvert le piége, et rien ne peut
me ramener à l'intérêt qu'on m'a fait perdre.

La scène en effet ne peut faire illusion, se
jouer de nos sens et nous transporter vers les
objets qu'elle nous offre, si l'on n'a l'art de dé-

rober les ressorts qui les font mouvoir : en dé-
couvre-t-on les fils ? en voyons-nous le mécanisme, l'illusion s'affoiblit, la surprise cesse,
et le plaisir fuit.

L'étendue du théâtre est une chose de convenance. La nature et le genre de spectacle,
ainsi que le nombre des citoyens et des étrangers, doivent en déterminer les dimensions.

J'ai vu en Italie de très-grands théâtres qui
étoient trop petits quant à la partie du service.
Comme ils ne sont point *machinés* et que tout
s'y meut et y joue à force de bras, la manœuvre s'y fait avec beaucoup de peine, de confusion et d'impression ; mais ces salles m'ont
toujours paru trop grandes, et pour le public, et pour les acteurs, et surtout pour la
mesquinerie qui règne en général dans les
Opéra Italiens.

Dans les théâtres trop vastes, les acteurs
paroissent des pygmées, et ne sont jamais en
proportion avec les décorations. Il est à présumer, par l'immensité des salles d'Italie, qu'elles
ont été construites par des peintres-décorateurs;
rien de si grand en effet et de si pompeux que
les décorations; rien de si pauvre et de si maigre
que la scène, composée presque toujours de
deux ou trois interlocuteurs, rarement accom-

pagnés. Je sens donc le danger et les inconvéniens d'un trop grand théâtre ; je sais qu'il en-
traîneroit à des dépenses ruineuses ; il faut
que la partie proprement dite de la scène ne
soit ni beaucoup plus longue, ni beaucoup plus
large, ni beaucoup plus élevée que celle qui
existe aujourd'hui ; mais il est nécessaire et
absolument utile, je le répète, que les parties
latérales, c'est-à-dire l'espace qui doit régner
de droite et de gauche, depuis la décoration jusqu'au mur, ait au moins quatre toises ;
que le derrière du théâtre ne soit point étranglé, et offre un libre passage à tous les sujets
employés à ce spectacle. Je ne renoncerai jamais à l'idée des deux parties enfoncées de
droite et de gauche dont j'ai parlé, et qui for-
meroient à l'extérieur (si on le croyoit indispensable) deux corps avancés.

Je dois répéter que ces deux salles sont in-
dispensables à l'économie, à la tranquillité et
à la facilité du service.

J'ai déjà souhaité, pour l'effet du spectacle,
que le public ne pût apercevoir aucune lumière
dans les châssis. Mais je voudrois encore que
l'on pût supprimer toutes celles de la rampe ;
elles sont préjudiciables aux charmes de la
représentation et aussi fatigantes pour les

spectateurs que pour les acteurs ; de toutes les
manières de distribuer les lumières, il n'en
est pas de si incommodes, ni de si ridicule-
ment placées ; rien de si faux que ce jour qui
frappe les corps du bas en haut ; il défigure
l'acteur, il fait grimacer tous ses traits ; et, en
renversant l'ordre des ombres et des clairs, il
démonte pour ainsi dire toute la physionomie,
et la prive de son jeu et de son expression. La
lumière où les rayons du jour frappent tous
les corps de haut en bas : tel est l'ordre naturel des choses. Je ne sais donc ce qui a pu déterminer les machinistes à adopter et à perpé-
tuer une manière d'éclairer si fausse, si désagréable pour l'acteur, si fatigante pour le
public, et si diamétralement opposée aux règles de la nature.

Mais comment éclairer le *proscénium?* par
le haut et par les côtés : que les colonnes de
l'avant-scène soient creuses vers la partie du
théâtre ; que, dans le vide qu'offrira le demi-
cercle, on y ménage des foyers de lumière qui
seront réfléchis par un corps lisse et poli ; que
l'on donne à ce corps la forme *cycloïdale,* qui
est celle dont il peut résulter le plus grand
avantage ; que l'on éclaire ensuite les ailes par
masses inégales ; qu'un peintre soit chargé de

cette distribution, alors on parviendra à imiter les beaux effets de la lumière. Au reste, tout ceci demande des recherches, des essais et de la constance ; ce qui est d'autant plus diffi- cile, qu'on effleure tout, qu'on n'approfondit rien, qu'on tient aux anciennes habitudes du théâtre, et qu'il est plus aisé d'être froid imi- tateur que d'imaginer et de créer.

D'après mes idées, les frises ou les plafonds offrant un plus grand espace entre eux, il seroit facile de les éclairer en couvrant les tringles qui porteroient les lumières, d'un fer-blanc battu et poli, courbé en quart de cercle et propre à ré- fléchir les rayons de la lumière sur le théâtre.

Je voudrois beaucoup de simplicité dans les ornemens des loges ; la richesse de celle-ci seroit aussi préjudiciable aux femmes qui les occupent, que celle de l'avant-scène le de- viendroit aux acteurs et aux décorations. Si cependant il paroissoit convenable de marquer la séparation des loges, je m'imagine qu'il fau- droit renoncer alors aux colonnes et aux pi- lastres de l'architecture soumis à des principes immuables, et à des proportions raisonnées, dont on ne peut s'écarter sans inconvéniens. Ne pourroit-on pas avoir recours au genre go- thique qui n'a point de règle fixe, et qui se prête par conséquent à la fantaisie de l'artiste? Il me semble qu'il rempliroit parfaitement cet objet, tant par sa légèreté que par son flûté ; ce style gothique, embelli par le goût, pourroit paroître neuf. On s'en est servi avec succès dans la nouvelle salle qu'on a construite à Londres. Au reste, je soumets cette idée aux lumières, au goût et aux connoissances des architectes.

Je ne dois point oublier de dire qu'il seroit d'une nécessité absolue de pratiquer un foyer beaucoup plus large que celui qui existe aujourd'hui ; la longueur seroit égale à la façade du bâtiment ; on pourroit alors y donner et des concerts et des fêtes : lorsqu'il seroit question d'un nouvel ouvrage, on y répéteroit les opéra et les ballets ; un orchestre et un amphithéâtre élevés à l'autre extrémité de cette salle seroient susceptibles d'un beau décor. Ces deux parties, en diminuant la longueur, lui donneroient une forme agréable et mieux proportionnée. On sentira le triple avantage résultant de cette proportion.

Quelques architectes riront peut-être de mes idées ; peut-être ceux qui sont sans cesse occupés de la perfection de leur art, y trouveront-ils matière à réflexion, et c'est de ceux-là seuls que j'ambitionne le suffrage. Je ne leur donne point mes pensées comme les règles de leur art. Mais j'ai cru pouvoir parler avec quelque assurance de tout ce qui tient au goût, à la commodité, à la sûreté des salles de spectacles. C'est au talent de l'artiste à tirer de tout ce ce que j'ai dit ce qui pourra s'adapter aux règles de l'architecture.

Les gens de goût ne pardonneront point à *Louis*, l'architecte, d'avoir construit trois salles de spectacles, dont la dernière est aussi remplie de défauts que les deux autres. Quel est l'architecte, mort ou vivant, qui ait eu l'avantage de construire trois grands théâtres et l'immense dortoir du Palais – Royal; construction froide, sans mouvement, et qui ne brille aux yeux du vulgaire ignorant que par la profusion des ornemens?

On dira sans doute que mon plan est à cet art ce qu'est à la morale la république de Platon, qu'il est est tout à la fois gigantesque et fantastique.

Je ne serai point étonné de tout ce qu'on dira, par la raison que je sais depuis long-temps que les nouveautés utiles sont aussi mal reçues à Paris que les nouveautés futiles le sont avec enthousiasme.

Je ne me suis occupé ici que d'un grand monument, que du temple des arts; je n'ai songé
qu'à leurs progrès; et, en m'intéressant à leur
gloire, je n'ai point oublié celle d'une grande
nation. La commodité et la sûreté publiques
ont sollicité mon attention; j'ai pensé que ce
vaste édifice fourniroit à l'architecture et à la
sculpture les moyens d'y déployer toutes les
richesses du goût et de l'imagination. Les plafonds, le rideau d'avant-scène, les loges et le
décor du grand foyer offrent à la peinture la
faculté d'employer et de répandre les charmes
de ses pinceaux sur tous les objets qui lui seront confiés; j'ai pensé encore que la danse
en action, cet art intéressant, à qui, peut-
être, j'ai donné les premiers principes d'existence, agrandiroit ses idées, multiplieroit ses
moyens, et varieroit les genres qui sont à sa
disposition, si elle renonçoit surtout aux caricatures arabesques qui la dégradent; genre fantastique qui a effacé ceux qui existoient. Ils
offroient sans cesse des images d'une heureuse
variété : le nouveau ne présente au contraire
que les tristes tableaux de la monotonie et la
répétition fatigante des mêmes temps, des
mêmes pas et des mêmes pirouettes. Lorsque les
arts suivent la mode, ils s'égarent et se perdent.

J'ouvre encore un nouveau champ à la poésie, en la délivrant des entraves qui restrei-
gnoient l'imagination et qui opposoient des
barrières au génie; la musique vocale et instrumentale ne sera plus gênée dans son exécution : ses différens effets ne seront plus étouffés
par un bruit sourd, confus et dissonnant; les
nuances et le clair-obscur qui donnent l'ame
et la vie à cet art divin, et sans lequel il n'existe
point d'effets, seront vivement senties; elles
prêteront une triple valeur à ses accords. Les
acteurs seront plus libres dans leur jeu, dans
leurs entrées, dans leurs sorties ; les incidens, les coups de théâtre, les situations, et
tout ce qui tient enfin aux charmes et à l'illusion de la scène , s'opéreront facilement
et avec précision. Le peintre-décorateur aura
à sa disposition tous les moyens propres à
étendre ses idées et à varier ses compositions.

Le machiniste enfin n'aura plus d'obstacles
à combattre, ni de difficultés à vaincre; ce qui
paroissoit impossible deviendra facile à opérer;
la manœuvre du théâtre s'exécutera sans bruit,
sans confusion, sans désordre, et cette partie
brillante et magnifique de la scène (malheureusement trop négligée) reparoîtra avec éclat,

et se montrera sous les formes les plus enchanteresses et les plus multipliées.

D'après tout ce que j'ai dit, il est aisé de
voir que j'ai parlé d'un vaste monument élevé
aux arts, et dont la construction peut immortaliser les artistes.

Loin de mon imagination les petites choses ;
il n'en existe déjà que trop ; des maisonnettes,
des échopes et des baraques obstruent et dégradent la majesté du petit nombre de nos
beaux monumens, affligent le bon goût et of-
fensent le respect que l'homme bien organisé
doit aux productions du génie et des arts.

On dira sans doute (car le bien est toujours
contrarié) que mon plan est trop vaste, que le
terrain est cher, et que la construction de ce
grand édifice occasionneroit une dépense considérable ; on me permettra de répondre à ces
trois objections :

1° Un théâtre, qui a journellement en activité trois cents personnes, doit être assez vaste
pour qu'elles puissent y agir sans peine et sans
confusion ;

2° Quant à la partie de la salle destinée pour
le public, elle doit être assez spacieuse, pour
que les recettes et les représentations extraordinaires puissent s'élever à dix ou douze mille

francs; au reste, ce sont la nature et le genre de spectacle, la population et le nombre des ci-toyens qui doivent déterminer l'espace et l'é-tendue de ce monument, et sous ce rapport on rachetera la dépense par une plus forte recette.

Quant à cette dépense, ce n'est pas à moi à la calculer. Le citoyen, ami des arts, a rempli sa tâche, lorsqu'il a proposé des vues et des idées qu'il croit utiles. C'est à la sagesse des hommes d'état qui nous gouvernent, qu'il appartient de combiner les circonstances et les temps, les efforts et les avantages, le but et les moyens.

Le *Carrousel*, cette vaste et magnifique place, est défigurée par l'irrégularité des bâti-mens qui font face au palais des Tuileries; ces bâtimens informes ne seroient-ils pas bien remplacés par un superbe monument consacré aux arts, dont la façade seroit tournée du côté du palais? Ces maisons appartiennent pres-que en totalité à l'État; ce sacrifice ne lui coûteroit rien. Cet emplacement avoisine la Seine et est préférable à tout autre. Dans le cas où l'achèvement du Louvre seroit mis à exé-cution, il offriroit alors une place immense; et, dans cette circonstance, ce seroit à l'architecte à élever du côté de la place du vieux Louvre un frontispice qui répondît à la majesté du local, et au décor qu'exige le temple des arts.

D'ailleurs n'a-t-on pas toujours fait entrer le spectacle de l'Opéra dans la masse générale des dépenses du gouvernement? la foule d'artistes et de talens en tous genres qui le composent, enfante des modes propres à alimenter l'industrie, à accélérer l'activité des manufactures; les nouveautés qu'ils imaginent chaque jour rendent les nations étrangères tributaires de nos goûts, de nos coutumes et de nos fantaisies: l'Opéra n'a-t-il pas toujours ajouté un poids sensible dans la balance de ces mêmes intérêts? ne peut-on pas espérer que le gouvernement, frappé de ce grand avantage et effrayé des dangers auxquels les citoyens sont journellement exposés dans la salle existante, ordonnera enfin la construction d'un édifice, qui manque à la capitale et qui immortaliseroit l'époque où ce monument seroit élevé.

Il y auroit un moyen de construire l'Opéra sans mise de fonds, en faisant une cession gratuite d'une petite partie du terrain; mais les gouvernemens en général ont presque renoncé à placer leur confiance dans les compagnies

financières, qui calculent toutes à leur profit.
Cependant on pourroit les restreindre à suivre
strictement le plan qui auroit été couronné au
concours. Les deux corps de bâtimens régu-
liers, les deux bâtimens qu'on éleveroit en face
des deux parties latérales du temple des arts,
ne pourroient se construire qu'à la distance de
quinze toises de ce bâtiment. L'architecte qui
auroit remporté le prix seroit spécialement
chargé de toutes ces constructions.

Au reste, il ne faudroit pas que ce plan fût
adopté par la faveur; là où le mérite parle,
l'intrigue et la cabale doivent se taire. La protection et la partialité sont toujours aveugles;
le grand chapitre des petites considérations gâte
tout. Cela, dis-je, a été et est encore le fléau des
grands talens.

Ce que je viens d'indiquer sur la construction
d'une salle d'opéra, est environné d'un nuage
que le génie des artistes pourra seul dissiper.
Ce ne sera pas la première fois qu'une idée
mal rendue aura donné le jour à des idées plus
grandes et mieux développées; la foiblesse et le
besoin furent les premiers principes des arts et
des sciences.

Je suis , etc.

LETTRE XVII.

Sur les Fêtes Nationales.

Vous me parlez, dans votre lettre, de fêtes publiques; vous êtes bien bon, Monsieur, d'honorer de ce nom ce que l'on a fait et ce que l'on a imaginé pendant quelques années. Je n'y ai vu que des processions ridicules, sans costumes vrais, sans ordre, sans caractère, sans goût, sans imagination.

J'aurois quelques questions à faire sur les fêtes en général. Je demanderois d'abord si les fêtes publiques doivent être exécutées par le peuple ou pour le peuple?

S'il peut en être tout à la fois acteur et spectateur?

Si l'on s'est formé une idée bien juste des fêtes nationales? si elles ne doivent pas, sous l'enveloppe du plaisir, cacher un but moral et politique?

Si l'on soupçonne même la route qu'il faut suivre pour parvenir à ce double but, en n'offrant aux yeux que celui de la gaîté?

Je demanderois encore si, au milieu de la perversité de nos mœurs, des fêtes morales seroient goûtées, ou plutôt si elles ne prendroient pas un caractère de farce aux yeux de semblables spectateurs ?

Les fêtes publiques ont eu jusqu'ici différens objets, tantôt celui de distraire le peuple de ses maux, tantôt de capter son suffrage par d'inutiles prodigalités ; tantôt enfin de déployer à ses yeux une magnificence qui, par un triste retour sur lui-même, lui faisoit plus profondément sentir sa misère ; mais je n'ai pas encore vu de fêtes en France, où la moralité fût unie au plaisir, où la décence et le bon goût fussent joints à la gaîté : le résultat de toutes les fêtes est, beaucoup de gens ivres, beaucoup de bourses volées, souvent des accidens graves, de la fatigue, et peu de plaisir, du moins de ce plaisir qui doit tourner au profit des mœurs, du goût et de l'esprit.

Les fêtes, telles qu'on les donne au peuple, ne sont ni bonnes ni utiles ; elles sont ruineuses pour l'Etat. Les fêtes qui conviennent à un grand peuple, doivent plus coûter à l'imagination, au goût et au génie, qu'au revenu public.

Colbert donnoit des fêtes qui, en attirant des

spectateurs de toutes les parties de l'Europe, faisoient entrer beaucoup d'argent en France; mais l'orgueil national étoit seul satisfait.

Robespierre donnoit des fêtes qui ruinoient le trésor public, faisoient fuir les gens sensés, les gens de goût, trompoient le peuple, le corrompoit, et l'entretenoit dans une effervescence dangereuse.

Celles que l'on a données depuis ont été plus dignes d'une nation civilisée : quelques-unes ont eu beaucoup d'éclat; mais il faut convenir d'une triste vérité, c'est que la nation française, cette nation la plus célèbre en Europe pour les sciences et les arts, et qui l'emporte sur les autres par l'invention, l'esprit et le goût, n'a pu imaginer, depuis cent ans, un projet de fête vraiment digne d'elle.

Ne pourroit-on pas, à la paix, donner une fête qui intéressât toutes les nations ? Les ambassadeurs et les personnes distinguées de ces nations, les notables de chaque département, ne pourroient-ils pas être invités a remplir les personnages intéressans de cette fête auguste?

Si, à cette époque, un homme oublié respiroit encore, il traceroit cette fête mémorable et unique, qui enchaîneroit à la France l'admiration de toutes les nations. C'est à cette époque qu'elle pourroit déployer, d'une manière glorieuse et utile à ses intérêts, toutes les richesses de l'imagination et du goût ; c'est dans cette circonstance enfin, que les talens et les arts, enfans de la Paix, s'empresseroient à l'envi de déployer toutes leurs richesses, et de prouver à l'Europe que si la France est la patrie des héros, elle est encore celle du génie et des arts.

Vous me connoissez assez, Monsieur, pour être persuadé que mes idées sur cette grande fête ne rouleroient point sur un feu d'artifice et une illumination ; cela convenoit aux courtes vues ; moi je n'aime point la fumée.

D'après des idées jetées au hasard et sans suite, on ne manquera pas de dire que des fêtes de ce genre seroient très-dispendieuses ; je répondrai que ce n'est point à moi à calculer les ressources et à fixer l'emploi de la richesse publique.

Je répéterai encore que Colbert regardoit comme un fonds bien placé, celui qu'il destinoit à embellir la capitale ; à y encourager l'industrie, les talens et les arts ; à y attirer, par l'attrait du plaisir, le concours des étrangers.

Une fête, comme je l'entends, doit être un poème. Je pourrois peut-être en tracer le plan

et développer mes idées, mais j'attendrai l'é-
poque où le retour de la paix nous offrira tant
de grands événemens à célébrer, et surtout
l'homme de génie qui les a conduits.

Si le Soleil, après un long et rigoureux hy-
ver, ressuscite, pour ainsi dire, la Nature; si,
en la pénétrant de ses rayons bienfaisans, il
la ranime et l'aide à enfanter des fleurs et des
fruits, de même la **Paix**, cette fille du Ciel,
rallumera les feux presque éteints de l'imagination et du génie : à son retour, les arts sortiront
de leur léthargie; les artistes, heureux et tranquilles, reprendront leurs brillans travaux, en
cessant d'être épouvantés par les orages ensanglantés de la révolution et par les tableaux
effrayans de la guerre; c'est alors qu'à l'ombre
de l'olivier, ils donneront le jour à dss chefs-
d'œuvre immortels qui leur mériteront la véritable gloire.

En attendant ce retour, laissons agir les
esprits étroits : n'ajoutons point au chagrin
qu'ils éprouvent de voir tous leurs enfans
mourir en venant au monde; ils nous lais-
seront à défricher un champ vaste qui n'a
produit sous leurs bras foibles et toujours
incertains, que des pavots, mais qui,
cultivés par l'esprit et le goût des artistes,

s'embelliront des plus riches productions.

Si pourtant vous desirez que je donne à mes idées un plus grand développement, vous me le ferez connoître. Je ne saurois soumettre mes réflexions à un meilleur juge. C'est avec docilité, Monsieur, que je recevrai les conseils du bon goût.

Je suis, etc.

LETTRE XVIII.

Sur le même Sujet.

Oui, Monsieur, je l'ai vue cette fête des victoires, donnée par le Directoire; ce n'étoit point celle du goût et de l'imagination. Le public éclairé a prononcé sur cette rapsodie, et je n'ajouterai rien à la critique judicieuse qu'il en a faite. Je me contenterai d'observer que le local étoit trop grand, et la fête trop petite; que le temps, pour la concevoir et l'exécuter, étoit trop court et la dépense trop mince; que cette fête allégorique qui devoit retracer majestueusement tout ce que nos victoires ont eu d'éclatant, ne peignoit rien et n'avoit rien d'imposant ni de relatif à son titre; que les auteurs, en manquant le but, n'avoient offert qu'un galimatias de petites choses incohérentes, nullement propres à inspirer l'enthousiasme.

J'ai partagé, avec une foule immense de spectateurs, le désagrément de ne rien voir, de ne rien distinguer; tout me paroissoit si petit et si maigre, que je me croyois transporté chez les Lilliputiens; n'eût-il pas été plus prudent de supprimer les programmes mensongers, et d'y substituer des microscopes?

Comment est-il possible, lorsque l'on construit, qu'on élève, qu'on décore et qu'on distribue, d'oublier l'étendue du local, de ne point combiner les distances entre les spectateurs et les objets qu'on doit leur présenter? N'est-il pas extravagant de vouloir peindre en miniature sur une toile de cent pieds? Est-il permis enfin de ne point se subordonner aux règles du lointain, puisées dans les lois immuables de la perspective?

Eh bien! ces conditions premières, sans lesquelles il ne peut exister d'effets, ont été violées; aussi tout étoit pauvre et décousu. Lorsque les productions des arts s'annoncent sans principes et sans proportions, elles choquent les yeux et révoltent le bon goût.

Au reste, les accessoires de cette fête affichoient l'inconséquence et la misère : les drapeaux, les étendards, les banderoles et les trophées de la victoire étoient de papiers aux couleurs de la nation : une petite pluie humecta

tous ces attributs ; elle fut suivie d'un coup
de vent impétueux qui déchira tous ces simu-
lacres, de telle sorte que le ciel fut éclipsé
par l'immense quantité de papier dont Borée
avoit chargé ses ailes.

Les fêtes, en général, sont filles du Génie
et de la Paix ; ce sont les arts réunis, enfans
du Goût et de l'Imagination, qui doivent y déployer leur magie enchanteresse, et transporter, par leur puissance, les spectateurs dans
des régions célestes. Tel est leur empire, lorsqu'ils opèrent de concert, et qu'ils ont le bon
esprit d'associer leurs efforts pour enfanter
des prodiges.

J'ai dit ailleurs que les Arts sont frères, qu'ils
composent une même famille, qu'une chaîne
imperceptible les lie l'un à l'autre, que le but
de leurs travaux est un, *l'imitation de la
belle nature* ; qu'ils y arrivent par des principes différens et par des routes diverses ; mais
l'amour propre, la jalousie et toutes les petites
passions qui dégradent les hommes et qui avilissent les artistes, contribuent nécessairement
à leur désunion, et s'opposent toujours à leurs
progrès.

J'ajouterai, cependant, que si les artistes
n'ont pas brillé dans toutes nos fêtes avec

l'éclat et la splendeur que leurs talens leur assuroient, la faute en est aux petits intrigans qui
captent, à force de bassesses, la confiance et
la protection des hommes en place.

On sait que la France est la patrie et le sol des
arts et des talens en tout genre. Si ces plantes
heureuses et fécondes produisent quelquefois
des fleurs et des fruits médiocres, il faut en
accuser les cultivateurs ineptes ou ignorans.

Je reviens à mon objet. Le plateau qu'on
avoit élevé au centre de la place, et qui étoit
le point principal et unique de la fête, étoit
écrasé et à peine aperçu. Il eût fallu en doubler au moins l'élévation, puisque c'étoit sur
ce pâté, ou cette éminence, que le directoire
se donnoit une fête. Je dis *se donnoit ;* car
assurément la fête n'étoit point pour le peuple qui méritoit au moins les égards dus au
maître du logis, mais qu'on paroissoit n'avoir
invité ce jour-là que pour l'insulter et le
rudoyer, au point que, de l'extrémité où il se
trouvoit relégué, il ne pouvoit pas même distinguer les grands hommes, auteurs, acteurs,
devenus seuls spectateurs de cette sublime
création.

Tels sont les résultats de l'imagination froide
et·barbare de quelques petits faiseurs sans

esprit, sans jugement et sans goût. Telles sont les suites ordinaires, et malheureusement trop fréquentes de la protection accordée aveuglément à l'intrigue et à l'ignorance. Comment trouve-t-on des artistes assez complaisans pour se charger de l'exécution des plans aussi misérables ? *Servandoni* aimoit l'argent, mais il avoit du génie et du goût ; jamais il n'auroit compromis sa réputation ; jamais il n'auroit consenti à suivre des idées aussi platement conçues ; le sourire du mépris eût accompagné son refus.

Les arts doivent s'annoncer avec majesté ; ce qu'ils créent doit être noble, simple et grand : à l'exclusion du gigantesque, la beauté ne peut exister sans proportions ; une imitation outrée dégrade l'artiste, et choque le bon goût. L'imitation de la belle Nature doit lui ressembler, et être, autant qu'il se peut, la Nature même. Si cette imitation est exagérée, ou maniérée, elle ne présente que des caricatures ou monstrueuses ou grimacières.

Le mot *Fête* annonce quelque chose de grand et de magnifique. Ce mot est l'éveil de la curiosité, parce qu'il fait espérer du merveilleux. Une fête, je le répète, est ou doit être un poëme. Elle n'est point assujettie à la règle des unités, mais elle doit avoir, comme tout ouvrage des arts, un commencement, un milieu et une fin. Le sujet principal, l'étendue du local, doit en fixer la distribution et l'ordonnance. Dans tous les cas, il faut qu'elle ait, ainsi que les ouvrages dramatiques, son exposition, son nœud et son dénouement.

D'après ces principes, une fête telle que je la conçois doit avoir des parties différentes; chacune d'elles doit présenter des cadres nouveaux et perpétuellement variés d'intérêt et de situation; chacune de ces scènes doit offrir des contrastes heureux et artistement ménagés.

Pour répandre plus de clarté sur ce que je viens de dire, je citerai la *Henriade*. Ce beau poème est divisé en plusieurs chants : chacun d'eux offre des scènes variées, des sentimens, des passions et des intérêts divers. Tous ces chants présentent à l'imagination une foule de tableaux peints par le Génie, et de chant en chant on arrive au dénouement : eh bien, une fête est un poème héroïque ; elle doit réunir le même intérêt, la même variété et les mêmes contrastes.

Je suis, etc.

LETTRE XIX.

Sur le même Sujet.

———

La musique, Monsieur, est, en tout genre, partie intégrale des fêtes ; n'ayant pour souverain juge que l'oreille, elle doit employer tous ses moyens pour lui plaire.

Lorsque cet art sublime ne borne pas ses effets aux éclats insignifians d'un vain bruit, mais qu'il parle la langue des passions, qu'il peint et qu'il exprime avec les accens du sentiment, il a atteint son but, il est imitateur et divin.

Les autres arts, comme la peinture, l'architecture, la sculpture et la danse, n'ont, à leur tour, que l'œil pour juge de leurs productions.

Si l'oreille communique rapidement à l'ame les impressions délicieuses et les émotions vives dont l'harmonie et la mélodie l'ont frappée, l'œil enchanté des merveilles que les arts lui offrent, peint à l'imagination, avec une égale promptitude, tous les tableaux séduisans qui l'ont charmé.

C'est donc à l'aide de ces deux sens que nous éprouvons des plaisirs délicieux, si toutefois ces arts ont atteint leur unique but, l'imitation de la belle Nature ; l'ont-ils manqué, le charme s'évanouit, le plaisir fuit; la lassitude et l'ennui s'emparent de nous.

Lorsque l'œil et l'oreille , ces agens actifs de nos goûts et de nos sensations , se trouvent frappés en raison inverse des prodiges que l'imagination attendoit, ils se ferment, et nous font éprouver bientôt le dégoût.

Les artistes ont oublié, dans la fête des victoires, que c'étoit à ces deux sens qu'ils devoient parler.

Ils ont encore oublié qu'ils ne devoient opérer que pour eux ; enfin, ils ont abandonné leur langage favori, pour adopter un jargon étranger, que le goût et l'esprit n'entendent pas.

Au reste, Monsieur, on ne peut broder sur un mauvais canevas , peindre un grand tableau d'histoire sur le médaillon d'une tabatière , ni déployer sur un terrain étroit et irrégulier les richesses et la majesté imposante de l'architecture.

Il en est de même des fêtes : si le sujet en

est pauvre et décousu, s'il n'offre pas au génie un champ vaste et fertile, quel parti peut-on en tirer ? quel effet doit-on en attendre ?

Si le sujet est mal choisi, la chute en est certaine ; c'est vainement que l'on tentera de l'étayer par des épisodes, ils seront tous incohérens ; un édifice pèche-t-il par ses fondemens, il faut qu'il s'écroule.

Pour que les épisodes soient heureux, ils doivent naître, pour ainsi dire, du sujet même, de manière qu'ils concourent à l'embellir, qu'ils en fassent partie essentielle, et qu'on ne puisse les supprimer sans affoiblir l'action et l'intérêt, sans s'opposer à la marche rapide que les ouvrages de ce genre doivent avoir.

Tous nos petits faiseurs, qui sont en si grand nombre, n'entendent rien à tout cela. Ce n'est pas avec des phrases insignifiantes, et quelques mots techniques mal employés, qu'ils parviendront à tracer un bon plan ; sans goût et sans imagination, on n'arrive à rien de beau. D'ailleurs, il faudroit qu'ils connussent intimement les arts et leur magie, et qu'ils sussent juger sainement de leurs moyens d'exécution ; alors ils sauroient apprécier le parti qu'on en peut tirer, et ils apprendroient à ne point exiger d'eux des choses également extravagantes et impossibles.

C'est en vain que les artistes ont fait de pénibles efforts pour donner à de froides conceptions cet heureux degré de chaleur qui attire l'ame et l'intéresse.

Par exemple, cette petite butte, ou pâté, qui étoit le point central de la fête des victoires, étoit une imagination d'une insigne pauvreté. Ne vous ai-je pas dit qu'il eût fallu en doubler au moins l'élévation? mais j'ai oublié de vous parler des figures allégoriques de la liberté et des deux renommées, sans doute la bonne, et celle dont Voltaire a parlé. Ces figures, quoique plus grandes que nature, ne disoient rien, n'annonçoient rien; elles étoient muettes, et se perdoient dans l'immensité; preuve évidente que rien n'étoit en proportion, ni avec la place, ni avec l'éloignement des spectateurs : donc cette place étoit trop grande, ou les objets de décor trop petits.

Moïse, qui en savoit plus que le défunt directoire, à qui Dieu fasse la paix et miséricorde, ne monta pas, le jour d'une fête auguste et majestueuse, sur un petit plateau. Il se connoissoit trop bien en effets de représentation; il se plaça sur le mont Sinaï, et ce fut de là qu'il

donna aux Hébreux son code de lois qu'il pro-
mulgua, et ses commandemens vraiment divins,
tant par la sublimité et la pureté de la plus
saine morale, que par les grands principes
d'ordre public qu'ils renferment.

Mais cessons de confondre le bon avec le dé-
fectueux, l'infiniment grand avec le très-petit,
le sacré avec le profane ; n'établissons point un
parallèle inadmissible entre le prophète Moïse,
et le mufti de la théophilanthropie.

Pour donner celle des victoires, il étoit inutile de se rompre la tête, et de mettre son imagination à la torture. La nomenclature de toutes
celles que les armées françaises ont remportées n'est-elle pas immense? On n'a d'autre
embarras que celui du choix; est-il nécessaire
d'avoir recours à de petites allégories, lorsque
l'on a de tels faits d'histoire devant soi?

Si l'on avoit dessein de plaire au public,
n'eût-il pas été convenable de choisir le passage
du pont de Lody? pouvoit-on présenter un
tableau plus grand et plus terrible? ce passage
fut forcé par les Français, avec une valeur,
une intrépidité, et un acharnement sans exemple; il fut défendu par les Autrichiens avec une
bravoure et un courage opiniâtres. Ce pont
n'eût-il pas offert le plus grand simulacre de

nos victoires ? il étoit d'autant plus avantageux
à peindre, qu'il ne présentoit, pour ainsi dire,
qu'une masse, parce que les deux armées n'é-
toient séparées que par un espace très-étroit.
De cette masse on auroit pu tirer vingt tableaux différens, et chaque cadre eût offert des
situations intéressantes et des groupes perpétuellement contrastés.

On me dira que le camp élevé et retranché
des Autrichiens étoit facile à exécuter ; que
le pont pouvoit se construire sans difficultés,
mais on m'objectera qu'il devenoit essentiel à
la vérité de montrer la rivière, et que c'est
sur cet objet que les obstacles se multiplioient.

Je répondrai aux vétilleurs : 1°. qu'à deux
ou trois cents pas de distance, on ne peut voir
une rivière lorsqu'on est sur un terrain plat;
2°. qu'avec deux cents pionniers on peut facilement en conduire une au champ de Mars;
moyennant un lit peu profond, et une saignée
faite à la Seine, on se procureroit aisément, et
sans grandes dépenses, une rivière. Si le passage du pont de Lody n'eût pas convenu au
directoire, le simulacre du siége et de la prise
de Mantoue pouvoit encore offrir de superbes
situations et de magnifiques tableaux. Au reste,
je ne m'amuserai pas à fouiller dans la politique

des hommes qui nous gouvernoient alors, ni à démêler les motifs qui les engageoient à ne point propager les victoires du plus grand et du plus heureux de leurs généraux. Ils l'ont oublié; ils n'ont point rendu à César ce qui appartenoit à César; le directoire auroit-il senti qu'il n'appartient qu'à la gloire de récompenser les héros?

Vous conviendrez que ces deux victoires méritoient la préférence sur le pâté, les renommées et la figure de la liberté.

Je finirai cette lettre en avançant que rien ne prête tant au goût, à l'imagination et à l'invention, que le plan d'une grande fête. Ce genre de spectacle offre au génie un champ vaste à parcourir, avec d'autant plus de succès et de facilité, que tous les arts sont à sa disposition, et entièrement disposés à lui offrir toutes leurs richesses.

La poésie, la musique vocale et instrumentale; l'architecture et la sculpture feintes; la peinture dans tous ses genres; la danse et les ballets, la mécanique, enfin; ne peut-on pas ajouter les illuminations enrichies de médaillons, de devises et d'emblêmes, les feux d'artifices en action, les feux d'eau, le simulacre d'un combat naval, etc., etc.? Que de trésors!

que de ressources! le tout consiste à savoir les employer avec goût, et à ne point en abuser par des prodigalités folles ou des choix déraisonnables.

Les pierres précieuses acquièrent un nouvel éclat, lorsqu'elles sont mises en œuvre et placées par une main habile et industrieuse.

Je suis, etc.

LETTRE XX.

Sur le même Sujet.

———

Le cardinal Mazarin connoissoit les hommes et savoit les apprécier ; politique adroit, il avoit étudié soigneusement le caractère léger et insouciant des Français. Il demandoit un jour, en parlant du peuple, chante-t-il et danse-t-il encore ?

Cette question politique fut faite dans un instant difficile ; mais cet instant ne peut être comparé à celui qui venoit de se passer lorsque le Directoire donna ses fêtes. Le peuple avoit du pain, le luxe naissant venoit au secours de l'industrie, les arts sortant de leur berceau étoient caressés et encouragés par des récompenses et des distinctions flatteuses. Mazarin avoit sagement prévu qu'ils contribueroient un jour à la grandeur de Louis XIV ; qu'ils feroient l'ornement de son règne, et qu'ils ajouteroient à la gloire et à la prospérité de la nation. Cette époque étoit bien différente de celle qui fut marquée par la main

ensanglantée de Robespierre. Les échafauds
élevés par sa cruauté, et alimentés par sa barbarie, fumoient encore. Les torrens de sang
dont il inonda la France n'étoient point taris.
Le souvenir déchirant du passé empoisonnoit
l'instant présent. On trembloit, et l'on ne dansoit pas; on pleuroit, et l'on ne chantoit pas.

Ce n'est donc pas dans des circonstances
marquées par la douleur et l'infortune générale,
que les législateurs doivent s'amuser à donner
des fêtes qui n'amusent personne. Ce n'est pas,
dis-je, dans un instant qui a fait fuir jusqu'à
l'espérance, qu'on peut se flatter de faire sourire l'humanité souffrante.

Toutes les fêtes immorales et insignifiantes
que l'on donnoit au peuple, au moment de son
délire et dans le cours de sa convalescence, ne
pouvoient le mettre en belle humeur. Le prestige de la liberté et de l'égalité avoit disparu;
le peuple avoit renoncé à sa prétendue souve-
raineté, et ceux de ces petits souverains qui
avoient le plus de bon sens regardoient toutes
ces fêtes comme des épigrammes d'autant plus
sanglantes, qu'elles retraçoient leur égarement
passé et leur misère présente.

Je reviens à mon sujet. Le but et toutes les
fêtes qui furent données en France depuis la

mort de Louis XIV, fut toujours manqué,
parce qu'on ne s'attacha qu'aux accessoires,
et qu'on leur sacrifia le fond du sujet; aussi
ne brillèrent-elles que par l'éclat passager des
illuminations et des fusées volantes : le génie
et l'imagination ne purent s'associer à ces compositions monotones, et le résultat de toutes
ces fêtes maladroitement combinées n'offrit
que du bruit et de la fumée.

Je crois vous avoir dit, Monsieur, que je ne
prétendois pas bannir ces feux et ces illuminations ; mais je les rangerai toujours dans la
classe des accessoires d'ornement, qui peuvent
s'adapter aux parties intéressantes d'un vaste
tableau. Je voudrois qu'on eût l'art de donner
à ces feux et à ces illuminations un caractère
d'intérêt et de nouveauté qu'ils n'ont point
encore atteint, et qu'il seroit possible de leur
imprimer : dès-lors ils deviendroient partie
d'un grand tout.

Je ne prétends pas dire non plus qu'on dût
rassembler sept à huit cent mille ames dans
le même emplacement : une telle fête n'offriroit que désordre et confusion ; des accidens
graves en seroient les suites, et changeroient
bientôt ce beau jour en un jour de calamité et
de deuil.

On ne peut éviter tous ces dangers qu'en divisant cette masse énorme, et en donnant au peuple autant de fêtes particulières qu'il y a de faubourgs et de sections différentes.

Lorsque le gouvernement s'occupera de donner une grande fête pour célébrer un événement qui fixera le bonheur et la prospérité de la France, tel que celui d'une paix générale, il faut alors qu'elle soit, par la réunion du goût à la magnificence, digne de l'objet intéressant qui la détermine ; il faut que les étrangers de toutes les parties de l'Europe en paient les frais en s'amusant; il faut que cette fête soit grande, parce que c'est une grande nation entourée de victoires et de triomphes, qui la donne. Il faut que les talens qui embellissent la France y déploient à l'envi tous les trésors des arts qu'ils cultivent ; il faut enfin prouver à l'Europe étonnée, que les flots ensanglantés de la révolution, les guerres intestines et étrangères, la stagnation du commerce et de l'industrie, les calculs multipliés de la malveillance, les ravages de l'usure, l'anarchie des opinions, la disette et la mort, enfin que les calamités les plus effrayantes n'ont pu enlever à la France cette troupe d'artistes célèbres, qui, dans les beaux jours de la paix, consacreront leurs plumes,

leurs ciseaux, leurs burins et leurs pinceaux
à immortaliser tous les grands traits de courage et de bravoure qui ont illustré nos armées.

On me dira, sans doute, que le peuple est
curieux; je le sais : qu'il veut tout voir, j'en
conviens; mais il est des moyens de satisfaire
ce sentiment impérieux, sans confusion, sans
embarras. Il est facile de prévenir le désordre
par son contraire, c'est-à-dire par l'ordre le
plus exact, le plus scrupuleux et le plus sagement maintenu.

En connoissant la curiosité du peuple, je
ne puis ignorer qu'il est des genres de spectacles
qui l'attachent de préférence. Des bœufs, des
veaux, des moutons à la broche, lui seroient-
ils indifférens ? quelques colonnes entourées
de cervelas et de jambons; quelques fontaines
versant du vin, de la bière, du cidre; un tel
ordre d'architecture ne lui plairoit-il pas
beaucoup plus que le toscan, l'ionique et le
corinthien ?

En approuvant ma distribution, on ne manquera pas de m'observer que le peuple voudra
voir ce qu'on aura préparé au Champ-de-
Mars; eh bien, on le lui montrera, en faisant
ce qui n'a jamais été fait dans une ville où les

ressources sont immenses en ouvriers et en artistes de toute espèce.

Je veux dire que, deux jours avant celui destiné à donner la fête, il n'y aura pas un clou à mettre, un coup de pinceau à donner ; que tout sera parfaitement terminé, excepté l'illumination à placer. Cet ouvrage, ainsi que l'artifice, est réservé pour la veille, ou le jour même de la fête.

Pour venir au-devant de toutes les objections, soit raisonnables, soit puériles, je dirai que le peuple, après avoir vu tous les grands préparatifs de la fête, jouiroit encore du spectacle le plus pompeux et le plus imposant. Le cortége auguste, qui se rendroit au Champ-de-Mars, passeroit par les Boulevards ; le peuple admireroit l'appareil le plus frappant et le plus magnifique.

Une barrière insurmontable, placée à l'entrée du pont de la Révolution, arrêteroit la curiosité.

L'Architecture feinte et la Peinture déploieroient, dans l'enceinte du Champ-de-Mars, toutes leurs richesses.

On dépasseroit cette enceinte, et la scène offriroit une vaste plaine à l'imagination. C'est là où je placerai le dénouement de cette fête auguste.

Le Champ-de-Mars présenteroit à l'œil toutes les merveilles des arts réunis.

Du lit paisible et tranquille de la Seine s'éleveront mille enchantemens.

Enfin, Chaillot et Passy seroient pour moi le *nec plus ultrà* de mes idées; ce riche amphithéâtre serviroit de fond à ce grand tableau.

Attendons le moment où les rayons bienfaisans de la paix feront germer et croître les grandes idées. Cet instant fortuné qui ramènera le calme et l'abondance n'est peut-être pas éloigné. Un génie bienfaisant peut le rapprocher, que dis-je? le faire arriver. Je le souhaite; les amis de l'humanité forment le même vœu; il est général, il intéresse cent millions d'individus accablés et ruinés par le fléau destructeur de la guerre. Il est temps de mettre un terme à ces affreuses calamités; il est temps d'arrêter l'effusion du sang, et de cesser d'envoyer à la mort ceux qui assurent notre subsistance et notre vie, ceux qui font fleurir et prospérer l'agriculture, première richesse de la France, source intarissable du bonheur, et la sécurité de la grandeur de la nation.

Je suis, etc.

LETTRE XXI.

Sur le même Sujet.

————

De toutes les fêtes , Monsieur, qui se sont données à Paris pendant le cours de la révolution,
je n'en connois pas de plus spirituelle , de plus
ingénieuse ni de plus mémorable que celle qui
fut célébrée à Saint-Cloud le 18 brumaire an 8.
Cette fête étoit allégorique , et elle fera époque
dans notre histoire. On la nomma *l'Impromptu*
de la sagesse. Cette fête, unique dans son espèce, ne coûta rien au Trésor public , et le
peuple n'éprouva pas le contre-coup douloureux de la dépense que ces spectacles entraînent après eux. Elle se passa sans bruit,
sans affiches de programmes , sans lampions,
sans fusées volantes, sans bombes et sans
canons. A défaut de lampions , elle fut éclairée
par les rayons du soleil. Personne n'y fut invité ; personne n'eut de billets : et cette fête
donnée aux Démosthènes et aux Cicérons modernes, ne fut point troublée par l'inconsé-

quence et la frivolité des habitans oisifs de la
capitale.

Le jour 18 étoit consacré à mettre aux voix
et à résoudre une grande question ; il s'agissoit
d'abattre un jeune chêne planté par la Nature.
Il s'élevoit avec majesté ; ses branches vigou-
reuses s'étendoient au loin ; elles offusquoient
l'assemblée, et lui portoient trop d'ombrage.
La question mise aux voix , les opinions se
partagèrent , les débats furent vifs , et le bruit
épouvantable.

Ce fut au milieu des cris et du tapage qui
ressembloient fort aux bacchanales de l'antiquité, que Mars , accompagné de Vulcain et
de quelques héros , se présenta au vestibule
du temple , dans un costume déguisé. Mars vouloit prendre la défense du chêne. Cet arbre
lui est consacré ; ses branches ornent les casques
des guerriers lorsqu'ils entrent en campagne,
et qu'ils marchent à la victoire. Vulcain heurte
à la porte du Sanctuaire auguste : les huissiers
accourent et lui crient de se retirer ; mais Vulcain offensé ne leur répond qu'en frappant de
son marteau des corps vigoureux qui font gémir
la porte sur ses gonds. La garde prétorienne
est appelée ; elle paroît : mais en deux tours
de main , le plus célèbre des serruriers , Vul-

cain, ouvre la porte. Elle étoit à peine entrou-
verte, que la Peur s'introduit dans la salle:
elle plane sur toutes les têtes, glace les esprits,
et répand dans les cœurs sa fatale influence;
puis, voyant des croisées ouvertes, elle glisse
et dirige son vol vers la capitale.

Mars et Vulcain entrent dans le temple, accompagnés de quelques guerriers. Mars veut
rétablir le calme dans l'assemblée; mais la confusion étoit générale ; on se poussoit, on se
heurtoit, on se culbutoit. Le plus avisé des
orateurs donne l'exemple : il s'élance par la
fenêtre, et suit la route que la Peur lui avoit
tracée : soudain il est imité par tous les mem-
bres de l'assemblée, et ces doctes personnages se
précipitent par toutes les ouvertures. On les
eût pris pour de jeunes écoliers se disputant
entre eux le prix du saut et celui de la course;
en un moment la salle est évacuée.

Cette scène ne retrace-t-elle pas l'image de
ces animaux bélans, entassés les uns sur les
autres dans un bac qui les porte de la rive d'un
fleuve à la rive opposée. Le bateau n'a pas
plus tôt touché terre, qu'un mouton saute et
s'élance sur le sable, puis deux, puis trois, etc.,
et bientôt tout le troupeau est dans la plaine.
Voilà juste ce qui arriva à Saint-Cloud, et certes

cette troupe bondissante n'étoit rien moins que des moutons. Mars et Vulcain ne purent s'empêcher de rire aux éclats à la vue d'une manœuvre aussi leste et aussi promptement exécutée.

Les fugitifs se dispersent et s'enfoncent dans les parties du Parc les plus ombragées ; et, par un mouvement spontané, communiqué par la Peur, ils se déshabillent, et jettent loin d'eux les riches vêtemens dont ils sont couverts. En se dépouillant des marques de leur dignité, ils s'écrient à l'exemple de Salomon : *Vanité des vanités, et tout est vanité.*

Débarrassés d'un harnois qui auroit ralenti leur course rapide, ils quittent Saint-Cloud dans le plus grand *incognito*, pour voler à Paris, chacun par une route différente ; les uns par Sèvres, les autres par Meudon ; ceux-ci gagnent le bois de Boulogne, et ceux-là se jettent dans des barques de pêcheurs.

Arrivés à Paris, n'ayant pour guide que la Peur, aucun d'eux n'ose rentrer dans ses foyers domestiques ; et, craignant les visites et les complimens du lendemain, ils vont directement frapper à la porte de leurs amis particuliers, et solliciter l'hospitalité.

Encore tout étonnés de cette farce digne de

Nicolet, Mars et Vulcain se promenoient dans les allées du Parc. Ils aperçoivent plusieurs groupes épars ; ils s'approchent : mais quel est leur étonnement en reconnoissant , sous le costume des orateurs fugitifs, des mariniers, des pêcheurs, des blanchisseuses. Toute cette bande joyeuse exprimoit par des bonds et des gambades l'allégresse d'un jour aussi extraordinaire.

Mars avoit à peine quitté cette mascarade, que Minerve parut sur un char brillant. Le dieu de la Guerre se met à ses côtés ; Vulcain se place aux pieds de la déesse, et les héros de la suite se groupent derrière elle. Le char s'élève majestueusement et se perd dans les nues.

Il n'est point de bonne fête sans lendemain ; c'est l'antique proverbe des Parisiens. Il fut réalisé ; en effet Mars en donna un à Paris, qui n'étoit que le dénouement heureux de la fête de la veille. Elle est assez connue par ses détails et son succès, pour que je me dispense de vous en faire la description. Ce qui est à remarquer, c'est que , la fête entièrement terminée, l'horizon commença à s'éclaircir , les nuages sombres et les taches sanguinolentes disparurent insensiblement ; l'Espérance, cette fille consolatrice du Ciel, reparut sur la terre, et reprit son empire dans tous les cœurs, où long-temps elle avoit cessé de régner.

Cet événement fut célébré par des fêtes brillantes, dont la partie intéressante fut confiée au goût et à l'imagination de M. Despréaux; mais les illuminations et les artifices furent toujours en France le fond principal des fêtes que l'on y donna. Il est temps de s'apercevoir que les lampions et les fusées n'en doivent être que les accessoires. L'énorme dépense qu'entraînent après eux l'huile, le suif, la poudre à canon, et les échafauds multipliés, absorbent toutes les autres parties de ces fêtes, où les talens et les arts devroient se montrer avec le plus d'éclat et de variété. M. Despréaux en avoit la direction; mais, resserré dans un cercle de dépense beaucoup trop étroit, son esprit éprouvoit une contrainte préjudiciable, et cette gêne mettoit des entraves à son imagination. Cependant il a déployé, dans ces fêtes, du goût, de l'intelligence, de la variété; et, en amusant agréablement les yeux, elles eurent le mérite trop rare de parler à l'esprit.

Je suis, etc.

LETTRE XXII.

Sur l'état actuel des Arts.

Madame,

Vous savez que je suis confiné dans une chaumière éloignée de cinq lieues de la capitale; je n'y vais que de loin en loin; je reviens le plus promptement possible, et je vous avoue que le temps vole bien plus rapidement dans ma solitude que dans le tourbillon de Paris. J'y cultive des fleurs avec soin; je les admire et retrouve chez elles votre image. Lorsque je quitte mon jardin, c'est pour monter dans un humble réduit que j'appelle mon cabinet; là, je lis les folies et les extravagances du jour : je parcours rapidement les journaux qui ne sont le plus souvent que les annales du mensonge, dont les auteurs détruisent le lendemain ce qu'ils ont fabriqué la veille, et disent de petites choses avec de grandes phrases.

Lorsque tout cela m'ennuie, je prends la règle, le compas, et je bâtis des châteaux en

Espagne. Cela me fatigue-t-il? je trace des jardins anglais, je construis des ponts chinois; et si je veux orner mes plans de ruines, je sors et je trouve partout des modèles de destruction. Les heures me paroissent-elles ralentir leur marche? de bons livres viennent à mon secours : je ne lis point de romans, parce que tout ce qui nous environne en offre une collection complète.

Vous voyez, Madame, qu'il ne m'est guère possible de vous présenter par moi-même l'esquisse du tableau de la capitale. Je n'y fréquente, lorsque j'y vais, que quelques artistes estimables, quelques hommes de lettres ou des amateurs dont j'admire l'esprit et les connoissances : ils m'instruisent, et je trouve dans cette société pensante de quoi satisfaire mon goût pour les beaux arts. Empressé cependant à vous obéir, je vais vous rendre compte de ce que j'ai recueilli de leurs observations. Je serai mauvais conteur, sans doute, mais je connois votre indulgence : vous pardonnerez le radotage d'un homme vieux comme Anacréon, et qui ne desire son esprit et ses grâces, que pour célébrer vos charmes et vos vertus.

Les hommes qui chérissent les arts (et vous savez, Madame, qu'il en existe encore), s'intéressent vivement à leurs progrès; rien ne peut les détourner de l'amour qu'ils leur portent; rien ne peut affoiblir en eux cette passion raisonnée que la nature donne et que le goût dirige. Paroît-il une production qui ait le cachet du génie, c'est pour eux une augmentation de fortune : ils applaudissent au mérite; ils apprécient les difficultés vaincues ; ils raisonnent avec impartialité, et leur analyse, ouvrant les yeux de l'ignorance, devient une égide contre la jalousie et la cabale.

La jouissance des vrais amateurs est plus vive et plus pure que celle de l'artiste qui expose son ouvrage, parce que la modestie, compagne ordinaire du grand talent, l'empêche de jouir complétement de son succès, et que le triomphe du moment lui découvre l'incertitude de l'avenir : ce n'est pas assez pour lui d'avoir bien fait, il veut mieux faire encore, et vaincre, par un effort d'imagination, les difficultés possibles de son art. Les demi-talens, au contraire, exempts de ces tourmens, jouissent complétement de leur médiocrité ; toujours contens d'eux-mêmes, toujours amoureux de leurs petites productions, ils méprisent la critique et s'en dédommagent, soit en criant à l'injustice, soit en dénigrant, par de sottes

observations, les chefs-d'œuvre du vrai mérite.

Je n'entends pas parler ici de ces prétendus
amateurs opulens et imbécilles, qui dépensent
beaucoup d'argent pour acheter de froides copies qu'on leur vend pour d'excellens originaux ; je ne parle pas non plus de ces êtres qui
possèdent à grands frais d'excellentes biblio-
thèques, dont tous les livres, à commencer par
la *Barbe bleue* et le *petit Poucet*, sont magnifiquement reliés ; je parle de ces gens aisés
et curieux, de ces vrais amateurs qui ont employé leur revenu à voyager pour s'instruire,
qui ont visité toutes les écoles, qui ont vécu
avec les artistes, et qui, ayant contracté l'habitude de voir et de comparer, ont appris à
juger sainement. Cette classe d'hommes estimables est bien petite, je le sais ; mais elle
existe encore. Les diamans sont plus rares que
les agates.

Le peu d'êtres estimables que l'on peut
compter en Europe, et regarder comme les
souverains juges des productions des arts,
tremblent sur les suites funestes de la guerre
que la mode a déclarée au bon goût. Comment
résistera-t-il à ces phalanges de jolies femmes
qui, proscrivant la décence même, tantôt

grecques ou romaines , tantôt égyptiennes
ou circassiennes, séduisent souvent l'ennemi
par la variété de leurs uniformes. Les artistes,
obligés par état de copier, et de céder même
à des considérations d'intérêt (car il faut vivre),
s'abandonnent au torrent impétueux de la
mode, et, par une suite nécessaire, se trouvent
forcés d'immortaliser les ridicules, au lieu de
donner des copies nobles et raisonnées de la
belle nature. Prenons BOUCHER pour exemple.
Ce peintre, né avec le génie de son art, revient de Rome; il annonce un beau talent: les
premiers tableaux qu'il fit à Paris étoient
d'une composition riche, d'une belle ordonnance, d'un dessin pur et et d'une couleur aussi
fraîche que vigoureuse. Ses goûts particuliers
le portoient à la dépense: bientôt il sentit que,
s'il ne changeoit pas de manière, il se trouveroit dans la nécessité de languir à côté de ses
fantaisies. Il consulta la mode, étudia les goûts
efféminés du jour et donna dans la couleur de
rose; on cria au miracle : l'engouement devint
général, et BOUCHER, en dégradant son talent,
fut également caressé par l'ignorance et la
fortune.

Comme ses tableaux n'offroient à l'œil aucune ombre vigoureusement prononcée, les

jolies femmes disoient que c'étoit le seul artiste qui fût digne de multiplier leurs images; que non seulement il faisoit ressemblant, mais qu'il étoit le seul qui sût peindre un nez sans tabac.

L'engouement fut tel, qu'on ne voyoit plus que du BOUCHER dans les salons, dans les boudoirs, et jusque sur les panneaux des voitures.

Cet artiste trouva dans l'oubli de ses talens et de son goût tous les moyens propres à satisfaire la variété de ses manies. Les femmes le nommèrent à l'unanimité le peintre des Grâces; mais les tableaux de ce temps attestent assez que cette dénomination n'étoit qu'un sobriquet.

D'après cet exemple, d'après les mouvemens effrayans d'une révolution qui brisa les pinceaux et la palette de la peinture; qui émoussa les ciseaux de la sculpture, et arracha les plumes savantes des mains du poëte et de l'historien, il n'est pas étonnant que les vrais amateurs craignent la décadence des arts et appréhendent que l'empire de la mode et le triomphe du mauvais goût ne les entraînent à leur ruine.

Être entouré sans cesse par les objets les plus bizarres; ne voir agir autour de soi que des caricatures mouvantes, être perpétuellement spectateur d'une foule de mannequins ambulans, drapés par la sottise et l'indécence ; tant de tableaux renaissans ne peuvent-ils pas égarer les artistes et les éloigner de ce goût sage et raisonné qui doit briller dans leurs compositions ?

Je demandois un jour à *Charles Wanloo* pourquoi il fuyoit les petits spectacles ? Il me répondit *qu'il n'aimoit ni la farce ni les farceurs , et qu'il avoit toujours pensé que la vue des petites choses conduit insensiblement à la médiocrité.*

L'œil est en effet celui de nos sens qui se familiarise le plus aisément avec les contrastes ; ces loupes, que la nature nous a données, sont souvent fausses et infidèles ; elles nous trompent presque toujours, soit dans les proportions, soit dans les distances.

Les différences variées à l'infini , qui se manifestent dans les traits de la physionomie, existent également dans la conformation de l'œil : de là naît le bon et le mauvais emploi des teintes. Si chaque peintre a son coloris et sa couleur, c'est parce que chaque peintre a sa lunette particulière , et qu'il n'est pas en son pouvoir de changer ce qu'il tient de la nature. De là cette différence sensible qui règne dans les chefs-d'œuvre des plus grands artistes. *Raphaël,*

Michel-Ange, le *Titien*, *Paul Veronèse*, le *Tintoret*, l'*Albane*, le *Corège*, *Rubens*, etc., ont une couleur absolument différente : cependant tous avoient le même objet, celui d'imiter fidèlement la nature. Ils la prenoient pour modèle, la peignoient telle qu'ils la voyoient, mais non telle qu'elle est réellement. On ne peut donc attribuer cette différence, qui règne dans le mélange et l'emploi des couleurs, qu'à la conformation de l'œil.

Plusieurs personnes dignes de foi, et entre autres le célèbre anatomiste *Anter*, m'ont assuré qu'il existoit et qu'il avoit existé en Angleterre un Lord qui ne voyoit rien comme les autres hommes. Lorsque les prés et les arbres étaloient l'éclat du plus beau vert, il ne les voyoit que couleur de rose.

Je reviens aux amateurs. Ils aiment également tous les arts. Ils gémissent à la vue de ces productions bizarres qui, à la honte de l'architecture, s'élèvent dans différens quartiers de la capitale, et ils fuient, lorsque, jetant leurs regards sur le ci-devant Palais-Bourbon, ils aperçoivent les fondemens placés sur les toits (1).

Considèrent-ils ces temples sans divinité, ces

_____

(1) Ce désordre va être réparé.

chaumières sans habitans, ces petits clochers
sans cloches, ces arcades anguleuses qui sont
élevées, à force d'argent, dans la plaine des Sa-
blons, où personne ne va et où personne n'ira ;
ils demandent tristement quel est l'architecte
qui a pu construire tant de petites choses ré-
prouvées par le goût ?

Ces amateurs pénètrent-ils dans l'intérieur
de ces belles maisons habitées par les nouveaux
riches, ils y trouvent tout soi-disant à la grec-
que. Les plus belles choses imaginées pour
décorer l'extérieur des palais, se montrent en
miniature dans les boudoirs et les cabinets de
bain ; examinent-ils les meubles ? ici, sont des
couchettes antiques, ornées de lions, de grif-
fons ou de reptiles ; là, des tentures en draperies, ornées de franges de laine, retroussées
sans goût et groupées sans intelligence par la
main ignorante du tapissier. Le choix des couleurs ainsi que celui des étoffes annoncent également la barbarie ; elles sont sympathiques ou
antipathiques entre elles ; et on les emploie
indifféremment : on aime le bizarre et les nuances fortement prononcées.

Ces amateurs scandalisés aperçoivent un
piédestal ou petit autel placé près de la couchette ; ils demandent au domestique quel est

l'usage de cet autel, sur lequel ils voient une petite lampe antique. Celui-ci répond bonnement qu'il sert à dérober aux yeux les vases dont on fait usage la nuit.

Je crois que *Gresset* voyoit bien, lorsqu'il disoit : *L'esprit qu'on veut avoir gâte celui qu'on a.* Nous avons du goût, de l'invention, de l'imagination. Quelle est donc cette fureur de vouloir copier, lorsque nous pouvons créer et corriger même ce que les Grecs et les Romains ont fait d'irrégulier? quelle est cette manie qui nous porte à nous cacher derrière l'antiquité, tandis que nous pouvons nous placer à côté d'elle? quelle est cette pusillanimité d'emprunter le masque hideux d'Echyle, lorsque notre physionomie est faite pour se montrer avec confiance? Serions-nous honteux d'être Français? Comment cette nation qui, depuis tant de siècles, a été admirée de toute l'Europe par les chefs-d'œuvre qu'elle a produits dans tous les genres, peut-elle renoncer à son nom, à son origine, et se vouer au triste et méprisable emploi de copiste? Les artistes n'ont-ils plus le goût et la nature pour guides? Il faut convenir que l'on a si fort défiguré, déplacé, raccourci et mutilé tout ce que les anciens ont créé de beau et de sage, qu'on ne les reconnoît plus. La mode change et varie; mais les beaux arts sont fixes et immuables dans leurs principes. Ce qu'ils enfantent brave les années, triomphe des siècles et marche à l'immortalité. On reviendra au bon goût, mais quand?

Les peintres qui se vouent au décor intérieur, donnent dans un travers et une extravagance d'autant plus dangereuse qu'elle annonce le radotage de l'artiste. Que veulent dire en effet huit ou dix figures placées isolément sur chaque panneau d'un salon, figures bizarres, qui ne reposent sur rien, qui n'ont aucune base solide, ou qui sont en l'air, sans avoir des ailes? On répond : Ce sont des figures antiques trouvées dans les fouilles d'*Herculanum*. Fort bien! mais ces figures étoient placées sur des bas-reliefs et pouvoient être supportables. D'ailleurs, ce qui convient à un art ne convient pas toujours à un autre.

Il faut donc conclure que les jeunes artistes doivent être continuellement en garde contre les attaques dangereuses et sans cesse renaissantes de la mode, avoir le courage de résister aux assauts de la frivolité et de détourner les yeux à l'aspect des jolies poupées costumées par l'indécence, et de cet essaim de petits *pantins* à cheveux d'ébène, qui les environnent.

Que ces jeunes artistes fixent leurs regards sur la nature; qu'ils n'oublient point qu'elle est mère des arts ; qu'elle ne les égara jamais; qu'elle rejette tout ce qui ne lui ressemble point; enfin, qu'elle pose le sceau de la célébrité sur les chefs-d'œuvre qui portent son image.

J'ajouterai que les sarcasmes, les critiques amères dégoûtent les artistes. Mais pourquoi montrent-ils ce qu'ils devroient cacher ? la facilité de faire des choses médiocres n'est pas un talent. Ce n'est point en galopant qu'on arrive à la célébrité. La réputation marche lentement; elle ne vise point à la multiplicité des productions. Quelques beaux tableaux assurent l'immortalité à celui qui leur a donné le jour. La postérité calcule tout autrement que l'amour propre. Elle place le médiocre en tout genre dans la ligne des zéros; elle ne juge point l'homme sur la fécondité, mais sur la perfection de ses ouvrages.

Que les jeunes artistes s'empressent donc de suivre les conseils précieux de tous ceux qui embellissent les arts; qu'ils les sollicitent avec autant d'ardeur que de modestie. Alors l'exposition des ouvrages de peinture, de dessin, de sculpture et d'architecture, sera moins nombreuse, mais elle sera plus épurée, et cessera de ressembler, dans tous les genres, aux expositions qui se font annuellement à Londres, et qui n'annoncent en général que l'enfance des arts imitateurs.

Je sais qu'il y a bien des peines à se donner, bien des difficultés à vaincre et beaucoup d'obstacles à surmonter ; mais l'application et la modestie réunies à l'amour de son art et à la passion de la gloire, brisent et renversent bientôt tout ce qui s'oppose aux élans de l'imagination.

Je sais encore que chaque artiste a son *bazile* et sa chenille ; le premier le fatigue, le tourmente et l'ennuie ; l'autre s'attache à ses productions ; elle les ronge, les flétrit et leur enlève leur forme et leur éclat : il faut donc que le mérite écarte l'un et écrase l'autre ; que les artistes soignent attentivement leurs ouvrages. Ils sont l'image des fleurs : néglige-t-on leur culture ? les prive-t-on de soins ? elles deviennent bientôt la pâture des insectes ; elles perdent tout à la fois leurs contours et leurs couleurs ; elles se fanent et disparoissent. Tel est, je le répète, le sort des talens négligés ; ils meurent à l'instant où ils voient le jour.

Ce que je viens de dire d'après les amateurs, s'étend à tous les arts imitateurs : je n'en excepte ni la musique, ni la danse. Les *danseurs de corde*, les *tourneuses* et les *équilibristes* qui font les délices des Boulevards, ne pourroient-ils pas revendiquer les tours de force, les gambades, les *passe-campagnes*, les *pirouettes* en tourbillons, et les attitudes indécemment outrées qu'on leur a dérobées. On nomme ce nouveau genre *Arabesque*. On voit bien que les danseurs ignorent que le genre arabesque est trop fantastique et trop bizarre pour servir de modèle à leur art. Les peintres prétendent que l'arabesque doit sa naissance au délire ; et ils le regardent comme un enfant trouvé de l'art.

Au reste, Madame, je ne suis pas tout-à-fait de l'avis de ces amateurs ; leur jugement me paroît trop sévère. Bon s'ils n'avoient en vue que l'état actuel de la poésie, et la décadence de l'art dramatique ; mais les autres arts soutiennent leur ancien éclat.

La musique et les ballets n'ont-ils point franchi leur étroite et ancienne limite ? ces deux arts ne se sont-ils pas élevés rapidement à la perfection ? Nos théâtres ne nous offrent-ils plus de grands acteurs et d'excellens chanteurs ?

La danse, malgré ses écarts, ne nous entraîne-t-elle pas à l'étonnement et à l'admiration? Les *Talma*, les *Lafond*, les *Duchesnois* ne nous rassurent–ils pas sur le sort de la Tragédie ?

Dans l'exposition des tableaux et des dessins en tout genre, des morceaux de sculpture et d'architure, n'avons-nous pas trouvé les plus heureuses dispositions dans les uns, et une foule de beautés et de perfections dans les autres ? Deux tableaux d'histoire peints par le même maître, ont excité un enthousiasme général ; et les connoisseurs les ont placés au rang des chefs-d'œuvre les plus distingués de l'école romaine. Deux célèbres peintres en miniature ont dépassé les limites de cet art, et en ont fixé le point de perfection auquel il pouvoit atteindre (1).

Ce seroit donc une injustice de croire que le flambeau du génie ne brille plus pour les arts, et de s'imaginer que la sculpture et l'architecture ne peuvent rien produire de beau. Nous avons dans ce premier art des hommes justement célèbres ; il ne seroit pas difficile de rencontrer parmi eux des *Coustou*, des *Coysevox* et des *le Moine*. Nous trouverons également

_____

(1) Isabey et Guérin.

dans l'architecture des *Perrault*, des *Mansard* et des *Soufflot*. Lorsque le Gouvernement fera élever de vastes édifices et de grands monumens, il trouvera des artistes capables de les exécuter; et en immortalisant leurs noms par des chefs-d'œuvre, ils contribueront encore à la gloire de la nation.

Mais il faut, Madame, que ces deux arts majestueux et imposans soient favorisés par d'heureuses circonstances; car ce sont elles qui, dans tous les genres, déploient et mettent en évidence le génie des grands hommes; sans ces circonstances, il reste concentré et il est perdu pour l'illustration des arts et pour l'honneur de la patrie. La flamme du génie, étouffée sous la cendre d'un volcan intérieur, s'éteint sans avoir pu brille 1 seul instant.

Les grands hommes dans tous les genres ne doivent être employés qu'aux grandes choses. Tout ce qui est petit et minutieux les dégoûte, les révolte; et ce n'est que dans un cercle étendu qu'ils peuvent déployer les richesses de leur esprit, de leur goût et de leur imagination.

Je finirai cette lettre par les réflexions de quelques amateurs. Ils prétendent que la décadence des arts ne peut être attribuée en général, qu'aux caprices des femmes, parce que ce sont elles qui, régnant despotiquement, sont pour ainsi dire le diapason du ton des sociétés. Lorsque les femmes, fatiguées de la folie du jour, proscriront des modes extravagantes, et un costume trop leste pour n'être pas scandaleux ; lorsqu'elles rappelleront les Grâces à leur toilette, qu'elles les consulteront sur leur mise et leur parure : alors on reverra briller le goût et la décence, attributs ordinaires du beau sexe. En dérobant tout ce qu'on aime à voir, et tout ce qu'il ne faut pas montrer, elles rallumeront des desirs éteints par l'habitude de posséder sans peine ; elles alimenteront l'espérance, et donneront tout à faire à l'imagination.

Cette heureuse métamorphose, ce retour à la pudeur qui embellit la beauté même, inspirera aux hommes cette politesse, ces égards et ce respect qui régnoient autrefois, et qui avoient acquis aux Français la réputation d'être le peuple le plus aimable, le plus galant et le plus intéressant de l'Europe. Les hommes peuvent se comparer à ces insectes qui prennent la couleur de la plante à laquelle ils s'attachent.

Cette heureuse révolution chassera l'immo-

ralité, rappellera le bon goût et l'honnêteté ;
elle ouvrira la porte aux mœurs exilées ; elle
ramenera les arts à leurs anciens principes.
Ceux qui les cultivent ne seront plus corrompus
par le spectacle scandaleux de modèles extra-
vagans : combien n'en trouveront-ils pas de
précieux dans toutes les jolies femmes, lorsqu'elles se délivreront des attirails monstrueux,
fabriqués par la main de la sottise ! c'est alors,
dis-je, que les artistes auront des modèles
propres à éterniser leurs pinceaux. Ils im-
mortaliseront la beauté simple et touchante
d'un essaim de femmes charmantes ; elles embelliront la capitale par leurs grâces, et donneront le ton à toutes les femmes de l'Europe.

Voilà, Madame, ce que les amateurs des arts
m'ont dit ; voilà ce que les hommes les plus distingués par leur mérite et leurs mœurs m'ont
raconté ; voilà la façon de voir et de penser de
tous les Français amis de leur patrie.

Ce changement seroit bientôt opéré, Madame,
si toutes les femmes vous ressembloient. Ce
sont elles qui créent les hommes, qui les élèvent, qui épurent leurs mœurs, qui corrigent
leurs penchans, qui calment leur impétuosité
et qui les mènent insensiblement à toutes les

vertus, en les y conduisant par la route des grâces.

Au reste, chaque jour a sa folie; chaque mois offre ses ridicules; chaque année étale son délire, et chaque siècle enfin ne présente au sage et à l'écrivain qu'un amas monstrueux de vices et de vertus.

J'ai l'honneur d'être, etc.

LETTRE XXIII.

Des Causes qui s'opposent aux progrès des Arts.

Madame,

Les êtres qui brillent à l'Opéra depuis sept heures jusqu'à onze heures du soir, et que le public regarde comme autant de corps célestes, n'ont pas la moindre analogie avec ceux qui composent le système planétaire.

J'ai entendu dire que tous les corps qui composent l'univers tendoient à se rapprocher, et que cette attraction augmentoit ou diminuoit en raison inverse du carré des distances. Cette loi immuable de la Nature ne fut jamais celle des corps *pirouettans* de l'Opéra ; ils n'ont aucune propension à se rapprocher, soit qu'ils s'éloignent, soit qu'ils se rencontrent ; ils se heurtent et tendent sans cesse à leur destruction. Que deviendroit l'univers, si tous les mondes, dont la marche et les rapports offrent une harmonie si sublime, ressembloient aux petits mondes de l'Opéra ? Je ne puis le comparer qu'à ces balons perdus, qui, après s'être élevés lentement et avec majesté, descendent rapidement et terminent leur chute, tantôt dans une prairie, tantôt dans une mare fangeuse.

Le docteur *Pangloss* a dit, d'après *Pope*, plus grand docteur que lui, que tout étoit bien, que tout alloit bien, et que nous vivions dans le meilleur des mondes possibles ; je doute qu'ils eussent l'un et l'autre avancé cette opinion s'ils avoient été maîtres de ballets de l'Opéra. A la vue des chocs perpétuels de l'intrigue, de la jalousie et de la cabale qui règnent parmi les Artistes, ils auroient dit que rien n'y est bien, que rien n'y est bon, et qu'enfin c'est le plus méchant des infiniment petits mondes possibles.

Je conviendrai cependant, d'après le proverbe normand, *qu'il y a d'honnêtes gens partout ;* qu'on trouve à l'Opéra des personnes estimables, qui réunissent les mœurs aux talens ; elles sont rares à la vérité, mais elles existent et embellisent leur art par les attraits séduisans de la modestie, de la bienséance et de l'honnêteté.

Pourroit-on s'étonner, Madame, de ne pas trouver derrière la scène, la décence, la considération de soi-même, les égards et les attentions réciproques que l'on cherche et que l'on ne trouve pas toujours même dans ce qu'on nomme très-improprement la bonne société. La plupart des personnes qui font l'ornement de nos théâtres et qui y brillent, y ont été conduits par la misère ou par des revers de fortune. Les premiers n'ont reçu aucuns principes d'éducation ; les seconds, dont la jeunesse ne fut point négligée et qui firent de bonnes études, sont presque les seuls qui puissent surnager sur les flots que les passions agitent sans cesse. Ces passions ouvrent la porte à tous les vices, et les vices se propagent aisément, lorsqu'on se laisse entraîner par la force du mauvais exemple, et que l'honnêteté cesse d'être en sentinelle pour les repousser.

Les plantes inutiles et parasites croissent sans culture ; elles altèrent l'excellence de celles qui sont nécessaires à notre subsistance, et finiroient par les étouffer, si des mains laborieuses ne s'empressent à les détruire à mesure qu'elles paroissent. Telles sont les obligations que l'on doit à ceux qui veillent à notre éducation.

Ce n'est donc, Madame, ni derrière la toile ni dans les coulisses qu'il faut aller chercher des modèles de sagesse et de vertu.

J'ajouterai que le manque d'éducati o et l'ignorance de la plupart des personnes qui se livrent au théâtre est contraire à leurs progrès. Il ne faut que raisonner pour sentir combien l'instruction est utile, combien les connoissances abrègent les longueurs et rapprochent les distances, combien elles aplanissent les difficultés; la réflexion fait apercevoir le but qu'il faut atteindre et trace la route qu'il faut suivre pour y arriver; la négligence, caressée par la paresse, alimentée par l'ignorance, et entretenue par un train de vie scandaleux, oppose aux progrès des artistes une barrière insurmontable. De là naît cette monotonie fatigante et cette multitude monstrueuse de froides copies, qui n'offrent que la plus hideuse caricature du vrai mérite.

Vous avouerez, Madame, que tous ces contrefacteurs des talens dégradent la scène et fatiguent le public éclairé.

Il est des chemins divers et des routes différentes pour arriver à la célébrité. Les guides qui y conduisent sûrement sont l'éducation et les connoissances acquises. Rien ne m'étonne plus que de voir une foule de gens se traîner dans la carrière des talens, tandis qu'il en est d'autres qui la parcourent avec célérité. Tout cela tient au goût, à l'esprit et à un amour propre bien entendu, qui dit perpétuellement à l'artiste : Sois original, deviens modèle, et n'imite que la nature. Voilà la marche ordinaire du génie, voilà celle que les grands talens passés et présens ont constamment suivie.

Il faut convenir qu'il y a un triage à faire dans les réputations de nos jours, et que le public qui juge et qui prononce sur le mérite ne voit pas toujours juste. D'ailleurs, le Goût a des ailes ; il s'envole lorsqu'on abandonne son culte et que l'on adore à sa place la Folie ou le Caprice. C'est donc à cette absence du bon goût que nous sommes redevables d'une foule de petites productions qui ne peuvent ni illustrer ni embellir notre scène.

Lorsque l'on se consacre aux plaisirs du public tels que ceux de la scène, il faut avoir reçu de la Nature les dons précieux qu'elle n'accorde qu'à un petit nombre. Ceux qui sont comblés de ses faveurs marchent d'autant plus rapidement à la perfection, que tout leur est facile. Belle construction, magnifique organe, physionomie noble et expressive; telles sont les qualités qui conviennent aux grands genres :

mais elles seroient bientôt infructueuses si elles n'étoient étayées par une application continue, et par l'amour de la gloire. Il faut encore que l'artiste ait l'immuable constance de résister aux séductions brillantes de ses premiers succès : se prête-t-il aux caresses de l'amour propre, s'étourdit-il au premier grain d'encens que l'enthousiasme lui offre, il est perdu, il en reste là ; ses succès sont éphémères, ils n'ont que l'éclat passager du moment.

Je me souviens douloureusement, Madame, à la honte du bon goût, qu'un farceur des Boulevards excita un engouement général. Je crois qu'il se nommoit *Volange*. Les *Jeannot*, les *Jérôme Pointu* eurent un succès que nos meilleurs auteurs n'obtiennent que lentement. Ce bouffon fit tourner la tête à tout Paris, et renversa celle d'une foule de jeunes comédiens qui adoptèrent ce genre bas et dégoûtant. Les jeunes auteurs à leur tour renoncèrent au bon goût, à la délicatesse de l'esprit, et à la décence qui doit régner au théâtre pour embrasser et propager toutes les trivialités dont une foule de spectacles sont journellement salis. Tout cela ne peut étonner ceux qui savent que *Bamboche* est plus aisé à imiter que le *Poussin*, que Molière est bien moins facile à co-

pier que l'auteur de *Jérôme Pointu*. Le délire
que ce *Volange* imprima fut tel, qu'on l'en-
gagea à débuter sur un grand théâtre ; mais ce
bouffon, charmant dans le câdre étroit qu'il
occupoit, fut jugé détestable par ceux mêmes
qui le trouvoient délicieux dans la petite niche
dont il faisoit l'ornement, parce que la comparaison donna la mesure des distances que l'on
n'apercevoit point.

Volange, aux *Boulevards*, eut le brillant d'un
faux diamant : à l'exemple de certains insectes,
il empruntoit son éclat de l'obscurité ; mais
lorsqu'il parut au grand jour, cet éclat disparut ;
c'est bien le cas de répéter ici ce vers de
Voltaire :

Tel brille au second rang, qui s'éclipse au premier.

Je m'aperçois trop tard, Madame, que l'envie de raisonner me fait déraisonner. Vous devez
être fatiguée de mon bavardage, mais vous serez indulgente lorsque vous vous ressouvien-
drez que les extrêmes se rapprochent, et qu'il
est des cas où ils se touchent. Eh bien ! j'en
suis là : grâces à la main pesante du temps et
au poids des années ; mais, quelque vieux et
quelque enfant que je sois, esclave fidèle de
vos volontés, je vous obéirai toujours. Le

but constant de la mienne sera de vous plaire, et de vous prouver que mon attachement respectueux pour vous ne finira qu'avec ma vie.

J'ai l'honneur d'être, etc.

LETTRE XXIV.

Sur le Théâtre Français.

MADAME.

La Comédie Française, ce spectacle intéressant dont je voudrois vous présenter un tableau fidèle, est fort au-dessus de mes connoissances ; mon éloignement de la capitale, mon âge et mes infirmités me privent de voir souvent un théâtre que le génie et le goût des Corneille, des Racine, des Voltaire, des Molière, des Renard, etc., ont embelli de leur brillante imagination et de leurs sublimes productions. Dans l'impossibilité où je suis de vous tracer fidèlement le portrait des artistes des deux sexes, interprètes éloquens de nos auteurs célèbres, vous voudrez bien vous contenter d'une foible esquisse.

Vous vîtes, Madame, dans votre voyage à Paris, une foule de grands talens que la Parque a moissonnés ; ils ont emporté avec eux les anciennes traditions, elles sont presque entièrement effacées ; il a donc fallu que les acteurs

de nos jours volassent de leurs propres ailes, et
que sur des rapports presque toujours incertains
ils se créassent une manière et un genre neufs. Ils
ne sont point copistes, ils sont originaux, et
dans la réunion de cette troupe on trouve de
très-beaux talens.

Au reste, Madame, je ne m'en rapporterai
ni à mon goût ni à mes lumières; je me contenterai d'être l'écho du public instruit et
éclairé qui juge les talens avec autant d'esprit
que de sagesse, et qui ne se laisse pas entraîner par les flots toujours impétueux de l'esprit
de parti et de la cabale. Autrefois le parterre
jugeoit sainement du mérite des auteurs et du
talent des acteurs; tout est bien changé aujourd'hui: nos jeunes gens ne jugent souvent
que par caprice, que par fantaisie; le parterre
n'offre maintenant que l'image des orgies et des
bacchanales de l'antiquité; on s'y agite, on y
crie, on s'y dit des injures grossières; on y siffle
d'un côté, on y applaudit d'un autre, et l'on
finit quelquefois par s'y battre : c'est bien le
cas de s'écrier : *O temps! ô mœurs!* car nos
spectacles que vous vîtes jadis si bien composés et si tranquilles, ne présentent maintenant que le tableau du tumulte et de la discorde.

Nous n'avions autrefois, à Paris, que cinq
théâtres; aujourd'hui que la population de
cette grande ville est considérablement dimi-
nuée, nous en avons plus de vingt, et chacun
d'eux a de nombreux auditeurs. Cette multiplicité de petits spectacles a porté un coup
mortel au goût. La facilité de fréquenter les
théâtres pour très-peu d'argent, a introduit
dans les parterres une foule d'ouvriers oisifs,
d'hommes de toutes les classes qui, dépourvus
de politesse, d'instruction et de jugement, y
ont porté toute la grossièreté de leurs habitudes. Les jeunes gens, mieux élevés, mêlés
et confondus avec eux, se sont accoutumés
insensiblement au mauvais ton de ces réunions populaires, et l'ont reporté jusque dans
les grands théâtres.

Autrefois un jeune homme qui sortoit de
son collège pour assister à la représentation
d'un chef-d'œuvre de Corneille, de Racine,
de Molière, n'y venoit qu'avec le respect que
lui inspiroient ces grands noms. Son goût
s'étoit formé à leur école, et sa mémoire
étoit ornée des plus beaux morceaux de leurs
ouvrages. Il écoutoit avec une sorte de recueil-
lement religieux; il se regardoit, non point
comme un juge, mais comme un disciple. S'il

se trouvoit auprès de lui quelques-unes de
ces personnes qui avoient vu les plus belles
époques de notre gloire théâtrale, il les in-
terrogeoit avec modestie, il les écoutoit avec
confiance, et puisoit dans leur conversation
des idées justes et des notions utiles. Mais ces
anciennes colonnes de nos théâtres n'existent
plus ; le temps et les orages révolutionnaires
les ont détruites; et si elles existoient encore,
les jeunes gens de notre âge les regarderoient
avec dédain, tant ils sont persuadés de leur
supériorité sur les générations passées. C'est
aujourd'hui un peuple tout nouveau et plein de
confiance, qui juge les chefs-d'œuvre de notre
scène, et les acteurs qui les représentent.

Ces acteurs, Madame, sont au nombre de
plus de quarante, qui se partagent au théâtre
français les emplois de la tragédie et de la
comédie : ils ne sont pas tous du même mérite ; et comme, dans toutes les réunions,
les talens supérieurs sont toujours rares, vous
ne serez pas étonnée que je ne vous en indique
qu'un petit nombre. Après les pertes immenses
qu'a faites le premier théâtre de l'Europe, il
doit se trouver heureux de posséder encore
autant de sujets distingués.

Le premier, celui de tous qui tient de plus

près aux beaux temps des Lekain, des Clairon, des Dumesnil, des Brisard, est Monvel. La nature ne l'a point favorisé de ses dons extérieurs ; sa physionomie a peu de grandeur et de dignité, sa taille est médiocre, et sa prononciation sourde et défectueuse. Mais une ame pleine de chaleur, une intelligence rare et admirable réparent tous ces défauts ; et, quand il est en scène, on oublie tout ce qui lui manque, pour n'admirer que ses sublimes qualités. Personne ne porte plus loin que lui la force et la vérité de l'expression. La nature elle-même semble l'inspirer ; le sentiment et le goût règlent toutes ses paroles et tous ses mouvemens. C'est surtout dans les chefs-d'œuvre de Corneille, dans quelques rôles supérieurs, tels que celui d'Auguste, dans la tragédie de Cinna, qu'il excite l'admiration de ses auditeurs. Il est fâcheux que des infirmités prématurées et la perte de la mémoire ne lui permettent plus de paroître sur la scène qu'à des intervalles éloignés. Les jeunes acteurs y perdent un modèle précieux ; mais il peut encore les servir utilement par ses conseils et ses leçons.

Depuis la retraite de Monvel, son emploi a été partagé entre Saint-Prix et Baptiste l'aîné. Tout ce qui manque à Monvel du côté des qualités physiques, Saint-Prix le possède éminemment. Une voix superbe, une prestance magnifique, une attitude imposante et vraiment héroïque. Son débit est sage et grave, sa diction juste, son geste noble et majestueux. Personne ne crée mieux un rôle que lui ; il s'est fait une grande réputation par la manière dont il a joué celui de Caïn dans la Mort d'Abel, de M. Legouvé, et celui du Jacques, de Molai, dans celle des Templiers : mais on lui reproche de ménager trop son action, et de répandre sur son débit une teinte d'uniformité et de monotonie. On remarque en général que, depuis quelques années , les acteurs tragiques ont adopté un genre de déclamation molle et traînante ; qu'ils s'attachent trop à faire valoir le rhythme du vers et le mérite des détails. Ils ne veulent rien négliger : mais, en cherchant à écarter les ombres et à répandre du jour partout, ils détruisent l'effet de la composition , et ne produisent qu'un tableau uniforme ; semblable à ces peintures chinoises , dont toutes les parties sont également éclairées.

Ce défaut se fait encore plus sentir dans le jeu de Baptiste : cet acteur est un homme de mérite, qui réunit à beaucoup d'instruction des qualités sociales très-précieuses. Sa réputation a commencé au Théâtre du Marais, où il jouait avec un grand succès le célèbre rôle de Robert, chef de Brigands. Il passa ensuite au Théâtre Français, qu'on appeloit alors le Théâtre de la République, et s'y distingua dans plusieurs rôles, mais sur-tout dans celui du Glorieux. Cet acteur joue également dans la tragédie et dans la comédie. Il aurait pu rendre de grands services à l'un et l'autre genre, si on ne l'eût fatigué par des critiques amères, et souvent très-injustes. Ce qu'on peut lui reprocher avec raison, c'est le défaut de son organe, qui ne lui fournit souvent que des sons pris du nez, et par conséquent désagréables et peu tragiques.

Talma est aujourd'hui l'acteur qui jouit de la plus haute réputation ; il est d'une taille moyenne, mais bien proportionnée ; sa tête est vraiment dramatique ; il se costume avec un soin particulier, et n'a négligé aucune partie de son art ; sa voix a de la fermeté, de la vigueur et de l'étendue. Il s'étoit fait d'abord un genre de débit neuf, mais que les gens de goût n'approuvoient pas ; il coupoit ses mots, il brisoit ses sons et varioit ses inton-

nations si fréquemment, qu'il en résultoit une
déclamation brute, hachée et dépourvue de
toute harmonie. Cette manière étoit souvent
d'un effet assez heureux dans quelques situations noires et désespérées, telles qu'on en
trouve dans les pièces imitées de l'anglais :
mais elle ne convenoit nullement dans les belles
tragédies de Racine et de Voltaire. Talma a
reconnu lui-même cette vérité, et s'est depuis
quelque temps appliqué à donner à sa voix
des formes moins âpres; il soigne les périodes,
phrase avec goût, et ne néglige point les beautés et le charme de l'harmonie. Cette heureuse
révolution l'a placé au rang des acteurs les plus
distingués dont la scène française puisse s'honorer. Il est surtout sublime dans le cinquième
acte d'Andromaque, lorsqu'il rend les Fureurs
d'Oreste; il est également sublime dans le rôle
de Manlius, dans celui de Nicomède, dans
Cinna, Othello, Hamlet. Ces pièces attirent
constamment la foule lorsqu'il y joue. Cet acteur s'est attaché exclusivement au genre tragique et ne paroît jamais dans la comédie.

Il a pour suppléant un jeune homme de la
plus haute espérance, qui se destinoit d'abord
à la profession de médecin, et que son amour
pour l'art dramatique a entraîné au théâtre.

Il se nomme Lafond : sa taille est élevée et d'une très-belle proportion ; sa figure est bien dessinée, son attitude a beaucoup de noblesse. Il joint à ces avantages une voix mâle, flexible et étendue. Il a débuté, il y a quelques années, par le rôle d'Orosmane, dans Zaïre. Ce début a été très-éclatant ; et depuis il a soutenu sa réputation dans tous ceux qu'il a remplis. Quelquefois sa chaleur l'emporte trop loin ; il s'abandonne à des éclats de voix, à une véhémence, à une profusion de gestes que l'art réprouve : mais ces défauts sont ceux du talent, et tiennent à son âge. Sa figure, qui se prêtoit d'abord difficilement à l'empreinte des passions fortes et des mouvemens violens, acquiert tous les jours du jeu et de l'expression. Cet acteur s'est créé en peu d'années une réputation honorable qui paroît destinée à s'accroître beaucoup : il vient de débuter tout récemment dans la comédie, où il a aussi obtenu beaucoup de succès.

Damas, qui a remplacé Saint-Phal, acteur distingué, qui jouoit dans l'emploi des jeunes princes, s'est fait une manière différente de celle de son prédécesseur : il s'est attaché surtout aux effets de la scène, et à ce genre de diction qui capte presque toujours le grand

nombre. Il a de la chaleur et de la sensibilité ;
il sait surtout tirer un parti très-habile des
différentes inflexions de la voix, il passe alternativement du ton tragique au ton du drame ;
et, par ce mélange adroit, il s'attire souvent
des applaudissemens nombreux. Il jouit d'une
grande réputation pour les récits, et s'est fait
surtout remarquer dans celui de la tragédie des
Templiers, et dans le rôle de Sully de la tragédie de Henri IV.

Il joue aussi la comédie avec un talent très-
estimable. Mais personne ne l'emporte sur lui
dans le drame : c'est là son véritable triomphe ;
il y déploie de la sensibilté et de la chaleur, et
y fait répandre beaucoup de larmes : c'est un
acteur très-utile au théâtre par la variété et la
flexibilité de son talent.

Tels sont, Madame, les acteurs les plus
distingués de la scène tragique ; elle n'est pas
aussi riche du côté des actrices : mais parmi
celles dont elle s'est enrichie depuis quatre à
cinq ans, elle compte des sujets de la plus
belle espérance. Nos Journaux français vous
auront souvent entretenu de mademoiselle
Raucourt : cette actrice a débuté il y a près
de trente ans ; elle se fit remarquer par une
taille élevée et majestueuse, une voix forte

et sonore, et surtout par une extrême beauté. Elle a succédé à l'emploi de mademoiselle Sainval l'aînée, et a d'abord paru fort inférieure à cette célèbre actrice : mais lorsque l'esprit se joint aux qualités du corps, le talent se forme nécessairement. Mademoiselle Raucourt en a beaucoup ; et la manière dont elle joue plusieurs des premiers rôles du Théâtre Français suffit pour assurer sa réputation. Personne ne sauroit aujourd'hui lui être comparé dans ceux de Médée, de Jocaste, de Cornélie, etc. Cette actrice joue très-rarement ; et, comme elle est en ce moment chargée de l'organisation des théâtres français, en Italie, il est à présumer que la capitale jouira désormais très-peu de ses talens. Sa manière indique beaucoup d'intelligence et d'art : on souhaiterait seulement que sa chaleur fût plus vraie, ses gestes plus naturels, sa voix plus douce.

C'étoit sur-tout par la douceur de sa voix, par la sensibilité et la grâce, que se distinguoit madame Talma, femme du célèbre acteur de ce nom. Depuis mademoiselle Gaussin, on n'avoit point entendu d'accens plus tendres et plus touchans. Cette actrice a été obligée, il y a un an, de renoncer à la tragédie. Dans un rôle qui exigeoit beaucoup de force et de véhémence, les cordes de sa voix se sont faussées ; et, depuis ce temps, elle n'a pu la rétablir. Cet accident l'a obligée de se retirer dans l'emploi de la comédie, où elle obtient de grands succès. Ce qui la distingue surtout, c'est la justesse de l'expression, une décence parfaite, et cette grâce naïve qui semble inséparable de tout ce qu'elle dit, de tout ce qu'elle fait.

Mademoiselle Fleury, qui vient aussi de quitter la scène française, ne se faisoit point remarquer par les avantages extérieurs ; mais peu d'actrices connoissent aussi bien qu'elle les ressources de son art. Elle étudioit avec un soin particulier les rôles qu'elle se chargeoit de remplir ; et, comme elle a de l'esprit et de la pénétration, elle en saisissoit, avec beaucoup de justesse, toutes les intentions et les nuances. Souvent ses moyens physiques ne répondoient pas à ce que son ame en attendoit ; mais on reconnoissoit dans tout son jeu une artiste habile et distinguée.

La retraite de mademoiselle Fleury et l'absence de mademoiselle Raucourt ont laissé les principaux rôles de la scène à deux jeunes actrices, dont les débuts ont eu beaucoup d'éclat;

l'une est belle comme Vénus, les dieux de l'Olympe semblent avoir entouré son berceau pour la parer de leurs dons. Sa taille élevée est d'une proportion admirable; l'éclat de son teint, la régularité de ses traits, et la beauté de ses formes enchantent tous les regards. Elle est élève de mademoiselle Raucourt; elle avoit d'abord copié fidèlement la manière de cette célèbre actrice; et, comme cette manière n'est point généralement approuvée, elle n'avoit eu à ses débuts qu'un succès médiocre. Elle excitoit de l'enthousiasme dès qu'elle paroissoit, mais cet enthousiasme se rapportoit bien plus à sa beauté qu'à son talent. Depuis, elle a cherché à se créer un genre à elle, et dans plusieurs rôles elle a obtenu un succès distingué; ceux où elle paroît avec le plus d'avantage sont les rôles de Clytemnestre dans *Iphigénie*, de Camille dans les *Horace*, et d'Idamé dans l'*Orphelin de la Chine*. Mais son talent n'a point encore acquis tous les développemens dont il est susceptible. On lui reproche de manquer de chaleur et de sensibilité; elle rend avec succès tout ce qui tient à la fierté et à l'emportement, mais la nature ne paroît pas l'avoir faite pour pleurer. Sa prononciation a d'ailleurs besoin de se perfectionner; elle est quelquefois sourde et embarrassée. C'est un défaut que l'on peut corriger avec quelques soins.

Pleine d'ame, de sensibilité et d'abandon, mademoiselle Duchesnois, du même âge que mademoiselle Georges, mais partagée moins heureusement qu'elle du côté des qualités physiques, a excité l'enthousiasme dès qu'elle a paru sur la scène. Elle débuta il y a quatre ans par le rôle de Phèdre; c'étoit Phèdre elle-même, et depuis les plus beaux jours de la scène française, on n'avoit point vu ce rôle joué d'une manière aussi parfaite. Elle a déployé la même ame, le même feu dans les rôles d'Hermione, de Roxane, d'Ariane, d'Amenaide, de Marie de Médicis, et de tous ceux qui prêtent aux mouvemens du cœur et aux grandes passions de la tragédie. Le son de sa voix a quelque chose d'enchanteur; mais comme le mal est toujours à côté du bien, elle la dénature quelquefois pour lui donner plus d'effet, et alors elle perd une grande partie de son charme: sa diction est toujours pure et d'une grande justesse; mais quand la passion ne l'anime plus, elle tombe quelquefois dans un débit mou et languissant. D'ailleurs, c'est une des plus heureuses acquisitions que la scène française ait faite depuis long-temps.

Deux jeunes actrices qui l'ont précédée de quelques mois dans la même carrière, méritent aussi des encouragemens. Elles sont l'une et l'autre très-jolies; mais mademoiselle Bourgoin paroît plus faite pour la comédie que pour la tragédie, et mademoiselle Volney peut jouer avec succès, dans la tragédie, les rôles tendres et sensibles; la manière dont elle joue celui d'Iphigénie, lui fait beaucoup d'honneur. Tels sont, Madame, les principaux sujets du Théâtre Français dans le genre tragique.

La comédie possède aussi des talens du premier ordre. Il faut placer à leur tête Fleury, Saint-Phal, Grand-Ménil, Michot, Dazincourt, Dugazon, Damas, Baptiste aîné et son frère, Lafond, mesdemoiselles Louise Contat, Devienne, Mars, madame Talma, mesdemoiselles Mézerai, Émilie Contat et Thénard.

Fleury et Saint-Phal se sont partagés la succession de Molé; Fleury excelle dans les rôles de petit-maître et d'homme de cour. Nul acteur ne possède plus d'intelligence, d'esprit, de finesse et d'aisance. Sa figure est pleine d'expression, le jeu en est d'une mobilité parfaite, et sa diction est constamment animée par le goût, la grâce, le bon ton. C'est un des derniers sujets de la bonne école; il la fait connaître et regretter tout à la fois.

Saint-Phal s'est attaché aux rôles qui exigent plus de profondeur et de gravité, et il les joue avec le plus grand succès. Il est surtout très-remarquable dans celui du Vieux Célibataire, l'un de ceux que Molé jouoit avec une supériorité plus marquante.

Grand-Ménil est aussi de l'ancienne école. Personne ne joue mieux que lui les pièces de Molière; il est d'une vérité admirable dans tous les rôles à manteau dont il est chargé. On reconnoît un acteur mieux servi encore par l'étude et l'art que par la nature. Il est secondé dans cet emploi par Caumont, acteur qui n'a pas la même habileté, mais dont la manière est franche et naturelle.

Dazincourt et Dugazon tiennent l'emploi des valets; ils ont eu l'un et l'autre les leçons de l'inimitable Préville, et ils en ont heureusement profité; mais ils se sont créés un genre différent. Dazincourt joue avec goût, esprit et finesse; son but est l'observation des bienséances qui, même dans l'emploi des valets, est un des premiers objets de l'art, mais il craint trop de passer les bornes de la décence, et en voulant les observer avec scrupule, il affoiblit quelquefois l'effet théâtral.

Dugazon, au contraire, vise à l'effet comique; il se livre sans réserve; et, comme la nature l'a porté vers le genre bouffon, son jeu descend quelquefois jusqu'au burlesque. L'un est trop retenu, l'autre ne l'est pas assez ; mais avec ces défauts, ces deux acteurs sont très-remarquables et seroient bien difficilement remplacés.

Michot est d'un naturel et d'une simplicité exquise dans l'emploi des paysans et tous les rôles qui s'y rapportent. Baptiste cadet joue les niais ; il est, dans ce genre, l'homme le plus célèbre de notre théâtre. Son frère s'est fait remarquer dans le *Glorieux*, dans les *deux Frères* et dans tous les rôles qui exigent surtout du raisonnement et de l'intelligence.

J'ai parlé plus haut du talent de Damas ; c'est un sujet très-précieux, parce qu'il joue bien dans tous les genres. Les débuts de Lafond dans la comédie lui ont déjà assuré une réputation distinguée. Armand, jeune acteur, qui tient l'emploi des jeunes premiers mérite aussi des éloges et des encouragemens.

Mais qui donnera assez d'éloges à mademoiselle Contat dans l'emploi des grandes coquettes ? C'est un des plus beaux talens qui aient enrichi la scène. Personne n'a plus de grâce, d'aisance et d'esprit. Mademoiselle Mézerai qui la remplace a aussi, dans un degré moins grand, des talens très-estimables. Mes-

demoiselles Devienne et Emilie Contat se partagent l'emploi des soubrettes. Mademoiselle
Devienne se fait remarquer par l'esprit, la
finesse, la pénétration et une rare habitude
de la scène. Mademoiselle Emilie Contat joue
avec succès les soubrettes de Molière; sa manière est moins habile, mais elle sait plaire encore beaucoup après mademoiselle Devienne.
Dirai-je que rien n'égale l'amabilité et la grâce
de mademoiselle Mars dans les rôles d'ingénue?
c'est le talent le plus parfait; elle met en
défaut la critique. Mademoiselle Bourgoin annonce après elle des dispositions précieuses
qu'elle ne sauroit trop cultiver. Mademoiselle
Thénard joue également bien l'emploi des con-
fidentes dans la tragédie, et celui des mères et
des duègnes dans la comédie. Enfin, Madame,
la scène française est encore digne d'occuper
le premier rang dans l'Europe.

Dans un autre moment, Madame, j'aurai
l'honneur de vous entretenir du théâtre dont
M. Picard est directeur. Il l'a enrichi de plusieurs comédies de sa composition, qui ont eu
le plus grand succès. L'opinion le désigne
comme le peintre des mœurs de notre siècle,
et lui assigne déjà un rang distingué parmi les
bons auteurs dont notre scène s'honore.

AVERTISSEMENT.

J'AI hésité quelque temps à joindre à cette édition de mes lettres sur la danse et sur les arts quelques-uns des programmes de mes ballets : je ne me dissimule pas que ce ne sont pas précisément des ouvrages, et qu'ils n'apprennent rien sur l'art de la danse proprement dit.

Cependant, en y réfléchissant, j'ai pensé que ces programmes pourroient avoir quelque utilité, ou plutôt qu'ils en avoient une très-réelle. En effet, c'est d'après eux que la plupart des ballets qu'on a donnés au public depuis moi ont été dessinés; on a fait mieux, on m'a fait l'honneur d'en prendre plusieurs et de les suivre scène par scène.

Assurément je suis très-flatté de cette préférence; mais les compositeurs qui, par ces plagiats, m'ont donné cette marque d'estime

pour mon talent, ont eu tort de me faire le
sacrifice du leur. Je ne doute pas que s'ils eussent travaillé d'après leur propre imagination,
ils n'eussent fait aussi bien, du moins auroient-
ils eu le mérite de l'invention. Quoi qu'il en soit,
mes programmes de ballets ont appris à travailler un plan, à lui donner les grandes divi-
sions qui forment les actes, et les sous-divi-
sions qui déterminent les scènes. Ce sont des
espèces d'extraits de pièces dramatiques, dans
lesquels je me suis borné à suivre et à indiquer
les différentes situations des personnages.

Je suis persuadé que les auteurs, en arrê-
tant sur le papier leurs idées sur une tragédie ou une comédie, commencent à en faire, si
je puis m'exprimer ainsi, le programme ; et ce
n'est que dans l'exécution qu'ils donnent tout
le développement dont il est susceptible.

Un programme offrant d'une manière plus
rapprochée la totalité de l'ouvrage, on saisit
mieux le plus ou moins d'accord des parties,
le plus ou moins d'effet des situations, et la

vue de tout l'ensemble; en satisfaisant l'imagination, la dispose et l'échauffe pour la composition.

C'est d'après ces considérations que je me suis déterminé à faire imprimer ceux de mes programmes qui me sont restés; car, plus jaloux de la gloire et des progrès de mon art que de mon propre intérêt, j'en ai donné la majeure partie à mes élèves ou à des artistes à qui ils pouvoient être utiles.

Je pense que le lecteur ne jugera pas à la rigueur cette espèce d'ouvrage. J'ai écrit sans prétention, plus occupé de mon sujet que du soin de travailler mon style. Ces programmes n'ont été d'abord faits que pour moi, et pour arrêter l'esquisse de mes compositions, comme les peintres qui font toujours des esquisses des grands tableaux qu'ils projètent; et l'on a vu quelquefois les esquisses avoir un très-grand mérite, par cela seul qu'ils indiquoient avec chaleur les caractères des figures, et la beauté de la composition.

J'ai cru devoir faire précéder l'impression de mes programmes, de cet avertissement, afin de prévenir les critiques, en faisant connoître mon motif.

Il en est un autre dont il faut bien faire l'aveu : on a tant de fois mis mon ouvrage à contribution sans me nommer ; on s'est si souvent et si hardiment paré de mes dépouilles, que j'ai senti qu'il ne me resteroit plus rien si je ne prenois le parti de déposer et de consigner le peu qui me reste, afin que l'opinion publique, je n'ose dire la postérité, puisse le reconnoître et le réclamer pour moi.

RÉFLEXIONS JUSTIFICATIVES

Sur le Choix et l'Ordonnance du Sujet.

———

QUELQUES personnes seront sans doute éton-
nées qu'ayant pris la mort d'Agamemnon pour
le sujet d'un ballet, je ne me sois pas renfermé
dans cette catastrophe ; elles blâmeront la hardiesse que j'ai eue d'y joindre la vengeance
d'Oreste, et de terminer ce spectacle par la mort
de Clytemnestre et d'Egisthe, par le désespoir
et les fureurs d'Oreste.

Peut-être me reprocheront-elles encore d'a-
voir rapproché deux évènemens, dans le vrai
peu éloignés, mais qu'elles affecteront d'éloigner encore : elles crieront a l'anathême ; elles
diront que, sans respect pour les anciens, j'ai
secoué hardiment les règles dont ils ont fait
la base de ces immortels chefs-d'œuvre, que
toutes les nations ont constamment pris pour
leurs modèles. Qui sait si elles n'ajouteront
pas même que c'est moins licence de ma part,
que défaut de connoissances, et que je n'ai lu

ni Eschyle, ni Sophocle, ni Euripide, ni Sénèque.

Il n'est pas douteux que la mort d'Agamemnon, la vengeance d'Oreste, ses fureurs, ne fournissent les sujets de trois drames; tous les trois ont été traités par les auteurs anciens, et après eux par les modernes ; ceux-ci n'ont pas cru devoir imiter servilement leurs prédécesseurs ; ils ont retranché des personnages, ils en ont substitué d'autres ; ils ont supprimé les chœurs; chacun d'eux enfin s'est laissé entraîner à l'impulsion de son génie, à son imagination, et ils ont, pour ainsi dire, habillé les drames anciens au goût du siècle pour lequel ils écrivoient.

Mais il suffit de dire, sans entrer dans tout ces détails, qu'un ballet n'est pas un drame, qu'une production de ce genre ne peut se subordonner aux règles étroites d'Aristote. J'ajoute encore qu'il est impossible à la danse de dialoguer tranquillement; que tout ce qui tient au raisonnement froid ne peut être exprimé par elle ; qu'il faut dans un ballet beaucoup de spectacle et d'action pour suppléer à la parole, beaucoup de passions et de sentimens; et qu'il faut que ces sentimens et ces passions soient

vivement exprimés, pour produire de grands
effets : c'est toujours en grand que la pantomime
doit peindre ; elle doit employer les couleurs les
plus fortes et les traits les plus hardis, parce
que toutes les demi-teintes ne répandent qu'un
vague obscur et indécis sur le caractère de telle
ou telle passion, et sur l'action de la pantomime qui, dans ce cas, est toujours froide et
indéterminée ; les passions ont d'ailleurs tant
d'analogie entre elles, que le plus grand nombre
se ressembleroient, si l'on négligeoit de les
caractériser par des traits particuliers qui empêchent les spectateurs de les prendre l'une
pour l'autre.

Le choix des mots, la tournure des pensées,
la belle élocution, les sentences, les portraits,
les récits, les monologues raisonnés, le dialogue ; voilà ce qui est réservé au drame : il faut
donc que le maître de ballets, privé de tous
ces secours, sache s'en passer ; qu'il ait l'art
de les remplacer par des scènes de situation,
par des tableaux frappans, par des coups de
théâtre bien préparés, mais toujours inatten-
dus, par une action vive, par des grouper
bien dessinés et artistement contractés, pas
la pompe du spectacle et par un costume vrai-

semblable : telles sont les règles de mon art ;
celles du drame sont chargées d'entraves ; loin
de m'y assujettir, je dois en éviter de nouvelles,
et me mettre au-dessus de celles qui n'ont jamais été créées pour la danse. Ces règles qui
rétrécissent l'imagination, les auteurs modernes
les secouent journellement : le célèbre Schakes-
péar, ce génie brillant de la scène anglaise,
les laissa toujours derrière lui.

J'ai donc rapproché les évènemens dans mon
ballet, parce qu'il falloit absolument le faire ;
et je n'aurai rien à me reprocher, si les tableaux
que je présenterai peuvent affecter l'ame du spectateur, et lui faire successivement éprouver
tous les sentimens que je m'efforce de peindre.

Après avoir prouvé qu'un ballet pantomime
n'est ni ne peut être un drame, j'ose croire
que, s'il peut être comparé à quelque genre
de poésie, ce n'est qu'au poème ; mais il a une
analogie bien plus parfaite avec la peinture :
celle-ci est une pantomime fixe et tranquille ;
celui-là est une pantomime vivante ; l'une parle,
inspire et touche par une imitation parfaite de
la nature, l'autre séduit et intéresse par l'expression vraie de la nature elle-même. La peinture a des règles de proportion, de contraste ;

de position, d'opposition, de distribution, d'harmonie; la danse a les mêmes principes. Ce qui fait tableau en peinture, fait tableau en danse : l'effet de ces deux arts est égal; tous deux ont le même but à remplir, ils doivent parler au cœur par les yeux; l'un et l'autre sont privés de la parole; l'expression des têtes, l'action des bras, les positions mâles et hardies, voilà ce qui parle en danse comme en peinture; tout ce qui est adopté par la danse peut former des tableaux, et tout ce qui fait tableau dans la peinture peut servir de modèle à la danse, de même que tout ce qui est rejeté par le peintre doit l'être par le maître de ballets.

Revenons à présent aux reproches qu'on pourra me faire d'avoir réuni deux actions, ou d'avoir rapproché deux événemens qui, au fond, ne sont pas trop éloignés, mais qui n'en fourniront pas moins à la critique (qui grossit tout) l'occasion de m'accuser d'un anachronisme aussi hardi que celui de Virgile, qui, sans s'inquiéter de ce qu'on en diroit, a réuni Énée et Didon, quoiqu'il y eût entre eux un intervalle de trois cents ans.

Je n'ai pas prétendu imiter simplement l'Agamemnon des Grecs, j'y ai joint encore l'Électre et une partie des Euménides, pour former un ensemble qui pût fournir à l'action, et au mouvement rapide et précis qu'exigent les scènes pantomimes. La mort d'Agamemnon ne m'eût donné qu'un tableau, qui seroit devenu d'autant plus révoltant, que le crime seroit resté impuni; j'eusse été privé de tous les contrastes qui naissent de la diversité des personnages, relativement aux intérêts particuliers qui les divisent, et les font agir différemment. La licence que je me suis permise me fait gagner, du côté de l'intérêt et des situations, ce que j'aurois perdu par une exactitude scrupuleuse. Je multiplie les incidens et les coups de théâtre, j'accumule les tableaux et la pompe, et je me sers du corps de ballet, comme les anciens de leurs chœurs; j'ai préféré la richesse à l'extrême régularité, et mon sujet est conduit de façon que si je substituois des noms supposés à ceux de mes acteurs, on ne pourroit rien me reprocher; mais j'ai cru que des noms célèbres et si souvent chantés par les poètes feroient plus d'impression; j'ai préféré enfin le vraisemblable qui pouvoit intéresser, à un vrai qui n'eût produit que des sensations foibles et une action tiède et dépourvue du degré de chaleur qu'exige une représentation pantomime.

Oreste, si j'en crois le sentiment particulier de quelques auteurs, étoit frère puîné d'Iphigénie ; cette princesse fut conduite en Aulide pour y être mariée, selon quelques-uns, et, selon d'autres, pour y être sacrifiée. A partir de cette époque, on ne pourroit refuser vingt ans et plus à Oreste ; mais, en rejetant cette idée pour suivre la plus commune, et par conséquent celle qui ne souffre aucune contestation, Oreste étoit fort jeune lorsque Agamemnon fut unanimement choisi pour chef de l'armée des Grecs ; le siége de Troye a duré dix années : si l'on ajoute le temps qui s'écoula pendant les disputes qui s'élevèrent entre les chefs de l'armée, celui du délai apporté à son départ par les vents contraires, et celui qu'employa Agamemnon, tant pour la joindre, que pour son retour à Mycènes, on se persuadera facilement que tout ce temps réuni à l'âge tendre qu'Oreste pouvoit avoir, formoit un laps de quinze années au moins ; or, cet âge est bien plus que suffisant à un héros, pour immoler à sa vengeance l'assassin de son père et l'usurpateur du trône.

Si toutes ces raisons paroissent trop foibles encore pour ma justification, j'y ajoute la nécessité qui m'a fait une loi de me conduire

comme je l'ai fait ; personne n'étant censé connoître mieux qu'un artiste la disette et la pé-
nurie de son art, je me flatte que le public
éclairé me fera la grâce de s'en rapporter à
moi sur le peu de ressources que fournit celui
de la danse.

Je ne dois pas être jugé par les mêmes lois
qui condamneroient un auteur dramatique ; il
n'est aucune règle écrite par un homme de l'art
pour la poétique de la danse ; il n'en existe
point. Je suis le premier qui ait osé écrire et
qui ait eu le courage de faire quitter les sabots,
les guitarres, les râteaux et les vielles, pour
faire chausser le cothurne à mes danseurs et
leur faire représenter des actions nobles et
héroïques.

Si l'on eût chargé un célèbre peintre de tracer l'histoire de la mort d'Agamemnon et de la
vengeance d'Oreste, l'arrivée triomphale de ce
prince à Mycènes eût caractérisé son premier
tableau.

Sa mort et celle de Cassandre eussent formé
le second. D'un côté, il auroit peint la douleur
d'Electre et d'Iphise, embrassant le corps ensanglanté de leur père ; de l'autre, il eût fait

éclater la joie barbare d'Egisthe et de Clytemnestre.

L'arrivée imprévue d'Oreste, sa reconnoissance avec Electre, l'indignation de ce prince
lorsqu'il voit sa sœur dans les fers, sa colère
et sa fureur lorsqu'elle lui montre le poignard
encore tout fumant du sang d'Agamemnon ;
toutes ces situations qui déterminent les ressorts
des grandes passions, eussent fourni plus de
situations qu'il n'en faut pour la composition
du troisième tableau.

Le quatrième eût représenté la mort de Clytemnestre et d'Egisthe. L'instant où Oreste
lève le voile qui lui déroboit les traits de sa
mère qu'il vient de poignarder involontaire-
ment ; cet instant où reculant avec horreur, il
exprimeroit les regrets et le désespoir, qui
peuvent déchirer une ame sensible, l'artiste ne
l'eût pas manqué. Le peuple fuyant épouvanté,
Iphise et Electre paroissant s'écrier : *c'est ma
mère !* des femmes groupées dans les attitudes
de la douleur, qui entoureroient Clytemnestre ;
tout cela entreroit dans la distribution et dans
l'ordonnance de sa composition.

Le dernier tableau offriroit le supplice

d'Oreste effrayé par les Euménides, tourmenté
par le Crime, le Remords et le Désespoir personnifiés, et déchiré enfin par le spectre ensanglanté de sa mère.

Ce peintre, en artiste habile, ne se fût pas
arrêté à peindre de petites choses, ni toutes
les circonstances froides et minutieuses qui accompagnent ordinairement la vie privée; il
eût, ainsi que moi, choisi tous les instans d'é-
clat et tous les momens où les grandes passions
auroient été en mouvement; ce sont elles qui
fournissent les couleurs et les pinceaux, et qui,
en faisant parler la toile, semblent encore faire
mouvoir les personnages.

Il y a eu, j'en conviens et je finis par là, plus
de hardiesse à traiter le sujet dont il s'agit, qu'à
rapprocher un fils de la maison paternelle pour
venger la mort de l'auteur de ses jours, et je sens
toute la difficulté du succès. Il a fallu, en effet,
que je renonçasse à la partie mécanique de la
danse pour faire briller la pantomime; il faut
que les danseurs parlent, qu'ils expriment leurs
pensées par le secours des gestes et par les traits
de la physionomie; il faut que tous les mouvemens, que toute leur action, leur silence même,
soient significatifs, éloquens, et adaptés avec

précision aux traits caractérisés de la musique et à la mesure variée des airs. Je n'eusse jamais osé entreprendre un ouvrage d'un genre aussi neuf, si les bontés du public et son indulgence ne m'avoient encouragé ; cette nouvelle entreprise est un tribut de ma reconnoissance ; puissé-je avoir réussi et mériter enfin avec justice les éloges qu'il a daigné me prodiguer tant de fois avec complaisance !

PERSONNAGES.

AGAMEMNON, roi de Mycènes.

CLYTEMNESTRE, épouse d'Agamemnon.

EGISTHE, amant de Clytemnestre, usurpateur secret du trône de Mycènes.

ELECTRE, ⎫ filles d'Agamemnon et de Clytemnestre.
IPHISE, ⎭

CASSANDRE, fille de Priam, captive d'Agamemnon.

ORESTE, fils d'Agamemnon et de Clytemnestre.

PILADE, ami d'Oreste.

Un Messager.

Principaux officiers d'Agamemnon.

Dames du Palais.

Soldats grecs.

Esclaves troyens.

Peuple de Mycènes.

Le Grand-Prêtre, des Sacrificateurs et des Enfans.

Les Euménides.

Le Crime, le Remords et le Désespoir personnifiés.

L'ombre de Clytemnestre.

Les chœurs cachés.

ACTE PREMIER.

Le théâtre représente une partie des jardins de Mycènes.

SCÈNE I.

Egisthe et Clytemnestre paroissent ; ils se livrent à l'idée de leur commun bonheur ; ils n'attendent qu'une circonstance heureuse pour faire éclater les sentimens qui unissent leurs cœurs ; mais cette circonstance trop éloignée, et fort incertaine encore, pénètre l'ame de Clytemnestre de la plus vive inquiétude ; un songe funeste lui a peint les plus affreux présages. Egisthe, non moins inquiet que la Reine, se jette à ses pieds, et, en lui jurant un amour et une reconnoissance éternels, il lui promet que son bras saura la délivrer de tous les objets qui pourroient s'opposer à leur mutuelle félicité.

SCÈNE II.

Dans ce moment un bruit éloigné de timbales et de trompettes se fait entendre, et jette Egisthe et Clytemnestre dans le plus grand effroi : Egisthe se relève avec autant de précipitation que de crainte.

SCÈNE III.

Un Messager envoyé par Agamemnon se prosterne aux pieds de la Reine, et lui remet une
lettre de la part de ce prince. Clytemnestre la
prend d'une main tremblante, et, de l'autre,
lui fait signe de se relever. Le Messager se
retire vers le fond du théâtre.

La crainte s'empare du cœur de Clytemnestre ; une sueur froide imprime sur ses traits
une pâleur mortelle ; elle ne peut se déterminer à lire ce fatal billet. Voulant dérober à
tous les yeux sa situation et son trouble, elle
ordonne au Messager de se retirer, et, par
l'effort violent qu'elle fait sur elle-même, elle
lui sourit agréablement, et lui fait entendre que
son message va mettre fin à ses douleurs et à
ses infortunes.

SCÈNE IV.

Clytemnestre et Egisthe se rapprochent :
Clytemnestre lui montre en frémissant l'écrit
fatal ; elle hésite, et l'ouvre avec un mouvement qui peint l'agitation de son ame.

Ils s'enhardissent, et en font la lecture ;
chaque phrase les glace d'effroi ; celle qui annonce qu'Agamemnon suit les pas du Messager, porte au cœur de Clytemnestre le coup

le plus accablant. Egisthe partage les mêmes sentimens, et ils ne sortent de cette situation que pour se livrer au désespoir. Egisthe veut poignarder Agamemnon ; Clytemnestre recule épouvantée ; Egisthe veut fuir, se donner la mort ; la Reine tremble, s'oppose à sa fuite, à ses transports, et, pour le conserver, paroît consentir à son dessein cruel. Un instant après, son cœur dément ce qu'elle vient d'avouer ; elle se reproche sa barbarie, elle est effrayée de l'énormité d'un tel crime. Egisthe, qui n'a de ressource que dans la fuite ou dans la trahison, s'irrite, s'emporte, menace ; son bras accoutumé au meurtre, sa main exercée au parricide, ne cherche que de nouvelles victimes. Clytemnestre, qui, dans un instant aussi fatal, ne sait à quoi se résoudre, cède et s'unit au projet d'Egisthe. Ils sortent l'un et l'autre avec cette agitation qui exprime la fureur, le remords et le désespoir.

ACTE II.

La décoration représente une magnifique colonnade du palais de Mycènes, à travers laquelle on voit une porte triomphale, et la principale place de la ville.

La colonnade est ornée de tous les trophées que les

rois d'Argos et de Mycènes ont enlevés dans les différentes victoires qu'ils ont remportées sur leurs ennemis.

SCÈNE I.

Une foule innombrable de peuple s'assemble sur la place pour voir son Roi, qui, après douze ans d'absence, rentre dans ses États couvert de gloire et en triomphateur. Déjà le son des trompettes, des timbales et des autres instrumens consacrés à la guerre, fait retentir les airs; des soldats grecs, marchant en ordre, ouvrent cette entrée triomphale; ils portent les trophées de la victoire : d'autres sont chargés des trésors et des dépouilles des vaincus; plusieurs captifs troyens paroissent dans les fers; les plus distingués sont enchaînés au char du vainqueur. Les principaux officiers d'Agamemnon portent les riches présens destinés à la reine et à ses enfans. Ce prince est dans son char; Cassandre, princesse troyenne et fille de Priam, est placée à sa gauche; le peuple de Mycènes suit ce char, en jetant des cris d'allégresse et portant des couronnes de laurier, tandis qu'une autre partie s'empresse à parsemer de fleurs les chemins par lesquels Agamemnon doit passer.

SCÈNE II.

Ce prince, en descendant de son char, est reçu par sa famille et par tout ce qui compose sa cour; il embrasse Clytemnestre et se jette dans les bras d'Electre et d'Iphise; le perfide Egisthe tombe à ses genoux, et le peuple, transporté d'allégresse, s'empresse de témoigner au vainqueur de Troye son admiration et son respect. Mais ce prince ne voyant point l'objet le plus cher à son cœur, cherche Oreste dans tout ce qui l'environne, et le demande avec l'empressement de l'amour paternel. Electre baisse les yeux et garde le silence; Clytemnestre, d'abord embarrassée, assure Agamemnon qu'il le verra incessamment; et, pour éluder une nouvelle question, elle vole vers Cassandre, elle détache ses fers et l'embrasse; mais elle exprime, en s'éloignant d'elle, la haine la plus implacable. Cette reine et Egisthe saisissent tous les instans où ils ne sont pas aperçus, pour faire éclater les sentimens cruels qui les agitent.

Agamemnon, qui partage la félicité de sa famille et la joie de son peuple, ordonne à ses guerriers de commencer des fêtes; il ne dédaigne point de s'y associer, et engage sa famille à les embellir.

SCÈNE III.

Cette fête générale est interrompue pendant quelques instans par un *pas en action* entre Agamemnon, Clytemnestre, Egisthe, Electre, Iphise et Cassandre; cette scène dialoguée, en développant le caractère et les passions de chaque personnage, sert encore au nœud de l'action. Agamemnon prodigue les plus tendres caresses à Iphise et à Electre; ces princesses, au comble du bonheur, ne peuvent se détacher des bras de leur père. Electre, qui connoît la cruauté de sa mère, la barbarie et l'ambition d'Egisthe, frémit d'inquiétude et de crainte. Cassandre, en exprimant sa douleur, lit dans l'ame d'Egisthe et de Clytemnestre le projet barbare que la haine y a gravé. Egisthe et Clytemnestre, en embrassant Agamemnon, emploient tous les détours de la politique pour lui montrer combien ils sont charmés de son retour; mais leur haine les trahissant à chaque instant, en fait découvrir les traces.

La fête recommence, et, après plusieurs pas adaptés au sujet et au caractère mâle et héroïque de ce genre, elle se termine par un pas de progression dont la dernière figure offre un groupe pyramidal orné de tous les trophées de la victoire, propres à caractériser la pompe et la majesté qui régnoient dans les entrées et les fêtes triomphales des anciens.

ACTE III.

La décoration représente un salon ; deux grandes croisées ouvertes ont vue sur la terrasse et les jardins du palais. La porte est placée au milieu de ces deux croisées ; des colonnes ou pilastres séparent ces trois ouvertures et forment un avant-corps assez saillant pour se dérober aux regards des personnes qui sont dans ce salon.

SCÈNE I.

Clytemnestre, dont la vue de Cassandre a redoublé la haine, paroît avec Egisthe ; elle lui offre d'une main sa couronne, et de l'autre un poignard, avec la condition qu'il tranchera tout à la fois les jours de son époux et ceux de la fille de Priam. Elle veut armer les mains d'E-gisthe du fer homicide : celui-ci, quoiqu'ac-coutumé au meurtre, voyant de plus près l'ins-tant de le commettre, n'en reçoit la proposition de la reine qu'avec effroi ; mais les emporte-mens de Clytemnestre, ses reproches, ses me-naces et l'éclat du trône, le déterminent. Il lui promet de lui obéir, et il lui jure que son bras la délivrera bientôt de deux objets qui lui sont odieux.

Pendant celte scène, les jeunes princesses, qui se sont arrêtées à l'une des croisées, ont été témoins du complot, et en ont pénétré l'horrible mystère : elles s'éloignent rapidement pour porter à leur père ce funeste avis.

SCÈNE II.

Clytemnestre sort en peignant tout à la fois son impatience, son inquiétude et le trouble qui l'agite.

SCÈNE III.

Egisthe seul s'abandonne à ses réflexions; l'idée du double crime qu'il s'est engagé de commettre, porte à son cœur le cri du remords; tantôt il envisage le bonheur et les grandeurs qui l'attendent, tantôt il voit le bras de la vengeance armé pour le punir ; le fer est prêt à tomber de ses mains. Dans ce moment, un bruit soudain frappe ses oreilles, et porte à son cœur déchiré un nouvel effroi; il fuit et se dérobe à l'aide des colonnes.

SCÈNE IV.

Agamemnon et Cassandre entrent dans le salon de la reine, sans apercevoir Egisthe. Cassandre, frappée d'un pressentiment funeste,

ne peut s'empêcher de frémir sur le sort qui
l'attend, et sur celui dont elle voit qu'Agamemnon est menacé. Ce prince fait des efforts inutiles pour éloigner des présages aussi tristes ;
mais Cassandre, qui a l'art de lire dans l'avenir, voit le palais ensanglanté ; elle y voit les
Euménides accompagnées de la Haine, de la
Vengeance et du Crime ; la Mort suit cette
troupe infernale. Elle est prête à frapper : tels
sont les tableaux effrayans que cette princesse
découvre en reculant d'horreur, et auxquels
Agamemnon ne peut croire.

Pendant cette scène, Egisthe, que les colonnes
dérobent aux regards des autres personnages,
est indécis sur le choix de la première victime ;
il semble que la Crainte et le Remords retien-
nent son bras et balancent dans son cœur le
crime et la fureur.

SCÈNE V.

C'est dans ce moment de trouble et d'irré-
solution que Clytemnestre paroît ; on diroit, à
son action, qu'elle est accompagnée par les
Furies ; elle reproche à Egisthe sa foiblesse, son
peu d'empressement à la servir et son parjure ;
elle veut lui arracher le fer dont elle a armé
son bras pour s'en servir contre Agamemnon :

Egisthe ne pouvant plus supporter ses reproches, ses menaces et ses emportemens, s'élance
comme un furieux, et porte ses premiers coups
sur Agamemnon ; il vole ensuite vers Cassandre, qui, dévouée à la mort, marche au devant
de lui ; sa fermeté et son courage arrêtent le
bras d'Égisthe ; mais Clytemnestre, qui lui crie
frappe, achève ! ranime toute sa barbarie ; il
plonge le poignard dans le sein de Cassandre.
Clytemnestre goûte alors l'horrible plaisir de
la Vengeance pleinement assouvie. Egisthe jette
le poignard aux pieds de Cassandre. Les meur-
triers se retirent, et, quoique s'applaudissant
de leurs forfaits, ils expriment cependant dans
leur action le trouble qui suit les grands crimes.

SCÈNE VI.

Électre et Iphise, qui ont vainement cherché leur père dans le palais, ardentes à le sauver, courent précipitamment, en continuant
leur recherche. A la vue de Cassandre assassi-
née et de leur père mourant, elles jettent des
cris de désespoir ; elles se précipitent sur le
corps ensanglanté d'Agamemnon, en exprimant ce que le regret et la douleur ont de plus
déchirant. Agamemnon leur tend des bras mourans, il reçoit leurs soupirs et leurs larmes.
Electre furieuse se relève livrée aux transports

du désespoir, puis elle revient aux pieds d'A-
gamemnon que la jeune Iphise n'a point cessé
d'arroser de ses larmes.

SCÈNE VII.

Les cris d'Électre ont attiré les dames et
les officiers du palais, déjà prévenus par l'é-
pouvante qu'Électre a semée. Elle leur montre
leur roi assassiné, respirant à peine, et Cassandre privée de la lumière. A ce double spectacle d'horreur, les officiers volent au secours
de leur roi, et les femmes se groupent autour
de Cassandre.

SCÈNE VIII.

Egisthe et Clytemnestre ajoutent à la noirceur de leur forfait ; ils paroissent avec l'empressement de l'amitié ; ils affectent une douleur
et une pitié que leurs yeux et leur physionomie démentent ; ils se jettent aux pieds d'Agamemnon ; ce prince rejette ces perfides témoignages avec un dédain et une horreur qui avancent ses derniers momens. Clytemnestre et
Egisthe mettent le comble à leur crime, en
accusant Cassandre du meurtre d'Agamemnon ;
le poignard qui est à ses pieds, leur paroissant
un indice propre à les justifier, et à détourner

les soupçons, Clytemnestre s'en saisit, le
montre aux officiers, accuse Cassandre, et est
prête à les persuader par cette imposture. Agamemnon faisant un dernier effort se relève,
justifie Cassandre, et déclare qu'Égisthe et
Clytemnestre sont ses assassins; puis se retournant vers ses enfans, il les embrasse et meurt.
Électre est partagée entre la fureur, le désespoir et la vengeance.

Pendant la scène précédente où Clytemnestre
et Égisthe paroissent déplorer leur infortune,
Électre les regardoit avec les yeux de l'indignation, du mépris et de la colère; mais, dans
le moment où Agamemnon les accuse et confirme cette affreuse vérité, elle se livre à tous
les sentimens qui l'agitent, elle éclate en reproches, elle menace, elle insulte, elle jure à Égisthe
que son bras saura venger la mort de son père,
punir un lâche assassin et un infâme usurpateur. Clytemnestre et Égisthe, anéantis par l'ac-
cusation publique d'Agamemnon, se retirent
en exprimant tout à la fois la honte et la rage
qu'imprime dans l'ame et sur la physionomie
l'horreur d'un crime découvert.

SCÈNE IX.

Électre vole aux pieds de son père, lui parle,
le serre dans ses bras; mais le trouvant glacé

et couvert du voile éternel de la mort, elle
recule épouvantée, et se livre aux transports
d'une affliction vive et fortement sentie. Iphise
mêle ses pleurs aux larmes de sa sœur. Elles
se jettent encore sur le corps d'Agamemnon
qui n'existe plus : les officiers l'emportent ; les
femmes du palais enlèvent Cassandre. Électre
et Iphise suivent le corps d'Agamemnon en
fondant en larmes, et en exprimant tout ce que
la douleur a de plus amer et de plus véhément.

ACTE IV.

La décoration représente un salon faisant partie
des appartemens d'Electre et d'Iphise.

SCÈNE I.

Ces princesses paroissent ; elles sont couvertes de deuil, ainsi que les femmes de leur
suite. Électre et Iphise expriment la situation
de leurs ames. Le chœur, à l'imitation des
anciens, joint ses larmes à leurs sanglots.
Électre, à la vue du poignard encore tout fumant du sang d'Agamemnon, frémit et exhale
sa fureur ; puis elle retombe dans sa première
tristesse. Iphise et les femmes font de vains
efforts pour la consoler.

SCÈNE II.

Clytemnestre, effrayée de son crime et per-

sécutée par les remords, cherche vainement
des secours capables de la consoler; elle accourt
vers Électre, elle implore sa pitié, elle cherche à s'excuser; mais Électre, loin de se laisser toucher, la fuit avec horreur, lui jure de
venger la mort de son père, et s'abandonne à
toute sa fureur. Iphise se jette aux pieds de
Clytemnestre, qui, offensée des menaces d'É-
lectre, se livre à son ressentiment; elle supplie
cette mère irritée de pardonner à la douleur
et au désespoir de sa sœur; mais cette reine,
qui craint tout de la vengeance d'Électre, sort
en la menaçant, et en lui faisant entendre
qu'elle la fera promptement repentir de son
insolence.

SCÈNE III.

Électre, furieuse et hors d'elle-même, fait
peu d'attention aux menaces de la reine.

Une de ses femmes lui annonce l'arrivée de
deux étrangers qui veulent se mettre à ses pieds
et qui ont quelques secrets de la dernière im-
portance à lui communiquer; elle consent à
les recevoir, et, frappée d'un pressentiment
heureux, elle se livre à la douceur de penser
qu'elle aura quelques nouvelles d'Oreste.

SCÈNE IV.

Les étrangers sont introduits. Oreste, pour

ménager à sa sœur une reconnoissance qui pourroit lui causer une émotion trop vive, se jette à ses pieds et lui présente une lettre. Électre la prend; mais, en fixant ses regards sur les traits du jeune étranger, elle y reconnoît tous ceux de son frère, elle tressaille de joie, elle recule, elle avance, elle lui tend les bras; le plaisir l'empêche de voler à lui; l'excès d'un bonheur aussi vif et aussi inattendu semble anéantir toutes ses facultés. Oreste se relève, éprouve la même émotion, les mêmes sentimens, et se jette dans les bras de sa sœur; il lui présente son ami fidèle, et Électre lui montre sa sœur Iphise qui étoit au berceau lorsqu'il quitta Mycènes; il l'embrasse tendrement et remercie le ciel du bonheur qu'il lui accorde.

Electre, craignant que cette félicité ne lui soit ravie, et que son vengeur ne devienne la troisième victime de la fureur d'Égisthe, prie sa sœur et engage ses femmes à veiller à la conservation d'un objet si cher à son cœur; elles se dispersent pour garder les différens passages qui aboutissent à son appartement, afin qu'elle ne soit point surprise par les ennemis de sa famille.

SCÈNE V.

Oreste, qui voit ses sœurs et leurs femmes
en deuil, demande à Electre la cause d'un appareil aussi lugubre; elle veut parler; les pleurs
et les sanglots étouffent sa voix. Oreste, frappé
du plus affreux pressentiment, la presse et
exige qu'elle s'explique. Electre tout en larmes
lui montre le poignard teint du sang d'Agamemnon, et lui dit que c'est le fer dont le cruel
Egisthe s'est servi pour percer le cœur de leur
père. A ce récit, Oreste frémit d'épouvante et
de rage; il se jette dans les bras de Pilade; puis
courant dans les bras de sa sœur, il se saisit
du poignard, et veut aller chercher Egisthe pour
le percer de mille coups. Sa sœur et Pilade
l'arrêtent.

SCÈNE VI.

Dans ce moment, la jeune Iphise et les
femmes accourent successivement; elles annoncent en tremblant l'arrivée du tyran. A cette
nouvelle, Oreste veut l'attendre et lui donner
la mort; mais ses sœurs suspendent un instant sa vengeance et le déterminent à se soustraire aux yeux d'Egisthe. Electre confie la
garde de son frère à l'amitié de Pilade, et aux
soins vigilans de ses femmes.

SCÈNE VII.

Egisthe entre ; les plaintes amères que la reine vient de lui porter ont excité sa colère ; il est suivi des principaux officiers du palais. A son aspect, toute la fureur d'Electre semble renaître ; elle le traite avec mépris, elle l'accable de reproches ; le tyran, indigné, ordonne qu'on la charge de fers. A la vue des chaînes, Electre frémit de rage ; elle les reçoit avec une tranquillité dédaigneuse ; puis s'approchant du tyran avec un air furieux, elle lui dit que ces fers honteux n'arrêteront point son bras, et qu'elle saura le punir de tous ses forfaits. La jeune Iphise, craignant tout des emportemens de sa sœur, et du ressentiment d'Egisthe, tombe à ses genoux pour le calmer ; mais Electre, apercevant sa sœur dans cette posture humiliante, recule d'indignation, vole et l'arrache d'une situation qui avilit la fille d'Agamemnon, en disant au tyran que c'est à lui à tomber à leurs pieds. Egisthe, outré de colère et frappé des menaces terribles d'Electre, sort avec précipitation, en ordonnant aux officiers de lui répondre d'elle ; Iphise suit les pas d'Egisthe pour tâcher de le fléchir.

SCÈNE VIII.

Electre, à la vue de ses fers, exprime son

désespoir; elle a cependant l'art de se servir de cet état humiliant, pour captiver le cœur de tous les officiers, à la garde desquels elle est confiée; elle leur montre ses chaînes, elle les attendrit, elle les intéresse, elle les range de son parti; et, lorsqu'elle leur rappelle les derniers instans d'Agamemnon accusant Egisthe des coups dont il expire, ils frémissent d'horreur.

SCÈNE IX.

Oreste et Pilade paroissent. Les officiers s'avancent pour se saisir de l'un et de l'autre; mais Electre leur crie : *c'est mon frère, c'est votre roi !* elle leur montre, comme un témoignage de cette vérité, le sabre et le bouclier qu'Agamemnon avoit destinés à ce prince, et qu'elle lui avoit remis, lorsque, pour le dérober à la cruauté d'Egisthe, elle l'éloigna de Mycènes.

Les officiers, pénétrés d'amour et de respect pour l'héritier légitime de leur roi, tombent et se prosternent aux pieds d'Oreste, qui, en les embrassant, leur promet une reconnoissance éternelle. Oreste et Electre, au comble de leurs vœux, expriment le plaisir que donne l'espoir d'une vengeance légitime. Electre remet à son frère le poignard teint du sang d'Agamemnon, afin qu'il le lave dans celui d'Egisthe ; elle lui recommande de ne point épargner cette infâme victime, elle lui montre qu'il faut le percer de mille coups, et le traîner mourant et baigné dans son sang aux pieds du tombeau d'Agamemnon. Oreste, qui seconde les fureurs d'Electre, lui jure qu'il ne portera que des coups assurés, qu'il brisera ses chaînes et qu'il purgera la terre d'un monstre exécrable. Ils quittent la scène, ainsi que les personnes de leur suite, en exprimant le plaisir de se revoir, de se venger, et de sacrifier le barbare Egisthe aux manes d'Agamemnon.

ACTE V.

La Scène est dans la nuit.

La décoration représente un bois de cyprès, orné de tombeaux, d'urnes, de pyramides, de cariatides qui supportent des lampes sépulcrales. Le tombeau des rois d'Argos et de Mycènes forme la partie principale de cette décoration. Ce monument auguste est en marbre blanc, ainsi que les pyramides, les tombeaux et les urnes. Les portes du grand tombeau sont de bronze et enrichies de bas-reliefs. En les ouvrant on découvre un souterrain obscur, éclairé par une lampe sépulcrale ; au milieu s'élève une tombe eu-

tourée par un groupe de figures de marbre qui
expriment les regrets et la douleur.

SCÈNE I.

Oreste et Pilade paroissent dans ce bois
sombre qui ne reçoit d'autre lumière que celle
des lampes funèbres. Avant de consommer sa
vengeance, Oreste veut aller faire des libations
sur la tombe de son père ; il entre dans le tombeau, il descend dans le souterrain qu'on y a
pratiqué. Pilade en ferme les portes, et se cache
dans les bosquets obscurs qui entourent le monument.

SCÈNE II.

Une marche triste et lugubre annonce l'arrivée de la pompe funèbre ; des gardes portent
des flambleaux ; la reine, les princesses et
leur suite sont couvertes de crêpes noirs, et
tiennent dans leurs mains des branches de cyprès. Egisthe a ses armes et son bouclier couverts de crêpe, ainsi que les officiers et les
troupes qui l'accompagnent. Tous les trophées
d'Agamemnon sont également couverts de voiles
noirs. Des prêtres, des sacrificateurs portent
des encensoirs et des vases sacrés. Des enfans
portent des fleurs. Des soldats tiennent des
carreaux de deuil qu'ils placent autour du tom-

Après cette marche triste et silencieuse, des femmes dansent un hymne autour de l'autel; elles déposent leurs branches de cyprès sur les marches du tombeau, et elles s'y prosternent dans les attitudes de la douleur; les enfans jettent des fleurs.

Cette cérémonie terminée, tous tombent à genoux et demeurent dans le silence le plus respectueux. Le grand-prêtre se prépare aux fonctions sacrées de son ministère; déjà l'encens brûle, on lui présente les vases destinés aux libations; mais le ciel en courroux ne répond à tous les vœux qui lui sont offerts, que par des éclairs et des coups de tonnerre.

SCÈNE III.

Le tombeau s'ouvre; on y voit Oreste accompagné des Euménides. Il sort de ce monument; la rage et le désespoir se peignent dans son action : il aperçoit sa victime; il se précipite avec fureur sur Egisthe, lui porte un coup de poignard et lève le bras pour redoubler; mais Clytemnestre, couvrant de son corps celui d'Egisthe, reçoit le coup mortel réservé au tyran. Electre qui s'élance pour arrêter le bras de son frère, en criant : *C'est ma mère* (1),

_____

(1) Ce cri est prononcé par une voix cachée.

ne peut arriver à temps. Oreste furieux n'entend, ne voit rien, et, livré à tous les transports de la vengeance, il se jette une seconde
fois sur Egisthe et le perce de plusieurs coups.
Cependant frappé d'une tereur soudaine, il se
retourne, voit une femme expirante, et ses
sœurs en larmes ; il marche à pas chancèlans :
il lève d'une main tremblante le voile qui lui
dérobe les traits de celle à qui il vient invo-
lontairement de donner la mort ; à l'aspect de
sa mère il recule d'horreur et d'effroi, il veut
se frapper, mais Electre et Pilade volent à
son secours et le désarment ; il tombe sans
connoissance sur un tombeau peu élevé. Le
peuple épouvanté fuit de toutes parts. On entraîne Egisthe et Clytemnestre.

SCÈNE IV.

Dans ce moment les furies sortent du tombeau pour exhaler leur joie barbare : elles ap-
pellent le Crime, le Remords et le Désespoir,
pour mieux déchirer le cœur du malheureux
Oreste : les sifflemens de leurs serpens sont
leurs cris d'allégresse.

Cependant Oreste revient à lui ; il revoit,
avec la lumière, les objets hideux qui le persé-
cutent. La troupe infernale se groupe sans

cesse autour de lui pour le tourmenter, et le poursuit sans relâche. C'est en vain qu'il conjure; rien ne peut fléchir leur barbarie. Oreste, furieux, s'abandonne à l'horreur qui le déchire: son action peint, avec l'égarement et l'effroi, tout ce que le Crime, le Remords et le Désespoir lui retracent d'horrible; il fuit, mais la terre s'entr'ouvre sous ses pas.

SCÈNE V.

L'Ombre terrible et menaçante de Clytemnestre lui apparoît, et lui montre la plaie toute saignante qui a frayé jusqu'à son cœur un chemin à la mort. Oreste, à cet aspect épouvantable, recule, frémit, se jette aux pieds de l'Ombre, la conjure d'une voix foible et mourante de croire que son cœur est innocent, et que sa main seule est criminelle. L'Ombre lui répond d'une voix menaçante et terrible, rejette ses pleurs, ses sanglots, et disparoît.

SCÈNE VI ET DERNIÈRE.

Oreste, qui ne peut plus supporter la vie, et qui est sans cesse livré à la barbarie des Euménides, et déchiré par les reproches que le Crime, le Remords et le Désespoir portent à son cœur, veut se donner la mort; mais Pilade,

Electre et Iphise, toujours attentifs à sa conservation, s'opposent à ses transports funestes.
Le malheureux Oreste tombe dans leurs bras
accablé sous le poids de ses douleurs, sans
sentiment et sans connoissance. Les Furies, le
Crime, le Remords et le Désespoir, tous ces
monstres infernaux, se groupent autour de lui
pour ne le plus abandonner.

FIN.

LES GRACES,

BALLET ANACRÉONTIQUE.

AVANT-PROPOS.

Ce ballet est tiré du poëme de M. Wieland, intitulé *les Grâces*. C'est au goût, au génie, à l'élégance de ce rival heureux d'Anacréon, que je devrai le succès de ma composition, qui n'est, j'en conviens, qu'une esquisse légère, ou qu'une copie bien imparfaite de l'original ; mais il n'appartient pas à tout le monde de jouer avec les Grâces et de badiner avec l'Amour ; il faut être, comme M. Wieland, l'ami, le confident, et le favori des Muses. Quelque imparfait que soit mon ouvrage, n'aurai-je pas un mérite aux yeux de la nation allemande et du monde littéraire, en multipliant les tableaux de ce poëme charmant ? Une copie du Corrége, de l'Albane ou du Titien, quelque au-dessous qu'elle soit de l'original, indique cependant le goût et la manière de faire du peintre célèbre. A l'exemple de l'abeille, je dois caresser toutes les fleurs ; et, après avoir butiné dans les jardins d'Anacréon et d'Ovide, je dois encore voltiger dans ceux des Wieland et des Gessner.

Je préviens le public que je ne me suis servi

que des deuxième, troisième et quatrième chants
du poème, et que j'ai été contraint de renoncer
à toutes les beautés du détail, que la pantomime ne peut exprimer, pour me livrer à
l'action et à tout ce qui s'appelle tableau de
situation; je me suis vu forcé d'avoir recours
à des moyens étrangers à l'original, pour pouvoir indiquer l'instant où, les Grâces, cessant d'être méconnues, paroissoient avec le
caractère de leur essence et de leur immortalité. J'ai ajouté (parce que je n'ai pu m'en dispenser) à la scène de Daphnis et de Philis;
j'ai fait enfin intervenir Vénus, pour gagner,
du côté de la pompe et de la machine, une
partie des choses délicieuses que j'ai été obligé
de sacrifier à l'insuffisance de la pantomime,
qui ne fait que bégayer confusément, lorsque
les grandes passions ne lui prêtent point de
ressort, et ne la font, pour ainsi dire, qu'ar-
ticuler.

J'ai fait, au reste, tout ce qui moralement
m'a été possible pour imiter mon modèle. Si
je n'ai pas mieux réussi, je dirai, pour ma justification, que ce n'est point avec les foibles
ailes du papillon, qu'on peut suivre et atteindre
le génie.

AVERTISSEMENT.

Il est à propos de prévenir le public, que les Grâces ignorent leur origine ; que, sous un habit champêtre et des toits rustiques, elles se croient filles de Lycénion ; que cette même Lycénion, qui les a élevées, ignore elle-même que ces aimables filles sont des immortelles ; qu'elles ne reconnoissent l'enfant de Cythère que lorsqu'il fait éclater sa puissance en rendant la jeunesse à Lycénion et à Damet, et que l'instant qui suit est l'époque de la reconnoissance entre l'Amour et les Grâces, et celle du dénouement de l'intrigue. Les scènes suivantes tiennent plus à l'épisode qu'au sujet même ; cependant, on y est insensiblement ramené par les fêtes que l'Amour institue, et par la présence de Vénus.

PERSONNAGES.

L'Amour.

Les Graces, sous la forme de trois bergères.

Lycénion, vieille bergère qui a nourri les
Grâces sans connoître leur origine.

Damet, vieux berger uni à Lycénion.

Daphnis, berger.

Philis, jeune bergère.

Troupe de bergers arcadiens.

Troupe de bergères arcadiennes.

Vieux Arcadiens.

Vieilles Arcadiennes.

Vénus.

Jeux, Ris et Plaisirs de la suite de Vénus.

La Scène est en Arcadie.

LES GRACES.

La décoration représente une vaste forêt, ornée de buissons, d'arbustes fleuris, et de quelques cascades rustiques.

SCÈNE PREMIÈRE.

L'Amour égaré, las et fatigué, se couche sous un rosier sauvage; le sommeil le surprend. Le sol rendu fécond par l'influence de ce dieu charmant, produit autour de lui un tamis émaillé de fleurs odoriférantes.

SCÈNE II.

Trois jeunes filles d'une beauté ravissante, accoutumées à orner de bouquets et de guirlandes le lit de leur mère, paroissent et sont occupées du soin de chercher et de cueillir des fleurs; elles aperçoivent que la terre en est couverte à l'endroit où repose l'Amour; elles y volent avec empressement. Mais quelle est leur surprise lorsqu'elles voient un enfant, emmailloté, pour ainsi dire, de ces fleurs! Confuses, interdites et tremblantes, elles ne savent si elles doivent s'approcher ou fuir; un charme inconnu les entraîne cependant vers l'Amour, que les impressions agréables d'un songe embellissent encore ; elles avancent avec autant de précaution que de légèreté ; elles considèrent et admirent en silence les traits de cet enfant : son sourire aimable, cette tendre innocence, cette bouche vermeille, dont le plaisir semble s'exhaler, ces yeux qui, quoique fermés, expriment le sentiment; tout enfin jette les trois Arcadiennes dans une surprise qui tient du ravissement. Ce sentiment fait bientôt place à la frayeur : en examinant de plus près l'aimable enfant, elles aperçoivent près de lui un arc, un carquois et des flèches éparses dans les fleurs, elles tremblent sur les dangers qu'elles courent, et ne s'éloignent cependant qu'à pas lents. La plus jeune des trois Grâces, moins craintive et plus curieuse que ses compagnes, veut examiner encore ce tendre enfant; elle approche sur la pointe des pieds, elle tourne autour de lui, elle se baisse, et, le considérant d'un œil curieux, elle s'écrie en fuyant : *Mes sœurs ! il a des ailes, c'est un oiseau, ou peut-être c'est l'Amour.* A ce mot, on tremble, on pâlit, on frissonne, on veut fuir, et insensiblement on se rapproche. Nouvel examen, nouvelle contestation, nouveaux débats. L'enjouée Thalie, toujours fertile en expédiens, tire ses sœurs à l'écart : elle leur propose de former des guirlandes, des fleurs dont l'enfant est entouré, et de l'en enchaîner si fortement, qu'il ne puisse leur échapper, si c'est un oiseau ; ni être à craindre, si c'est l'Amour. On adopte cette idée; les jeunes beautés se débarrassent de leurs guirlandes, elles en composent de nouvelles et en assujettissent les bras, les ailes et les jambes de l'enfant de Cythère. Satisfaites de leur ruse et de leur précaution, elles s'en applaudissent et courent se cacher derrière un buisson de roses pour en attendre le succès.

L'Amour, en s'éveillant, se trouve captif et cherche vainement à rompre ses liens; les jeunes Arcadiennes, à demi cachées, jouissent de son embarras et de son dépit; elles éclatent de rire, l'enfant ailé les aperçoit et ne doute pas qu'elles ne lui aient joué ce tour. Il les appelle de ce ton qu'il sait si bien employer quand il veut séduire, il les conjure au nom de Vénus de rompre ses liens. De qui, leur dit-il, de qui l'Amour peut-il attendre du secours si la Beauté le fuit, si les Grâces l'abandonnent? Il mêle des larmes à ses prières, et leur jure une reconnoissance éternelle.

Les bergères émues et attendries se reprochent leur cruauté, et Thalie, la plus jeune

d'entre elles, soutient que c'est une barbarie.
Approchons, dit-elle à ses sœurs, il nous prie
avec tant de grâce! Il est d'ailleurs si bien lié,
répond Aglaé. Et ne sommes-nous pas trois,
continue Euphrosine? quel mal peut nous faire
un enfant? Elles avancent; les larmes et les
prières de l'Amour remplissent leur ame de
l'émotion la plus vive, elles se préparent à lui
rendre la liberté. A peine a-t-il un de ses petits
bras dégagé qu'il tressaille de joie, et qu'il s'en
sert pour embrasser sa libératrice. Thalie rougit, se fâche et lui donne un coup sur les doigts.
Ah! ah! vous êtes méchant, lui dit-elle : eh
bien! pour vous punir, vous resterez enchaîné.
A cet arrêt l'Amour frémit, il prie, il presse,
il répand quelques larmes et promet d'être plus
sage. Comment résister à son langage persua-
sif? on l'écoute, il intéresse, on brise ses liens,
en lui rend la liberté, et il en consacre à la
reconnoissance les premiers momens. Thalie,
Aglaé et Euphrosine partagent ses innocentes
caresses; il leur jure de ne les quitter jamais,
il leur promet de les conduire à Paphos. Vous
serez, leur dit-il, aimables sœurs, vous serez,
sous le nom chéri des Grâces, l'ornement de
l'empire de Cythère; vous embellirez la beauté
même; les arts, les talens, ne pourront plaire

sans vous, rien ne sera aimable sans votre secours, et votre influence, en répandant des
charmes sur tous les objets, embellira jusqu'à
la vertu.

L'Amour, pour les convaincre de son attachement, réunit plusieurs guirlandes éparses
pour n'en former qu'une seule avec laquelle il
s'enchaîne aux trois jeunes bergères qui en
tiennent l'extrémité.

Le fils de Vénus, par un sentiment qui lui
est inconnu, aime les trois Arcadiennes, sans
malice, sans méchanceté, comme si elles
étoient ses sœurs; et ces filles charmantes qui
réunissent ce qu'ont de divin la beauté simple, l'inocence naïve, la gaité modeste et la
douce sérénité, prodiguent leurs caresses à
l'Amour, comme si elles pressentoient à leur
tour que ce dieu est leur frère.

Un instant de réflexion ramène les bergères
à leur devoir; leur absence a été longue. Que
dire à leur mère! Il faut partir. Que faire de
cet enfant? l'abandonner dans cette forêt, seroit une cruauté; quel parti prendre? L'enjouée Thalie propose à l'Amour de le mettre
dans leur corbeille: nous l'emporterons, dit-
elle, nous l'offrirons à notre mère comme un
oiseau que nous avons trouvé sous des fleurs;

Cette idée qui plaît, est soudain adoptée; on fait de la corbeille un lit de fleurs; on y place l'enfant ailé, et on l'emporte en triomphe en jouant et en folâtrant avec lui.

SCÈNE III.

La décoration représente l'intérieur de la cabane de Damet et de Lycénion.

Ce vieux berger et cette vieille bergère, assis près d'une table sur laquelle est servi un repas champêtre et frugal, attendent le retour de leurs filles; ils expriment leur crainte et leur tendre inquiétude; ils ne savent à quoi attribuer une aussi longue absence, et déjà ils se livrent au sentiment accablant de l'incertitude, lorsqu'enfin ils les voient paroître.

SCÈNE IV.

Lycénion leur fait les plus tendres reproches: Thalie, qui se jette dans ses bras, y trouve son excuse; elle dit à Lycénion qu'elles ont trouvé, ses sœurs et elle, une chose rare, mais charmante; elles courent ensuite avec précipitation vers la porte, où elles ont laissé l'Amour. Elles présentent la corbeille à Lycénion; elles ont eu soin de la couvrir de leur voile. Thalie veut, avant tout, que sa mère devine ce qu'il y a

dans cette corbeille; et, sans se donner le temps
d'attendre sa réponse, elle la découvre elle-
même. Lycénion reconnoît l'Amour et recule
d'effroi; elle frémit sur le danger qui menace
ses filles et leur fait de ce dieu la peinture la
plus terrible. L'Amour, qui est sorti de sa corbeille, est effrayé du tableau : en vain, les bergères veulent prendre sa défense; en vain, l'une
vante sa candeur, l'autre sa beauté, celle-ci son
innocence: rien n'appaise Lycénion; elle veut,
quoi qu'il en puisse être, que le petit monstre
soit mis à la porte.

Cette résolution consterne les jeunes Arcadiennes et les pénètre de douleur. L'Amour,
témoin sensible de leur peine, va se servir de
son pouvoir; il sent combien il lui est important de ranger Damet et Lycénion de son parti
et combien ses discours feroient peu d'impression sur des cœurs glacés par l'âge et fermés
sans retour aux attraits du plaisir. Il transforme
donc soudain Damet en jeune berger, et il opère
le même prodige sur Lycénion; par cette métamorphose, l'un et l'autre se trouvent rame-
nés à cet âge heureux, où le cœur s'ouvrant au
plaisir est l'image de la rose qui s'épanouit au
souffle du zéphir.

Ces deux êtres nouveaux se prosternent aux

pieds de l'Amour, pour lui témoigner leur reconnoissance; et les trois Arcadiennes, enchantées de ce qui vient d'arriver, ne regardent le fils de Vénus que comme un dieu bienfaisant. Dans le même instant, la cabane se transforme en une superbe galerie; toutes les colonnes sont de pierres précieuses enrichies des métaux les plus recherchés, et entourées de pampres de vignes, de guirlandes de roses et de lacs d'Amour formés de myrte et de jasmin. A cette métamorphose à laquelle le dieu de Paphos n'a point de part, il reconnoît la présence invisible de sa mère et celle de Bacchus dispensateur de la gaîté.

Par un nouveau prodige, un nuage léger cache pendant quelques instans les filles de Lycénion; insensiblement il se dissipe, et l'Amour voit les Grâces. Ce ne sont plus les jeunes Arcadiennes, ce ne sont plus de simples bergères, ce sont des divinités : une jeunesse immortelle brille dans leurs yeux; une robe tissue par les Zéphirs et ornée par Flore, voltige autour d'elles; les colombes de Vénus volent et traversent les airs, tenant dans leurs becs des couronnes de roses qu'elles viennent poser sur la tête des Grâces. L'Amour enchanté se précipite dans leurs bras, et s'écrie en les embrassant : *Vous êtes mes sœurs! vous êtes les Grâces !*

S C È N E V.

Tant de prodiges excitent la curiosité des bergers et des bergères; ils accourent en foule; et, frappés d'étonnement à l'aspect de toutes ces merveilles, ils expriment leur admiration, leur ravissement et leur respect.

L'Amour ne veut point abandonner l'heureux séjour de l'Arcadie sans y instituer des fêtes et des jeux qui perpétuent à jamais le jour fortuné qui l'a uni aux Grâces; il ordonne aux bergers de le suivre; les bergères accompagnent de leur côté les Grâces et s'embellissent en marchant sur leurs pas.

S C È N E V I.

La décoration représente un paysage agréable terminé par des coteaux rians et des arbustes fleuris. Plusieurs cascades formées par la Nature, tombent en murmurant dans des bassins rustiques ; des cygnes nagent sur leurs eaux transparentes : sur les côtés on voit les statues d'Apollon et d'Hyacinthe entourées de buissons fleuris. Ce paysage doit être riche et caractériser un site heureux , orné des trésors du printemps.

Un ancien roi d'Arcadie avoit ordonné qu'on

célébrât une fête annuelle mêlée de jeux et de danses, dans laquelle le berger le plus beau, le plus leste et le plus adroit seroit couronné des premières roses du printemps; ce jour étoit arrivé : l'Amour, inspiré par les Grâces, trouve qu'il manque quelque chose à cette institution, que la beauté y est oubliée, et que c'est une injustice qu'il faut réparer; il ordonne donc qu'à l'avenir la plus belle des bergères recevra une couronne de roses de la main du berger qui aura remporté le prix accordé à l'élégance, à l'adresse et à l'agilité. Cet ordre est suivi; tous les bergers applaudissent à l'idée de l'Amour; toutes les bergères en rougissent de plaisir, et la joie et la reconnoissance se peignent dans leurs yeux.

Philis, jeune, insensible, qui paroissoit moins connoître le desir de plaire qu'aucune de ses compagnes, étoit celle qui avoit le plus de droit au prix de la beauté; le jeune Daphnis, aussi beau et aussi timide que Philis, étoit belle et insensible, l'aimoit avec ardeur, et la suivoit depuis deux printemps; mille fois il s'étoit approché d'elle pour lui découvrir ses feux, et mille fois sa timidité l'avoit empêché de les lui dévoiler.

L'Amour, avant de quitter l'heureux séjour

de l'Arcadie et le berceau des Grâces, voulut couronner la constance de Daphnis, en disposant le cœur de Philis à la tendresse, et en ouvrant son ame aux charmes du plaisir, toujours délicieux quand il est l'ouvrage du sentiment.

SCÈNE VII.

Philis, triste et rêveuse, fixe un rameau sur lequel sont perchées deux tendres tourterelles, image la plus belle de l'Amour et de la Fidélité ; puis détournant les yeux, elle considère deux cygnes qui folâtrent sur les eaux d'un bassin rustique ; elle aperçoit sur un autre bassin un autre cygne qui, seul et sans compagne, paroît livré à la tristesse. Sa vue se portant de là vers le sommet d'une montagne, elle y découvre un berger occupé du tendre soin de couronner sa bergère et de l'orner de fleurs, que le plaisir semble faire éclore autour d'elle. Un peu plus bas elle voit un berger qui brise son chalumeau, et qui exprime ce que la douleur et la langueur ont de plus touchant. Tous ces tableaux variés, qui lui sont offerts par la nature, excitent ses réflexions; elle se méconnoît dans les uns, elle se retrouve dans les autres ; le jeune Daphnis, caché derrière un buisson de fleurs, observe son amante.

Le moment est favorable ; Philis plongée dans une douce rêverie, et le cœur ému du spectacle que la nature vient de lui offrir, seroit sans doute moins fière et moins farouche ; l'Amour presse, il entraîne le berger, mais sa timidité ralentit ses pas ; la crainte de déplaire à Philis le fait fuir, et il va se cacher dans le bosquet.

L'Amour voit qu'il lui faudroit trop de temps pour vaincre la timidité du berger, s'approche doucement de la bergère, et se place à ses côtés. Philis, la tête appuyée sur un de ses beaux bras ; et livrée aux sentimens divers qui remplissent son ame, ne voit et n'entend rien : vainement l'Amour frappe du pied, tousse et soupire ; plongée dans ses réflexions, elle n'écoute que son cœur. Le Dieu s'approche de plus près ; il agite ses ailes, et l'air frais et délicieux qu'elles répandent autour de la bergère semble lui donner un nouvel être ; elle se retourne en soupirant et aperçoit l'Amour ; dans sa surprise elle hésite et ne sait si elle doit rester ou fuir : un charme enchanteur la retient ; elle considère avec admiration et avec plaisir l'enfant dangereux ; il est le plus beau et le plus touchant qu'elle ait vu jusqu'alors ;

ses cheveux bouclés dont l'ambroisie s'exhale ;
les ailes dorées qui couvrent ses épaules d'albâtre, son petit arc, ses flèches, son carquois ;
tout attache ses regards, fixe son attention ;
et la sensibilité succède bientôt à l'admiration ;
elle serre tendrement dans ses bras l'aimable
enfant, et elle se sent animée par un sentiment
qui lui est inconnu : elle ne veut plus enfin
quitter l'Amour ; et la crainte qu'elle a que cette
espèce d'oiseau charmant ne lui échappe, lui
fait naître l'idée de lui couper les ailes. A l'aspect du danger dont il est menacé, l'Amour
frémit, il tombe en pleurant aux genoux de
Philis, et il la conjure, au nom de la beauté,
dont elle est l'image, de ne point le priver d'un
ornement qui lui est cher.

Philis, attendrie et touchée par les larmes
de l'Amour, ne peut résister à ses prières ; ses
ailes sont conservées ; mais, par un autre caprice, elle en arrache une plume. L'Amour
pousse un cri ; et Philis, après s'être ornée le
sein de cette plume fatale, passe autour du cou
du petit dieu un ruban et le mène en lesse en
jouant avec lui et en lui prodiguant d'innocentes
caresses.

L'Amour, pour se venger du mal qu'elle
vient de lui faire et pour servir en même temps

Dahpnis, tire malicieusement une flèche de
son carquois. Philis, qui commence à devenir
curieuse, veut tout apprendre, se saisit de la
flèche; elle en examine la forme, et, voulant
indiscrètement savoir si elle est aiguë, l'enfant malin qui la guette lui pousse le bras et
la lui fait entrer dans le bout du doigt. Philis
jette un cri, pousse un soupir, se plaint de la
noirceur de l'Amour, et enveloppe le mal du
coin de son tablier, en gémissant et en laissant
couler quelques larmes.

L'Amour appelle Daphnis, qui, d'un clin
d'œil, se transporte aux pieds de Philis; elle
l'aperçoit et rougit; le berger lui prend la main,
elle le repousse d'un bras mal assuré avec la
fierté de l'innocence. Daphnis, enhardi par
l'Amour, ne se rebute point. Philis cède; sa
fierté se change en pitié, et bientôt cette pitié
devient tendresse : ses beaux yeux, qui n'étoient
ouverts que pour se fixer avec indifférence sur
les objets tranquilles de la nature, s'arrêtent
avec complaisance sur le berger, dont les
charmes lui paroissent nouveaux.

SCÈNE IX.

L'Amour, qui est allé chercher les Grâces,
pour les rendre témoins de cette union, paroît

dans le lointain avec ses aimables sœurs : leur présence embellit tout, leur influence répand sur tous les objets de nouveaux attraits. Rien aux yeux de Daphnis n'est aussi beau que Philis; rien aux yeux de Philis n'est aussi beau que son berger. Enivrés de leur bonheur mutuel, ils se jurent une tendresse éternelle, et ils éprouvent l'un et l'autre ce sentiment délicieux, qui n'est vivement senti que lorsque l'Amour règne sur le cœur, de concert avec les Grâces.

L'instant des jeux est annoncé par une musique douce et champêtre ; et le coteau se garnissant de bergers et de bergères, Philis et Daphnis se séparent pour joindre chacun leur troupe, et se jurent encore en se quittant de s'aimer à jamais.

SCÈNE X.

Déjà le coteau est rempli d'une foule de bergers, qui, en le descendant, font place aux bergères. Lorsqu'ils ont gagné la plaine, ils se disposent à y commencer leurs jeux. De vieux Arcadiens et de vieilles Arcadiennes se placent en ordre comme juges au bas de la montagne, pour décerner la couronne au vainqueur; les bergères se rangent sur la colline.

L'Amour et les Grâces président à cette fête.

Les jeux commencent; on tire de l'arc, on se livre ensuite à la lutte, et on finit les exercices par des danses, formées autour des statues d'Apollon et d'Hyacinte. Les bergères peignent tour à tour leur tendre inquiétude, chacune fait des vœux pour son berger. Cependant le moment de la décision approche, les juges se lèvent et vont prononcer; le trouble augmente parmi les bergères : partagées en petits groupes, elles attendent avec timidité l'instant qui va nommer le vainqueur.

Les voix sont recueillies; on prononce enfin, Daphnis obtient le prix, et la joie brille dans les yeux de Philis. Le son des hautbois, des flûtes et des chalumeaux, porte au loin le triomphe du berger; l'écho fait retentir son nom : Philis le répète tout bas, et son cœur lui répond. L'allégresse règne parmi les compagnons du vainqueur, ils dansent autour de Daphnis : ils le couronnent et le conduisent en triomphe, sous une espèce de baldaquin de fleurs.

Les bergères descendent à leur tour du coteau, précédées par l'Amour et par les Grâces : Philis, inquiète et tremblante, n'ose lever les yeux : et si par hasard elle les lève, ce n'est que pour regarder les filles de Lycénion et pour se dire qu'elles seules méritent la préférence. Cependant Aglaé, qui devine le sujet de ses inquiétudes, vole à elle, la serre dans ses bras et la rassure, en lui faisant entendre qu'on ne trouve beau que ce qu'on aime, et qu'elle doit ne rien craindre du cœur de son berger.

Les danses commencent. Les bergers sont placés sur le coteau pour voir les jeux : les bergères se disputent le prix de la course, d'autres celui du tambourin : celles-ci forment des danses avec des guirlandes, tandis que celles-là tracent, en dansant, avec des cerceaux garnis de roses, différentes figures variées : les Grâces, présentes à ces jeux, les embellissent encore en formant sous les berceaux différentes figures pittoresques. Moins jalouses de plaire que de prêter de l'éclat aux bergères, leur présence est plus marquée par les charmes qu'elles leur communiquent que par les leurs propres. L'influence secrète de ces immortelles répand sur toute l'assemblée un esprit de bienveillance et de gaîté. Point de jalousie, point de tracasserie, point d'amour propre, point de coquetterie : chaque bergère paroît moins s'énorgueillir de ses attraits que de ceux de sa compagne : ce prodige est opéré par les Grâces : ces sentimens sont leur ouvrage.

Des bergers descendent de la colline; le beau
Daphnis paroît couronné de roses : il aborde
les filles de Lycénion, et leur dit que leur beauté
mériteroit la préférence, mais qu'il n'a qu'une
couronne, et que l'Amour le rend injuste : puis
cherchant avec l'empressement du desir sa
chère Philis qui, par modestie, s'est cachée derrière ses compagnes, il vole à elle, la tire de
la foule, lui pose la couronne sur la tête et
tombe à ses pieds.

Philis rougit, elle prétend moins au prix de
la beauté qu'au cœur de son amant : un sentiment de justice la détermine : elle s'échappe
des bras de Daphnis pour courir vers les
Grâces : elle voudroit avoir trois couronnes à
leur offrir, elle marque son embarras, elle
regarde l'Amour, et, par le pouvoir de ce dieu,
sa couronne se multiplie : chacune des Grâces
en reçoit une; mais enchantées de la modestie
touchante de Philis, elles la couronnent elles-
mêmes de leur main divine. L'Amour, qui applaudit au choix de Daphnis, l'enchaîne à
Philis avec une guirlande de roses, et les unit
l'un à l'autre. On se livre de nouveau à des
danses qui expriment tout à la fois la joie,
le plaisir et l'enjouement.

SCÈNE XI.

Un prodige inattendu interrompt la fête, Vénus paroît sur un nuage doré porté par les Zéphirs; elle est accompagnée des Jeux, des Ris, des Plaisirs, et une foule de petits Amours s'empressent de la couronner. A cet aspect, le dieu de Cythère vole aux Grâces, il les prend par la main, et les conduit à la mère. Un bois de roses naissantes s'élève sous les pas du fils de Vénus et des trois immortelles, et leur fraie une route de fleurs qui les conduit à la cour céleste. L'Amour se jette dans les bras de sa mère, et lui présente ses charmantes sœurs, qui, après avoir reçu de la déesse les plus tendres caresses, se groupent autour d'elle. Tous les bergers s'approchent du bois; ils y cueillent les roses que l'Amour fait éclore; ils en ornent les cheveux de leurs bergères, et, des rameaux fleuris qu'ils arrachent, ils forment des berceaux, des couronnes et des guirlandes. Philis, Daphnis, Lycénion et Damet se prosternent aux pieds de Vénus, de l'Amour et des Grâces; tous les bergers et toutes les bergères s'empressent à leur rendre le même hommage; les trois aimables sœurs leur promettent de régner toujours invisiblement parmi eux, de se mêler à leurs danses et d'embellir leurs fêtes.

Elles leur recommandent de célébrer tous les ans celle que l'Amour vient d'instituer, et les assure que la récompense qui vient d'être accordée à la plus belle sera désormais le prix de la plus vertueuse.

Tous les bergers et toutes les bergères étendent les bras vers ces divinités bienfaisantes, qui, se frayant une route dans les airs, disparoissent avec les groupes de nuages et de zéphirs qui les environnent.

Dans le même instant, un temple et un autel consacrés aux Grâces s'élèvent de dessous terre. Un groupe, qui offre l'image de ces immortelles, paroît ensuite derrière l'autel, il les représente enchaînées l'une à l'autre et se tenant par les mains. Les bergers, enchantés de ce nouveau prodige, expriment leur joie et leur félicité. Philis et Daphnis, unis à jamais, sont les premiers à orner de festons et de guirlandes l'autel des Grâces; ils y déposent leurs couronnes; ils se rejoignent ensuite aux bergers et se livrent à des danses qui caractérisent l'expression naïve d'une joie pure. Cette fête anacréontique est terminée par un groupe général enrichi de tous les accessoires que la puissance de l'Amour leur a prodigués pour orner leurs bergères et pour embellir leurs jeux.

LES DANAÏDES,

OU

HYPERMNESTRE.

BALLET TRAGIQUE,

EN CINQ ACTES.

PERSONNAGES.

DANAUS, roi d'Argos.

HYPERMNESTRE, fille de Danaüs.

Les DANAÏDES, autres filles de Danaüs.

LINCÉE, l'un des fils d'Egyptus et neveu de Danaüs.

Les autres fils d'Egyptus.

TISIPHONE, ALECTO, MÉGÈRE, Furies.

Le Crime, la Trahison, la Perfidie et le Remords personnifiés.

Spectres.

Prêtres et Sacrificateurs d'Isis.

Prêtres et Prêtresses de l'Hymen.

Officiers de Danaüs.

Gardes et Soldats.

Officiers de la suite de Lincée.

PREMIÈRE PARTIE.

La décoration représente le cabinet de Danaüs ; un groupe de figures de marbre en décore le fond ; une couchette, surmontée d'un riche baldaquin, est placée à la gauche de la scène.

SCÈNE I.

Danaüs, désespéré de l'union de ses filles avec ses neveux et de la loi que son frère Egyptus lui impose, médite le projet de se venger ; agité par mille sentimens divers, il exprime le trouble de son ame ; il veut punir l'arrogance d'Egyptus par le massacre de ses fils ; il veut changer les flambeaux de l'Hymen et de l'Amour en torches funéraires, et se servir du bras de ses filles pour porter des coups plus assurés, et se délivrer d'une famille qui lui est d'autant plus odieuse, qu'elle met des bornes à sa puissance et à son ambition. C'est au milieu de ces pensées que Danaüs est interrompu par un bruit souterrain, qui le glace d'effroi ; mais la frayeur de ce prince redouble lorsqu'il aperçoit une main qui trace en caractère de feu sur le lambris de son appartement :

Tremble, un fils d'Egyptus va régner à ta place.

A cet aspect, Danaüs épouvanté recule de surprise et d'effroi ; la pâleur de la mort s'imprime sur ses traits ; ses genoux tremblans supportent avec peine le poids de son corps agité.

SCÈNE II.

Il veut fuir, mais il est arrêté par des gouffres de feu qui s'entr'ouvrent sous ses pas ; l'ombre menaçante de Gélanor (1) lui apparoît ; elle confirme au tyran la fin de son règne ; l'inscription s'enflamme et devient plus terrible ; le bruit s'accroît, le feu s'exhale de toutes parts ; et Danaüs ne pouvant plus soutenir la vue d'un pareil spectacle, tombe sans sentiment sur une couchette. Le bruit cesse ; la main et l'ombre disparoissent ; les caractères s'effacent ; les gouffres se ferment, et Danaüs revoit la lumière.

SCÈNE III.

Un de ses principaux officiers vient l'avertir que tout est prêt pour l'hymen des Danaïdes ;

---

(1) Pour donner à l'action un caractère plus effrayant, un chanteur dérobé par le groupe de sculpture au-devant duquel l'ombre apparoît, articule ces mots : *Frémis, tyran ; la mort t'attend.*

que l'on n'attend que lui pour marcher au temple : ce prince, revenu à peine de son éva-
nouissement, mais dont l'ame est agitée par
la frayeur et par la vengeance, fuit avec précipitation un lieu qui lui paroît d'autant plus
redoutable, qu'il vient d'y lire sa destinée.

DEUXIÉME PARTIE.

La décoration représente l'intérieur du temple
d'Isis ; tout y est préparé pour l'union des Danaïdes et des fils d'Egyptus ; un autel consacré
à l'Hymen et à l'Amour est élevé au milieu de
cet édifice ; les prêtres, les prêtresses et les sacrificateurs entourent cet autel ; les nouveaux
époux sont rangés près d'eux ; Hypermnestre
et Lincée forment le couple le plus distingué ;
Danaüs, accompagné d'une suite nombreuse,
est placé à la droite ; une foule de peuple, témoin de cette cérémonie, est dispersé dans les
différentes parties de cet édifice.

SCÈNE I.

Danaüs, vivement troublé, se fait violence
pour dérober à ses enfans la situation de son
ame, et pour masquer la haine et la rage qui
règnent dans son cœur : il affecte de se prêter
avec joie à cette union funeste ; mais il a beau
dissimuler, les étincelles de la fureur et de

la vengeance décèlent la barbarie dont son ame est tourmentée.

Cependant la cérémonie nuptiale se fait avec toute la pompe et tout l'appareil qu'exige une telle union ; les nouveaux époux se livrent à leur commun bonheur ; Hypermnestre et Lincée sont ceux qui expriment avec le plus de vivacité l'excès de leur félicité. Cette fête se termine par des danses caractéristiques, analogues au sujet et au site de l'action, dans lesquelles Danaüs soutient son caractère, en mêlant à l'expression d'une joie feinte les transports d'une haine implacable.

TROISIÈME PARTIE.

La décoration représente une grotte de verdure des jardins de Danaüs, enrichie de vases et de figures de marbre représentant le Silence et le Mystère ; un autel est placé dans le fond de cette grotte, et il s'élève derrière lui un groupe de figures dérobé par un voile ; les Danaïdes croient, d'après l'aveu de leur père, que ces statues sont celles de l'Hymen et de l'Amour.

SCÈNE 1.

Danaüs, dévancé par deux officiers, fait poser sur l'autel un vase d'or couvert d'un tapis de

brocard ; les officiers se retirent, et les Danaïdes s'assemblent auprès de leur père ; il les
engage de jurer, par les divinités dont il leur
dérobe l'image, d'être inviolablement fidèles
aux sermens d'obéissance qu'il exige d'elles.
Hypermnestre et ses sœurs s'avancent vers
l'autel ; elles posent respectueusement la main
sur ce marbre sacré, et s'engagent solennellement, et en présence des dieux, de n'être
point parjures à leurs sermens. Danaüs, jouis-
sant d'avance du succès funeste de sa ruse
barbare, découvre le vase mystérieux : il ordonne à ses filles de faire le partage de ce qu'il
renferme, et elles en tirent chacune un poignard : immobiles et tremblantes, elles n'osent
lever les yeux ; mais leur père, arrachant le
voile qui déroboit les statues, montre à ses
filles les Divinités, sous les lois desquelles elles
viennent de s'engager. Ce groupe mystérieux
qu'elles regardoient comme celui de l'Hymen
et de l'Amour, représente la Haine et la Vengeance armées de poignards, qui épuisent les
traits de leur fureur sur un jeune homme nouvellement couronné par l'Hymen. A ce spectacle, les Danaïdes reculent épouvantées ; Hypermnestre, frémissant du crime que son père
exige d'elle, tombe à ses genoux ainsi que ses

sœurs ; en vain elles veulent révoquer leurs sermens ; en vain conjurent-elles Danaüs de leur épargner l'horreur et le remords d'un parricide : ce père barbare est insensible aux larmes et aux prières de ses filles ; il les menace, il entre en fureur , et il leur ordonne en se retirant de lui obéir, et de ne point épargner le sang de leurs époux.

Hypermnestre, livrée à la douleur, fait tous ses efforts pour engager ses sœurs à renoncer à un projet si horrible ; mais celles-ci, peu sensibles à une union où le cœur n'est que foiblement intéressé , assurent Hypermnestre qu'elles volent au parricide pour conserver les jours de leur père ; Hypermnestre ne veut point tremper ses mains dans le sang de Lincée, et se retire dans la ferme résolution de tout entreprendre pour le soustraire à la haine de Danaüs.

QUATRIÈME PARTIE.

La décoration représente une magnifique galerie qui aboutit à la chambre nuptiale. La scène est dans la nuit.

SCÈNE I.

Danaüs est devancé par des officiers portant des flambeaux ; il exprime son impatience et son inquiétude ; mais étant tout-à-coup frappé par les accens tristes et lugubres et par les cris plaintifs qui sortent de la chambre nuptiale, il ne doute point que ses filles n'aient exécuté ses ordres. Il commande à deux officiers d'ouvrir les rideaux ; et, à la lueur de leurs torches, Danaüs aperçoit l'horrible tableau du massacre des enfans d'Egyptus : plusieurs d'entre eux ont passé des bras du Sommeil dans ceux de la Mort ; quelques-uns de ces infortunés luttent encore contre la parque qui tranche avec peine le fil de leurs jours ; d'autres enfin se traînent avec peine vers les portes de ce monument de barbarie, pour se conserver les restes d'une vie que leurs cruelles épouses s'efforcent de leur arracher. Danaüs se repaît de ce spectacle ; mais craignant qu'il n'échappe quelque victime à sa vengeance, il enfonce lui-même le poignard

dans le sein d'un de ces malheureux qui im-
ploroit sa clémence ; content de l'énormité de
tant de forfaits, il ordonne aux officiers de
fermer les rideaux , et se retire.

SCÈNE II.

Hypermnestre tremblante paroît tenant un
poignard d'une main et une lampe de l'autre.
Lincée, qui la cherche, se présente à elle ; il
lui demande le sujet de son inquiétude. Hypermnestre oublie alors ses sermens et les ordres de Danaüs ; le fer lui échappe de la main :
elle se jette aux genoux de son époux , les arrose de ses larmes, et lui conseille de fuir ;
Lincée, qui ne peut abandonner son épouse,
la conjure de s'expliquer. Hypermnestre se
tait ; les rideaux s'ouvrent. Lincée aperçoit
les Danaïdes ; leurs cris de désespoir, leurs accens douloureux poussés par le repentir, leurs
courses errantes, leurs gestes effrayans glacent
le cœur de Lincée. Les cheveux hérissés des
Danaïdes, leurs bras ensanglantés, leurs physionomies, où la rage est imprimée, annoncent
l'énormité de leurs forfaits. A la lueur d'une
lampe suspendue dans la chambre nuptiale,
Lincée découvre ses frères massacrés et bai-
gnés dans leur sang ; la vue d'un tel spectacle le

transporte de fureur. Il veut courir au secours de ses frères ; il veut venger leur mort par celle du cruel Danaüs ; mais ne pouvant plus soutenir l'idée de tant de forfaits, ni résister à la violence de sa douleur, il tombe sans connoissance dans les bras d'Hypermnestre : elle l'entraîne, avec le secours de quelques amis fidèles, hors de ce lieu d'épouvante ; elle leur confie les jours de son époux ; elle se retire en implorant leur secours, et en leur recommandant de prendre la fuite avec Lincée.

Les Danaïdes restent immobiles à la vue de leur cruel attentat ; ici sortent du lieu du massacre des spectres horribles. Tisiphone, Alecto, Mégère les accompagnent ; le Crime, la Trahison, la Perfidie et le Remords les suivent. Cette troupe infernale s'empresse à présenter aux Danaïdes les tableaux effrayans de leurs crimes : les images, qui leur sont retracées par les enfers, leur déchirent l'ame, et leur causent à chaque instant de nouvelles épouvantes. Elles veulent fuir ; mais elles sont sans cesse arrêtées dans leur fuite par les groupes horribles qui les devancent ou qui les poursuivent. Le Crime, le Remords, la Trahison et la Perfidie, conduits par les Furies, les enchaînent pour ne les plus abandonner ; en vain veulent-elles échapper à la punition qui les attend; la terre s'entr'ouvre, il s'en exhale une vapeur épaisse mêlée de flammes; un bruit sourd et confus ajoute à cette horreur; un spectre hideux, armé d'une faulx, sort à pas lents du souterrain; son apparition glace d'épouvante l'ame des Danaïdes; la pâleur de la mort se répand sur leurs traits; le spectre leur montrant d'une main menaçante la route qu'il vient de leur frayer, leur ordonne d'y descendre: c'est inutilement qu'elles tentent de se soustraire à sa puissance; elles sont entraînées par la troupe infernale; et les spectres armés de torches funéraires et lugubres, les précipitent dans l'empire des morts.

SCÈNE III.

Danaüs, toujours inquiet et toujours tourmenté, cherche Hypermnestre; cette princesse paroît; à ses pleurs et à la douleur qui l'accable, le tyran croit ne pouvoir douter de la mort de Lincée; dans l'instant qu'il lui témoigne sa satisfaction et qu'il cherche à la consoler, des gardes accourent, lui présentent une lettre de ce prince adressée à Hypermnestre; à cette vue, Danaüs entre en fureur; il ordonne de courir promptement après ce fugitif; il commande à ses gardes d'enchaîner Hypermnestre, et, furieux de sa désobéissance, il l'accable de reproches et ordonne qu'on l'éloigne pour jamais de ses yeux.

SCÈNE IV.

Lincée, désarmé et chargé de chaînes, est conduit à Danaüs; à cette vue, Hypermnestre vole aux genoux de son père; elle le trouve insensible à ses prières. Lincée, qui ne respire que la vengeance, honteux de l'abaissement de son épouse, l'arrache de cette posture humiliante; il accable le tyran de reproches, et par un geste menaçant il semble braver sa colère. Danaüs ne peut soutenir cet excès d'outrage; et, regardant Lincée comme celui que les dieux ont conservé pour le punir de ses forfaits, il ordonne qu'on l'entraîne au supplice, et que l'on conduise sa fille dans les cachots. Ces deux infortunés se disent d'éternels adieux; mais Danaüs, jaloux de la douceur qu'ils éprouvent dans ce fatal moment, commande qu'on les sépare, et ils sont cruellement arrachés l'un à l'autre par les gardes qui les conduisent au supplice.

CINQUIÈME PARTIE.

La décoration représente une grande place publique de la ville d'Argos ; un bûcher est élevé au milieu de cette place ; dans le fond on aperçoit une partie des fortifications intérieures de la ville ; une foule de peuple est rangée dans cette place, pour être témoin de l'exécution qui doit s'y faire.

SCÈNE I.

On amène Lincée paré d'ornemens funéraires ; du côté opposé on conduit Hypermnestre enchaînée ; ici ces deux époux, près d'être désunis pour toujours, volent l'un à l'autre, malgré la résistance de leurs gardes, et se donnent, en présence de tout le peuple, des témoignages de leur mutuelle tendresse : le peuple, attentif à l'action de ces amans, s'y intéresse ; le parti de Lincée saisit cet instant pour se soulever contre un roi tyran ; la persuasion gagne de proche en proche, et le peuple aussi attendri que convaincu de l'innocence de ces infortunés, se déclare en leur faveur ; la faction s'accroît ; les gardes sont renversés ; le bûcher est détruit ; on élève un trône à sa place ; on dépouille Lincée de ses ornemens funéraires ; on lui donne des armes ; on le place

sur le trône avec Hypermnestre ; on le pro-
clame roi d'Argos, et on lui prête d'une commune voix le serment de fidélité.

SCÈNE II ET DERNIÈRE.

Danaüs, averti de la révolte, paroît à la tête
de quelques troupes encore fidèles ; le combat
recommence, mais ses efforts sont repoussés ;
rien ne peut résister à la valeur de Lincée secondé des siens. Danaüs, se voyant près d'être
enveloppé, et de recevoir le châtiment qu'il mérite, s'élance sur Hypermnestre, qui, attentive
à la conservation des jours de son père et de son
époux, a volé au milieu d'eux pour suspendre
ou détourner leurs coups ; il la saisit d'une main,
et lève le bras pour lui plonger dans le sein le
glaive dont il est armé ; ici, Lincée, voyant le
danger d'Hypermnestre, se jette sur Danaüs,
lui arrête le bras et le désarme. Un officier de
confiance, saisissant cet instant, plonge son poignard dans le sein du tyran ; déjà la mort s'imprime sur ses traits ; des mouvemens convulsifs
annoncent son dernier instant ; il tombe : c'est
en vain que sa fille vole vers lui, qu'elle le presse
et le conjure de jeter sur elle un regard de clémence ; déjà la mort étend ses voiles sur les
traits de Danaüs ; il expire, Lincée et Hyperm-

nestre recueillent son dernier soupir. Danaüs, toujours cruel, détourne avec horreur ses yeux de dessus eux, ou, si par hasard il les regarde, c'est pour leur reprocher sa mort, leur prouver qu'il emporte sa haine, et qu'il expire avec le regret de n'avoir pu éteindre sa vengeance dans leur sang.

F I N.

LE JUGEMENT DE PÂRIS.

BALLET HÉROÏQUE.

PERSONNAGES.

Paris.

Thétis.

Pélée.

Junon.

Pallas.

Vénus.

L'Amour.

Les Graces.

Mercure.

Les Divinités du Ciel.

Les Divinités de l'Enfer.

Les Divinités de la Mer.

Les Divinités des Eaux.

Sylphes et Sylphides.

Héros et Héroïnes.

Les Jeux, les Ris et les Plaisirs.

Troupe de Zéphirs et d'Amours.

Les quatre Heures du jour.

La Discorde.

AVANT-PROPOS.

Les maîtres de ballets, qui ont, après moi, traité le sujet de Pâris, l'ont divisé en quatre ou cinq actes : il faut, pour en avoir agi ainsi, ne pas connoître la description d'Apulée sur ce trait fabuleux.

Les maîtres de ballets, en voulant faire briller la richesse de leur imagination, n'ont montré que la médiocrité de leurs conceptions; et, par une inconséquence rare, ils ont donné une si prodigieuse extension à ce sujet, que les fils propres à en former la trame se sont rompus. Dès-lors, le dessein tracé par la poésie n'a été présenté au public que par lambeaux. C'est ainsi que l'artiste, qui ne calcule point les moyens que son art lui offre, s'égare et se perd.

Les transpositions de scènes ont jeté une confusion monstrueuse dans ce plan simple et magnifique. Les vains ornemens dont le caprice l'a chargé, en ont dégradé la marche, l'ordre et la majesté.

En suivant toutes les traditions, l'action doit commencer par les noces de Thétis et Pélée, puisque ce sont elles qui déterminent la Discorde, irritée de l'oubli que l'on fit d'elle, à venir troubler cette fête en y jetant la pomme fatale.

Cette pomme fut présentée à Pâris; et ce personnage seroit devenu fort inutile à l'action sans cette pomme et sans les ordres qu'il reçut de Jupiter par le messager des dieux. Lorsque Pâris a fixé son choix, et donné la pomme à la plus belle, l'action est absolument terminée.

Les Noces sont l'exposition du sujet; la pomme, jetée par la Discorde au milieu de l'assemblée, en forme le nœud, et le choix du berger en offre le dénouement.

Je ne puis m'empêcher de dire que tous les ornemens postiches, inutiles et incohérens dont on a farci ce ballet, ont absolument étouffé l'impression qu'il devoit produire; que la danse, quelque agréable et quelque magnifique qu'elle soit, ne peut être regardée que comme accessoire, et que c'est un grand art de savoir la placer à propos, et d'éviter de s'en servir, lorsqu'elle peut être nuisible à l'action et à l'intérêt que peut faire naître la pantomime (1).

_____

(1) Il y a cinquante-trois ans que je composai ce ballet à Marseille; j'étois privé de tous les grands moyens qui peuvent embellir la scène. Mais je le donnai à Stutgard, sur le superbe théâtre du duc de Wurtemberg, avec la pompe et la magnificence dont un pareil sujet est susceptible.

PREMIÈRE PARTIE.

La décoration représente une vaste colonnade formée de congellations, de coquillages, de coraux, de perles et de pierres précieuses ; les entre-colonnes sont ornées de fontaines : les eaux des unes sont jaillissantes, et celles des autres sont tombantes ; derrière ces colonnes s'élèvent des arbres qui les surpassent en hauteur; leurs branchages forment un demi-cintre au dessus d'elles. Le fond de la scène représente la mer ; les deux côtés de cette mer présentent une chaîne de petits rochers. Cette décoration est terminée par l'horizon.

SCÈNE I.

THÉTIS et PÉLÉE sont devancés par un nombreux cortége ; l'Hymen et l'Amour conduisent les deux époux ; ils sont suivis par les prêtres et les prêtresses de l'Hymen ; les uns portent l'autel, les autres les trépieds et l'encens : cette marche est fermée par la cour enjouée de l'Amour.

Une musique céleste et majestueuse annonce l'arrivée des Immortels. L'horizon se divise et se partage en groupes de nuages qui se replient et se roulent les uns sur les autres en s'élevant vers le ciel : pendant ce mouvement ascendant, des nuages plus lumineux descendent les cieux, et l'on voit bientôt tous les dieux de l'Olympe : par un mouvement contraire, le char de Neptune attelé de chevaux marins sort du sein de la mer; Amphitrite est placée à côté de ce dieu. Ce char, ou cette conque marine, est environné de tritons qui folâtrent dans les eaux en jouant avec leurs trompes : tandis que les rochers de la droite se garnissent des Divinités terrestres, ceux de la gauche sont bientôt occupés par les Divinités des Eaux ; de leurs urnes sortent avec abondance des sources lympides qui tombent en cascades sur les rochers, et se précipitent ensuite dans la mer. La terre s'entr'ouvre; Pluton et Proserpine en sortent; ils sont assis sur un trône éclatant. Les juges des enfers sont groupés à leurs pieds. Lorsque ce vaste tableau est formé, Thétis et Pélée s'inclinent devant les Immortels, et leur suite se prosterne pour leur rendre hommage (1).

(1) Cette décoration fut composée et peinte par Servandoni; il en dirigea les machines; tous les mouvemens en furent ingénieusement combinés; et les effets qu'elle produisit enchantèrent les spectateurs.

Les époux s'approchent de l'hôtel; l'Hymen allume son flambeau au feu vif et brillant de celui de l'Amour. Les prêtresses de ce dieu font brûler des parfums. Les jeunes époux posent la main sur l'autel, et jurent, en présence de toutes les Divinités, de s'aimer et d'être fidèles. Les prêtres les unissent; un baldaquin de fleurs descend des cieux; il est supporté par des zéphirs, et couronne toute la colonnade; en même temps une foule d'Amours se groupent sur les branches des arbres.

Les prêtres présentent aux époux la coupe nuptiale. Ils l'élèvent vers l'Olympe. La Discorde paroît, et jette le trouble et la confusion dans toute l'assemblée (1).

SCÈNE II.

Elle entre d'un pas précipité, et reproche aux Immortels l'oubli qu'ils ont fait d'elle. Pluton, d'un geste menaçant, lui ordonne de fuir et d'éviter son courroux. La Discorde obéit, dissimule sa rage; mais en partant elle

---

(1) Cette déesse que l'on nomme Eris fut chassée du ciel par Jupiter, parce qu'elle brouilloit continuellement les dieux ensemble.

laisse tomber une pomme d'or sur laquelle est écrit : *à la plus belle.*

L'Amour , toujours attentif, toujours malin, la ramasse. Il lit l'inscription et présente la pomme à sa mère. Junon et Pallas, attirées par un sentiment de curiosité, s'approchent de Vénus. Elles lui enlèvent la pomme après en avoir lu l'inscription. Chacune d'elles prétend que cette pomme lui appartient ; grands débats , grandes disputes entre les trois déesses.

Ceci forme un *pas de quatre* plein d'action, exécuté sur un air vif et léger. La pomme passe alternativement des mains de Pallas dans celles de Junon, et des mains de l'Amour dans celles de sa mère. Ce dieu fatigué, et sachant bien que toutes les déesses, ainsi que les mortelles, ont des prétentions à la beauté , enlève la pomme et la présente à Jupiter. Ce dieu, voulant faire cesser une querelle qui trouble une union à laquelle il s'intéresse, ordonne à Mercure de la porter à Pâris. Il abandonne cette cause délicate au jugement de ce berger. Mercure traverse les airs et disparaît.

On achève la cérémonie; les prêtres présentent la coupe à Thétis et à Pélée; ceux-ci l'élèvent vers l'Olympe et la boivent. Les déesses, satisfaites des décrets du maître des dieux, applaudissent au bonheur des deux époux. Les Divinités de la Terre, des Eaux et de l'Air se réunissent aux Jeux, aux Ris et aux Plaisirs. L'Amour, Vénus et les Grâces embellissent cette fête ; Thétis et Pélée y expriment leur félicité ; l'Olympe applaudit à ces jeux, et cette première partie de ce ballet variée de pas, d'expression et de caractère se termine par un groupe général qui témoigne aux Divinités célestes leur respect et leur reconnoissance.

SECONDE ET DERNIÈRE PARTIE.

La décoration offre l'aspect d'un lieu agreste : de beaux arbres l'embellissent ; on aperçoit une partie du mont Ida ; une mer vaste et tranquille termine cette décoration.

SCÈNE I.

Les bergers et les bergères s'empressent à féliciter Pâris sur son retour au mont Ida ; ils l'accueillent, ils lui offrent des fleurs et des fruits ; ces hommages plaisent à son cœur ; il leur exprime sa reconnoissance et se mêle à leurs jeux (1).

_____

(1) Ici Pâris doit conserver dans sa danse et dans son action la noblesse qui convient à son origine ; ce n'est point un Collin, mais le fils d'un roi.

SCÈNE II.

Mercure descend des cieux ; il remet à Pâris la pomme d'or. Ce berger en lit l'inscription ; et le messager des dieux lui fait entendre que Jupiter le laisse maître de son choix. Mercure disparoît. L'ordre qu'il a transmis à Pâris inquiète et embarrasse le berger. Il ne peut, sans danger, désobéir au maître du tonnerre ; et en lui obéissant, il s'expose au courroux et à la vengeance de deux déesses. Cette cruelle alternative porte dans son cœur le sentiment de la crainte et du désespoir.

SCÈNE III.

Une musique céleste annonce l'arrivée des Immortelles. Pàris tremblant et consterné se retire.

Insensiblement toute la scène se couvre de nuages légers et brillans, et, se dissipant insensiblement, on découvre deux gloires ; dans l'une on voit Junon environnée de Sylphes et de Sylphides ; dans l'autre on aperçoit la fière Pallas, entourée d'héroïnes et de guerriers. Vénus paroît à son tour ; elle est placée sur un superbe vaisseau : l'Amour est à ses côtés ; les Grâces, couronnées de roses, sont groupées à ses pieds ; des Amours tenant des cassolettes

font brûler des parfums; les cordages du vaisseau ont des guirlandes de fleurs ; la mâture
est en or; les voiles sont formées de tissus
d'argent : les Zéphirs et les Amours dirigent la
manœuvre. Les colombes et les cygnes volent
en avant, et les quatre Heures du jour accompagnent Vénus, pour marquer l'instant de ses
plaisirs et celui de son triomphe. Vénus descend
de son vaisseau; elle est suivie par la plus
brillante cour : à son approche Junon et Pallas peignent leur agitation; elles la regardent
comme une rivale dangereuse.

Les trois déesses, annoncées par leur suite,
dansent chacune une entrée opposée de caractère et d'expression ; leurs mouvemens, leurs
attitudes et leur action varient en raison de
leur essence particulière et de leurs attributs.

Pendant ces jeux l'Amour s'est esquivé; il
est allé chercher Pâris pour le séduire et l'en-
flammer, et il l'amène au moment où Vénus
déploie toutes ses grâces; une volupté douce
accompagne ses pas et embellit toutes ses attitudes ; le Plaisir et une mollesse voluptueuse
s'impriment dans tous ses mouvemens : Pâris
est dans l'enchantement.

SCÈNE IV.

Pàris avance d'un air noble et modeste ; il s'incline respectueusement devant les Immortelles. La fierté de Junon et le port martial de Pallas le déconcertent : l'aménité, jointe aux grâces et à la figure céleste de Vénus, le rassure un peu. Il fait entendre aux trois déesses qu'il voudroit avoir trois pommes à sa disposition, qu'il en feroit un partage égal, mais que son embarras est extrême.

Les Déesses, impatientes d'obtenir le prix décerné à la beauté, le pressent de s'expliquer ; Junon, qui dispose des trônes, lui en promet un ; elle lui fait offrir par sa suite un sceptre, une couronne et des richesses immenses désignées par des minéraux d'or, d'argent, et les pierres les plus précieuses.

Pallas lui promet des lauriers, des victoires, des triomphes éclatans, une réputation brillante.

Vénus lui offre sa ceinture, l'Amour son arc et son carquois. Pàris est ébloui par toutes les grandeurs qui lui sont offertes : il flotte entre les richesses, la réputation et les plaisirs.

Mais l'Amour, qui veut assurer une nouvelle victoire à sa mère, engage les Grâces à lui présenter le portrait d'Hélène. Pàris, frappé

par une image aussi belle et aussi touchante,
ne peut détacher ses yeux de cet objet enchanteur : son cœur vivement ému ne voit qu'Hélène,
ne palpite que pour elle ; Vénus et l'Amour
lui en promettent la possession. Pendant cette
scène, Junon et Pallas expriment leurs craintes et leurs inquiétudes : l'indécision de Pâris
les offense et les met au désespoir.

Ce berger, blessé par l'Amour et séduit par
Vénus, refuse les trônes et les grandeurs, dédaigne les victoires, les trophées et les triomphes ; et, oubliant la jalousie et la vengeance
des deux déesses, il donne à Vénus le prix de
la beauté : Junon et Pallas sont consternées et
anéanties. L'instant du triomphe de Vénus est
marqué par les Heures ; le bruit du timbre
anime les Déesses : leur colère s'exhale ; elles
menacent Pâris de la plus cruelle vengeance et
des plus grands malheurs. Vénus et l'Amour
s'empressent de rassurer le berger ; ils lui promettent les jours les plus fortunés. Les deux
déesses, vivement irritées, se retirent en exprimant leur haine, leur désespoir et leur
fureur.

SCÈNE V ET DERNIÈRE.

Ce spectacle se termine par une fête générale : Vénus, Pâris, l'Amour et les Grâces exécutent un pas, ornés de couronnes et de guirlandes de fleurs ; ce pas, vif et brillant, offre une foule de groupes, de passes et de tableaux différens : ils se succèdent avec rapidité et se dessinent sans confusion. L'adresse et l'agilité se réunissent à l'art : ce ballet devient progressivement général. Les principaux personnages se placent sur le vaisseau ; les Jeux, les Ris et les Plaisirs les suivent successivement ; et, lorsque cette troupe enjouée est embarquée, elle forme un groupe général distribué sur plusieurs plans. Les Grâces portent le portrait d'Hélène : les Amours montent sur les mâts et les échelles de fleurs. Un vent favorable éloigne le bâtiment du rivage ; et c'est à Sparte que la reine des Amours va conduire Pâris.

FIN.

ADÈLE DE PONTHIEU,

BALLET TRAGI-HÉROÏQUE,

EN QUATRE ACTES.

AVANT-PROPOS.

Le spectacle héroïque de l'ancienne chevalerie formera toujours un spectacle intéressant, lorsqu'il sera présenté à une nation qui aime l'honneur et qui chérit la gloire. C'est à ces deux vertus que cet ordre auguste dut sa naissance; formé par la noblesse, il fut ce qu'il devoit être, l'école de l'héroïsme. Amour de la patrie, dévouement pour son roi, religion, désintéressement, humanité après la victoire, respect pour les dames, dont les chevaliers défendoient la vertu au péril de leurs jours, tels étoient les fondemens respectables de cette institution. Ce n'étoit qu'après des épreuves longues et pénibles, qu'après avoir donné des marques éclatantes d'honneur et de vertu, que l'on pouvoit parvenir au grade de chevalier.

Si les jeux institués dans la Grèce firent germer l'amour de la gloire et de la patrie; si l'espérance d'un triomphe passager fit éclore tant de grands hommes, et donna tant de défenseurs à la république romaine, quels effets ne dut pas produire sur une noblesse guerrière le spectacle magnifique des tournois? ils furent adoptés dans toutes les cours de l'Europe; et la chevalerie étoit si recommandable sous le règne de François Ier, que ce prince, rival de Charles-Quint, voulut être fait chevalier après la bataille de Marignan.

Tout change et dégénère : une institution si belle a subi le sort de toutes les choses humaines, elle ne subsiste plus; mais on se souvient encore, et l'on se rappellera toujours avec regret que les siècles de la chevalerie furent les siècles d'honneur et de la galanterie.

Après cette esquisse légère, je crois devoir tracer celle du sujet que j'ai choisi. J'espère qu'il aura d'autant plus de succès, qu'il est offert à une nation qui a le courage pour armes, et l'honneur pour devise.

SUJET DU BALLET.

R ENAUD, comte de Ponthieu, a promis sa fille Adèle à Alphonse, chevalier étranger. Raymond de Mayenne adore Adèle, et n'a jamais osé lui faire l'aveu de ses tendres sentimens. Adèle, contrainte à son tour par une inclination que son cœur a combattue, mais qu'il n'a jamais pu vaincre, aime tendrement Raymond. Alphonse les surprend dans le moment où ils se déclarent leur amour. Ce chevalier, violent et emporté, se livre sans ménagement à tous les excès de la jalousie et de la fureur; il insulte son rival, Adèle et Renaud. Celui-ci oubliant le poids de ses ans, veut tirer vengeance de l'affront dont Alphonse le couvre. Raymond s'y oppose; il embrasse la querelle de Renaud, et défie Alphonse qui accepte le combat. Mais Raymond n'étant encore qu'écuyer, ne peut, suivant les lois de la chevalerie, se mesurer en champ clos avec un chevalier; il supplie Renaud de le décorer de ce titre honorable. Il est armé chevalier avec toute la pompe due à son rang. Les deux champions paroissent dans le champ clos, armés de pied-en-cap; et, après un combat aussi furieux qu'opiniâtre, Alphonse est tué par Raymond. Adèle est le prix glorieux du vainqueur.

PERSONNAGES.

Renaud, comte de Ponthieu, père d'Adèle.

Adèle de Ponthieu.

Raymond de Mayenne, amant secret d'Adèle.

Gabrièle, sœur d'Adèle.

Alphonse, chevalier espagnol, à qui Adèle est promise.

Dames de la cour d'Adèle.

Chevaliers.

Hérauts d'armes.

Juges du camp.

Ecuyers.

Pages.

Le lieu de la scène est le Palais du comte de Ponthieu.

ACTE I.

La décoration représente un superbe salon du palais de Renaud.

SCÈNE I.

DES chevaliers et des dames, magnifiquement vêtus, entrent successivement dans ce salon. Ils précèdent Alphonse, Renaud et Adèle. Chacun s'empresse de féliciter ce couple heureux, que l'Hymen doit incessamment unir. On se livre à des danses : elles sont interrompues par Renaud qui présente la main à Alphonse, comme un gage sacré de la promesse qu'il lui fait de lui accorder Adèle. Alphonse tend à son tour la sienne à Renaud, en témoignage de sa foi. Après cette cérémonie, qui étoit pour les chevaliers l'engagement le plus saint, Renaud s'approche de sa fille, pour lui ordonner de confirmer le don qu'il vient de faire de sa main ; mais au moment où Alphonse se dispose à recevoir sa promesse, Adèle tombe évanouie dans les bras de son père. On vole à son secours ; on la conduit dans son appartement, et tout le monde se disperse.

SCÈNE II.

Alphonse, interdit, se livre à des inquiétudes ; elles font place aux soupçons. Les premières étincelles de la jalousie semblent l'éclairer sur l'indifférence d'Adèle. Il sort dans la résolution de pénétrer un mystère , dont la seule idée le fait frémir de honte et de fureur.

ACTE II.

La décoration représente le cabinet d'Adèle.

SCÈNE I.

Elle profite de l'instant où elle est seule, pour écrire à Raymond. Elle l'engage à se déclarer à son père ; elle lui promet de mettre tout en usage pour le fléchir , et pour le déterminer à rompre l'hymen malheureux qui doit l'arracher pour toujours à ce qu'elle aime. Elle confie ce billet à une de ces femmes dont elle connoît la fidélité et le zèle.

SCÈNE II.

Dans le moment où elle lui commande le secret et la vigilance, elle aperçoit Raymond qui, instruit de ce qui s'est passé, vole à son secours. Interdite, tremblante, indécise et confuse, elle ne sait quel parti prendre ; elle balance dans son cœur les lois austères de la vertu avec les égaremens de l'Amour ; elle veut reprendre sa lettre; mais Raymond, agité par cette impatience ordinaire aux amans, s'en saisit, en fait la lecture avec empressement, et se précipite à ses genoux, pour lui témoigner son amour et sa reconnoissance.

SCÈNE III.

Alphonse paroît; ce chevalier, d'un caractère violent et emporté, est confirmé dans ses soupçons. Sans entrer dans aucun détail, il accable Adèle de reproches; il pousse l'injure jusqu'à attaquer sa vertu, il insulte Raymond, et se livre sans ménagement à tous les excès de sa fureur.

SCÈNE IV.

Renaud, qui arrive, devient aussi la victime des emportemens d'Alphonse. Celui-ci, qui le croit complice de l'inconstance d'Adèle, le charge d'outrages; il l'accuse de félonie en manquant à sa parole. Cette injure, la plus sensible que l'on pût faire à un chevalier, pénètre Renaud d'indignation et de colère. Il oublie le poids de ses ans, il met l'épée à la main, et s'élance sur son ennemi, pour laver dans son sang le déshonneur dont il vient de le couvrir. Adèle se jette au milieu des combattans; elle embrasse les genoux de son père.

Raymond indigné se précipite aux pieds de Renaud, et le supplie de le laisser embrasser une querelle qui est la sienne, et qui lui est d'autant plus glorieuse, que sa juste vengeance et sa victoire le rendront digne de la main d'Adèle. Raymond défie le fier Alphonse ; il lui jette son gant. Alphonse le ramasse avec mépris, et veut bien accepter le cartel, quoiqu'il ne lui soit pas proposé par un chevalier. Il quitte la scène comme un furieux, en provoquant son rival au combat. Celui-ci se jette dans les bras de Renaud, et le supplie de lui accorder le grade de chevalier.

ACTE III.

La décoration représente un vaste salon orné de trophées et d'attributs militaires.

Raymond n'étant point encore initié dans l'ordre des chevaliers, Renaud veut l'y recevoir. Tout est préparé pour cette auguste cérémonie. Un grand nombre de dames et de chevaliers sont invités à cette réception.

Raymond se met à genoux ; Renaud lui présente une épée nue, sur laquelle il lui fait prêter le serment usité ; et, après l'en avoir frappé de deux ou trois coups sur l'épaule, il lui donne l'accolade. Les chevaliers s'empressent autour de Raymond. Les dames lui présentent les différentes pièces de son armure. Adèle le pare de ses couleurs. Cette cérémonie est suivie de danses caractéristiques et guerrières.

Le nouveau chevalier, animé par la gloire, armé par l'Amour, impatient de venger Adèle et son père, part avec la noble assurance d'un héros qui va combattre pour l'honneur et pour la beauté. Adèle, inquiète sur le succès du combat, ne peut s'empêcher de montrer quelque trouble ; mais rappelant son ame à des sentimens héroïques, elle remet sa défense entre les mains de Raymond, et semble ne plus douter de la victoire.

ACTE IV.

La décoration représente un vaste emplacement orné d'arbres, entre lesquels sont élevés des gradins, fermés par des balustrades couvertes et ornées de riches tapis. Le fond de la scène offre un amphithéâtre circulaire qui communique aux balustrades. Une estrade élevée pour les juges du camp, et magnifiquement décorée, est placée au centre de l'amphithéâtre. Une barrière partage cette décoration.

SCÈNE I.

Une marche guerrière et triomphale annonce

l'arrivée des champions. Les chevaliers et les dames se placent sur les gradins. Le peuple se disperse sur l'amphithéâtre. Les juges du camp occupent l'estrade. Les deux champions paroissent et sont précédés des hérauts d'armes; leurs parrains les accompagnent. Adèle et Renaud ferment cette marche.

Les instrumens se taisent. Un silence profond qui en impose, et fait naître le trouble et l'espérance, ajoute à la pompe du spectacle. Adèle le rend surtout intéressant : soutenue dans les bras de son père, et les yeux élevés vers le ciel, elle fait des vœux pour son amant : tout le peuple en fait pour elle. Raymond, par sa démarche fière et assurée, semble lui promettre la victoire; et, lui montrant les couleurs dont elle l'a paré, il lui jure qu'elles sont le garant de son triomphe et de son bonheur.

SCÈNE II.

Une musique bruyante se fait entendre. On ouvre la barrière. Les deux chevaliers, accompagnés des hérauts d'armes et des parrains, entrent dans la lice. Ils se mettent à genoux; ils jurent d'observer les lois sacrées de l'honneur et de se pardonner mutuellement leur mort. Les parrains leur présentent des armes égales : ils placent les combattans aux deux extrémités du champ clos; on ferme la barrière, un nouveau silence règne. Ce moment tranquille et effrayant annonce celui du combat, et redouble l'effroi d'Adèle. Le bruit éclatant des timbales et des trompettes est le signal de la mort. Les deux chevaliers armés de pied en cap, et la hache à la main, s'élancent l'un sur l'autre avec rapidité. Après des coups portés avec vigueur et parés avec adresse, ils parviennent à se couper mutuellement les courroies de leurs cuirasses : elles tombent à demi : ils les arrachent avec fureur : ils jettent loin d'eux leurs haches et leurs boucliers, et mettent l'épée à la main. Raymond reçoit un coup furieux sur son casque; il chancelle, il est près de tomber. Les acclamations du peuple, un cri perçant d'Adèle qui tombe mourante dans les bras de son père, rallument le courage et la fureur de Raymond. Il s'élance avec la rapidité de la foudre sur son adversaire, qui, ne pouvant résister à son impétuosité, reçoit le coup mortel. Raymond victorieux vole aux genoux d'Adèle. Elle revoit la lumière et son amant; elle se jette dans ses bras pour n'en sortir jamais. Son père les unit. L'assemblée applaudit à cet hymen. On se livre à des danses; et cette fête, qui est le triomphe de la beauté, de l'amour et de la valeur, se termine par un pas général, qui peint la félicité des deux époux, la joie pure de Renaud, et l'intérêt tendre que les chevaliers et les dames prennent à cette union.

FIN.

PSYCHÉ ET L'AMOUR,

BALLET HÉROÏ-PANTOMIME.

PERSONNAGES.

PSYCHÉ.

VÉNUS.

L'AMOUR.

ADONIS.

L'HYMEN.

MERCURE.

Les Grâces.

Nymphes, Jeux, Ris et Plaisirs; troupes
d'Amours et de Zéphires.

Les Euménides.

Les Parques.

Troupes de Démons.

Prêtres et Prêtresses de l'Hymen.

Divinités célestes.

ARGUMENT.

———

CE sujet est assez connu pour me dispenser
d'en donner un programme (1). On sait que
Psyché étoit d'une beauté rare; que Vénus en
devint si jalouse, qu'elle employa tout son
pouvoir pour la persécuter; que l'Amour,
frappé des charmes de Psyché, conçut pour
elle la passion la plus vive, et qu'il se détermina à l'épouser; que la curiosité de cette
jeune princesse pour connoître son vainqueur,
qui ne la voyoit que la nuit, excita la co-

———

(1) Ce ballet fut donné à Londres avec magnificence;
les décorations furent peintes d'après les dessins de
M. Bellanger; le palais de l'Amour, les Enfers et le
palais de Vénus offrirent au public enchanté ce que le
goût, l'imagination et le génie peuvent produire de
plus voluptueux et de plus effrayant. Vestris, Didelot,
les demoiselles Helesberg et Coulon étoient chargés
des principaux personnages. Ce ballet eut un tel succès
que je fus demandé de toutes les parties de la salle;
honneur d'autant plus extraordinaire que le public de
Londres ne l'avoit encore accordé à aucun auteur.

lère de ce dieu, et qu'il l'abandonna quelques instans; on n'ignore pas, dis-je, que
Vénus profita de ce moment pour s'abandonner à sa vengeance, et qu'elle livra la malheureuse Psyché aux fureurs des divinités infer-
nales; qu'indépendamment des tourmens que
les furies lui firent éprouver dans ce séjour
de douleur, elle y perdit encore ses charmes
et sa beauté; que l'Amour, toujours tendre et
toujours épris, se fraya une route dans les enfers; qu'il y enleva Psyché près de perdre
la vie; qu'il la transporta dans le palais de Vénus; qu'il réconcilia enfin cette divinité avec
Psyché, qui recouvra sa fraîcheur et ses charmes, et que l'Amour l'épousa.

Je préviendrai la critique juste et éclairée des
artistes, en leur annonçant que j'ai supprimé
les ailes que les poètes et les peintres donnent
quelquefois à Psyché, et toujours à l'Amour;
je dirai que chaque art a sa magie et ses règles
de convenance; que les ailes de Psyché se seroient opposées aux différens effets de mes grou-

pes: cette raison m'a encore déterminé à supprimer les attributs que l'on prête à l'Amour.
D'ailleurs, dans cette circonstance, il a cessé
d'être enfant; il veut cacher à Psyché tout ce
qui caractérise sa divinité; il veut lui plaire
comme mortel. J'ajouterai que ce dieu ayant
formé le projet d'épouser Psyché et de lui être
fidèle, il a été très-prudent à lui de se défaire
de ses ailes, symbole bien caractéristique de la
légèreté, de l'inconstance et de l'infidélité.

Je n'entreprendrai point de rendre avec
des phrases les tableaux, les situations et les
groupes perpétuellement variés de la scène
nocturne du premier acte; il faudroit beaucoup de mots pour exprimer un sentiment
ou une pensée; et il ne faut qu'un geste pour
peindre l'un et l'autre; la pantomime est une
langue universelle qui articule, pour ainsi dire,
avec la rapidité de l'éclair. J'oserai seulement
dire que tout dans cette scène est ménagé
par la décence, qu'il n'y avoit qu'une ligne imperceptible à franchir pour choquer la bien-

séance et révolter la pudeur d'un sexe que le
respect et l'honnêteté doivent également ménager. Au reste, cette scène, absolument neuve
pour la pantomime héroïque, peut être regardée
(si toutefois j'ai eu le bonheur de réussir)
comme le point géométrique auquel on peut
pousser l'art du geste, et celui où il doit s'arrêter, pour donner une juste idée de la difficulté vaincue.

PREMIÈRE PARTIE.

La décoration représente un lieu aride, terminé par une montagne escarpée.

SCÈNE I.

Psyché, en habit de victime, est enchaînée sur un rocher escarpé; elle ne peut regarder sans frémir les précipices dont elle est environnée: accablée sous le poids de son infortune, elle étend les bras vers le ciel, elle implore son secours, et, ne pouvant plus résister aux images effrayantes que son imagination lui trace, elle tombe presque mourante, dans l'attitude la plus propre à exprimer l'excès de sa douleur et de son désespoir.

SCÈNE II.

L'Amour, vivement épris des charmes de Psyché, ne peut être insensible à sa douleur; il veut la soustraire aux dangers qui la menacent, et à la vengeance de Vénus: il paroît avec Zéphire, et lui ordonne de transporter Psyché dans son palais. Zéphire a bientôt atteint la cime du rocher; l'Amour d'un seul geste le change en un char brillant, qui, soutenu par des nuages, s'élève et traverse les airs. Le dieu de Cythère, satisfait d'avoir dérobé Psyché aux tourmens que lui préparoit l'im-

placable jalousie de sa mère, quitte la scène
en exprimant l'excès de son bonheur.

SECONDE PARTIE.

La décoration représente un salon du palais de l'A-
mour embelli par tout ce que la richesse, le goût
et l'élégance peuvent présenter de plus noble et
de plus voluptueux ; vers le fond de ce salon on
voit un sopha couronné par un baldaquin : ses
rideaux à demi-ouverts sont agraffés par des
nœuds de diamans : les pierres précieuses, l'or
et les fleurs les plus belles ornent et décorent ce
salon magique.

S C È N E I.

Psyché, endormie sur de riches carreaux, est
environnée par les Grâces, les Nymphes, les
Jeux, les Ris et les Plaisirs ; leurs mouvemens,
leur action et leurs danses légères lui tracent
les tableaux variés du Plaisir et de la Volupté.
Ces images séduisantes frappent son imagination ; elles ouvrent son cœur à la tendresse.
Elle exprime dans son sommeil toutes les impressions délicieuses que la troupe enjouée se
plaît à lui peindre (1).

_____

La musique de cette scène doit être douce et mélo-
dieuse ; elle doit servir d'interprète à l'action, et en
esquisser les tableaux et les situations ; les sourdines,

SCÈNE II.

Un trait vif et brillant d'harmonie annonce l'Amour; ce bruit éveille Psyché. Dans le même instant un léger nuage s'élève à sa droite; il est surmonté par des Amours et des Zéphires. Deux Nymphes, tenant un miroir, s'en approchent; les Zéphires le soutiennent; et ce groupe pyramidé est dessiné dans un instant. Psyché fixe un regard étonné sur les objets enchanteurs qui l'entourent. Les Grâces la parent d'une ceinture de diamans; elles posent sur sa tête un diadème éclatant de pierres précieuses; elles ornent son habit de guirlandes de roses. L'Amour, caché derrière les Nymphes, jouit de la surprise, de la beauté et des grâces de l'objet qui l'enchante; mais quel est l'étonnement de Psyché, lorsqu'elle jette les yeux sur le miroir, le premier, sans doute, qu'elle ait vu; elle se mire, elle se considère, elle recule, elle avance; et sa physionomie, ses mouvemens et ses gestes étant répercutés par la glace, elle ne peut concevoir qui peut produire cet enchantement; elle réfléchit, et retourne au miroir; elle y déploie ses grâces; elle prend des positions différentes: la glace les lui répète. Elle exprime tous les sentimens que l'influence se-

---

les pizzicato, les flûtes et les hautbois peuvent être employés tour à tour.

crête de l'Amour lui inspire. Ce dieu paroît,
et se place derrière elle ; les traits aimables de
l'Amour s'impriment sur le miroir. Psyché,
qui n'a rien vu de si beau, tressaille d'admiration ; elle se retourne ; mais l'Amour a disparu. Elle ne voit plus que des Nymphes, et
ne retrouve plus les traits de son vainqueur ;
elle s'assied avec dépit et s'abandonne à ses
réflexions.

L'image séduisante de l'Amour la rappelle
bientôt à la glace : elle n'y voit qu'elle et les
Grâces ; mais les Grâces ne sont pas l'Amour.
Psyché est triste : sa contenance annonce tout
à la fois sa tendresse et son affliction : l'enfant
de Cythère lui avoit apparu en songe : elle
avoit retrouvé son image sur le miroir ; il a
disparu, mais il est dans son cœur : l'Amour,
vivement touché, s'approche ; et sa physionomie, réfléchie pour la seconde fois par la glace,
rappelle Psyché au bonheur : il lui tend la
main, elle veut s'en saisir ; et, ne trouvant
qu'une surface polie, elle se retourne avec
précipitation : mais l'Amour a disparu ; le
jour baisse ; et ce dieu ordonne à la cour brillante de Psyché de s'éloigner.

Psyché cherche à travers l'obscurité, ou son
vainqueur, ou une issue pour sortir des ténèbres ; mais elle trouve bientôt l'Amour qui

la quitte d'instant en instant, pour augmenter
son trouble et son impatience, et qui revient
toujours à elle, plus tendre et plus empressé :
c'est vainement que Psyché le presse de se
faire connoître ; les refus de l'Amour sont
constans; il veut jouir de l'*incognito.*

A la fin de cette scène nocturne, dont il
est impossible de décrire les situations variées
et les tableaux qui en résultent, l'Amour se
trouve soudainement accablé de sommeil.
Morphée, sollicité sans doute par Vénus, répand avec profusion ses pavots sur les yeux de
Cupidon ; ce dernier fait de vains efforts pour
résister à une situation qui lui enlève le plaisir
de voir ce qu'il aime. Il tombe endormi sur le
sopha placé dans le fond du palais. Psyché
exprime sa surprise et son dépit; mais, animée
par le sentiment de la curiosité, elle se retire
doucement, et reparoît bientôt tenant une
lampe à la main; elle approche en tremblant,
elle examine avec admiration les traits enchanteurs de l'Amour; une étincelle de la lampe
tombe sur sa cuisse, le brûle et l'éveille; il se
lève en fureur, il fuit Psyché ; c'est vainement
qu'elle le presse, qu'elle le prie, qu'elle tombe
à ses genoux: l'Amour est inexorable ; il sait
d'ailleurs que la curiosité de Psyché la livre à

toute la vengeance de Vénus ; que dans cet instant sa puissance est subordonnée à celle de sa mère : il court et s'éloigne de ce qu'il adore, en exprimant tout à la fois et son courroux et l'intérêt le plus tendre.

SCÈNE III.

Psyché vole après son amant qui est soudainement remplacé par Tisiphone ; cette furie armée d'un poignard, poursuit sa nouvelle victime, et lui annonce tous les tourmens auxquels elle est condamnée. Bientôt paroissent Mégère et Alecton suivies de deux démons : à la vue de Psyché, elles expriment leur joie barbare, elles se saisissent d'elle avec fureur ; et, ne pouvant l'arracher du palais de l'Amour, elles l'enlèvent pour la précipiter dans le séjour des morts. Cet enlèvement offre un groupe contrasté d'expressions et de sentimens.

TROISIÈME PARTIE.

La décoration représente un antre des enfers ; le fond offre l'aspect du Phlégéton. Une montagne de feu s'élève du bord de ce fleuve et exhale des flammes. C'est au peintre seul qu'il appartient de représenter l'horreur de ce lieu.

SCÈNE I.

Psyché fuit avec les pas précipités de la

frayeur les monstres qui la poursuivent ; ils
l'atteignent bientôt ; ils se livrent à toute
leur rage, et ils accumulent tourment sur
tourment ; on l'attache à un rocher : et les
cruelles Euménides, armées de fouets et de
serpens, lui ordonnent de le déplacer et de le
traîner vers le milieu de la scène. La malheureuse Psyché succombe, en obéissant, à la
tâche qu'on lui impose : elle tombe mourante
sur le même rocher. Les habitans des enfers
font éclater leur joie ; ils délivrent Psyché de
ses chaînes, afin de prolonger ses tourmens
et sa mort.

Psyché, revenue à elle-même, cherche vainement à sortir de ce lieu d'épouvante et d'horreur ; ses genoux tremblans se dérobent sous
elle ; elle tombe et elle invoque l'Amour :
puis apercevant les Euménides et les Démons
étendus sur ces rochers et privés de mouvemens, elle s'imagine que ces monstres impla-
cables sont endormis : elle se dispose à gravir
la cime d'un rocher qui se prolonge en col de
grue sur le fleuve ; mais la troupe infernale se
lève, trépigne de rage, s'élance du haut des
rochers, poursuit sa proie, et l'atteint : Tisiphone s'en saisit.

SCÈNE II.

L'Amour, sensible aux larmes et aux maux

de Psyché, s'est rendu à ses instantes prières ;
il paroît ; et, témoin du danger qui menace les
jours de son amante, il ordonne à Tisiphone
de lui rendre cet objet cher à son cœur. Cette
furie se refuse aux vœux empressés de ce dieu ;
il la menace ; mais peu effrayée de son courroux, elle précipite Psyché dans le fleuve, et
s'y jette à son tour, ainsi que ses deux farouches compagnes. L'Amour exprime son désespoir; il jure par le Styx qu'il triomphera
des Enfers, et qu'il arrachera Psyché à la mort
qu'on lui prépare : il disparoît.

S C È N E   I I I.

La terre s'entr'ouvre et laisse un libre passage
aux flammes qui s'en exhalent. Une troupe de
démons en sortent et allument leurs torches
aux feux qui s'élèvent de ce souterrain. Les
Euménides, tenant le bout des chaînes dont la
malheureuse Psyché est chargée, l'arrachent de
ce gouffre. Elle est suivie par les Parques. Mais,
avant de perdre la vie, les Furies se font un
plaisir barbare de lui faire éprouver les plus
cruels tourmens. Cette scène d'horreur offre
une foule de tableaux plus déchirans les uns
que les autres.

Psyché, sans mouvement et étendue sur la
terre, va recevoir la mort. Atropos se dispose

à trancher le fil que Lachésis lui présente. L'Amour paroît. L'Enfer frémit ; Hercule lui a prêté ses forces ; il lutte contre les enfers ; il combat, il renverse les Euménides ; il enchaîne et désarme les Parques ; et cette troupe infernale, vaincue et terrassée, lui sert, pour ainsi dire, de marche-pied ; il monte et s'élève au-dessus de ce groupe épouvantable.

Psyché revoit la lumière et son amant ; elle lui tend les bras : il y vole, il emmène Psyché ; un rocher se change en un char brillant. L'Amour s'y place avec son amante. Les Démons se lèvent, et font de vains efforts pour arrêter le char de Cupidon. Une gerbe de feu sort de son flambeau, et les éloigne. Des gouffres s'entr'ouvrent de toutes parts. Les Euménides et leur suite s'y précipitent ; et l'Amour, vainqueur des Enfers, fend les airs, et disparoit avec sa conquête.

QUATRIÈME ET DERNIÈRE PARTIE.

La décoration représente le palais de Vénus ; terminé par un trône.

SCÈNE I.

Vénus est placée sur son trône ; Adonis, amant chéri de cette déesse, est à ses pieds : les Grâces l'entourent et la couronnent : des

Amours et des Zéphires sont groupés de différentes manières. Les Jeux, les Plaisirs et les
Nymphes de la suite de Vénus composent la
cour élégante de cette divinité.

Vénus et Adonis, qui ne respirent que le
plaisir, l'expriment par des danses légères.

SCÈNE II.

L'Amour et Psyché paroissent, et leur présence inattendue suspend les Jeux ; à l'aspect
de Psyché, Vénus se livre à son courroux ;
elle ne peut lui pardonner d'être la plus belle
des mortelles , de lui avoir enlevé par ses
charmes une foule d'adorateurs , et d'avoir
ravi l'Amour à son empire. Ici, ce dieu devient suppliant ; Psyché s'humilie , et sollicite
sa grâce ; Vénus n'écoute rien , elle repousse
Psyché avec colère , et dédaigne les prières de
l'Amour; c'est vainement que les Grâces, les
Jeux et les Plaisirs sollicitent en faveur de
Psyché; c'est tout aussi vainement qu'Adonis
tombe aux pieds de Vénus pour fléchir son
courroux; elle est inexorable.

SCÈNE III.

Le dieu d'Hymen paroît; et, loin d'appaiser
le dépit de Vénus, sa présence ne fait que
l'irriter davantage; elle reçoit l'hommage de ce
dieu avec le dédain offensant du mépris; ce-

pendant la belle Psyché tente un dernier effort:
elle embrasse les pieds de Vénus, et la supplie
humblement de vouloir lui pardonner une faute
bien involontaire. Vénus la repousse avec co-
lere ; et l'Amour, vivement offensé, relève Psyché, et l'arrache, pour ainsi dire, d'une posture trop humiliante. Il se livre à son tour à
tous les emportemens de la fureur et de la
vengeance : il menace sa mère : il jette loin de
lui ses flèches et son carquois. Il brise son arc
et lui promet de renverser ses autels, et de
renoncer pour jamais à son empire ; il fuit avec
Psyché et l'Hymen : Vénus, vivement alarmée,
l'arrête et l'adoucit, en faisant grâce à Psyché ;
un baiser qu'elle lui donne, et que l'Amour
lui rend, forme le sceau de la réconciliation.
Vénus ordonne aux Amours de présenter à
Psyché la robe nuptiale : les Grâces s'empressent à l'envi de l'en revêtir, et d'ajouter, s'il
est possible, aux charmes de Psyché, qui,
enchantée de son bonheur, vole dans les bras
de Vénus pour lui témoigner toute sa reconnoissance ; on la conduit à l'autel : l'Amour
allume son flambeau à celui de l'Hymen. L'encens brûle ; tout annonce l'allégresse d'un si
bel instant.

SCÈNE IV.

Un éclair perce la nue et est suivi d'un coup

de tonnerre : les nuages brillans qui enveloppoient le palais de Vénus disparoissent, et sont remplacés par l'Olympe : Jupiter y paroît dans toute sa gloire ; non seulement il veut être témoin de l'union d'un dieu qui lui est cher, mais il veut encore donner l'immortalité à celle qui a su lui plaire et le fixer.

SCÈNE V ET DERNIÈRE.

Mercure descend de l'Olympe, il présente à Psyché, de la part de Jupiter, la couronne de l'immortalité; Psyché exprime tous les sentimens de sa reconnoissance.

Elle embrasse l'autel de l'Hymen ; elle y fait serment de n'aimer que l'Amour ; et ce dieu, qui jure imprudemment de lui être fidèle, lui présente la main. L'Hymen couronne les époux, et les enchaîne de fleurs. Hébé leur présente la coupe nuptiale : Vénus, Adonis, l'Hymen, l'Amour, Psyché et toute la cour de Vénus se livrent à des danses vives et légéres, symbole heureux de l'allégresse. Cette fête enfin se termine par un groupe général qui peint la félicité des amans et la joie de ceux qui en sont les témoins.

FIN.

ÉNÉE ET DIDON,

BALLET TRAGIQUE.

.

PERSONNAGES.

DIDON, reine de Carthage.

ENÉE, prince troyen.

IARBE, prince maure, et roi des Gétuliens.

L'AMOUR, sous la forme d'Ascagne.

JUNON.

VÉNUS.

FEMMES DE DIDON.

CARTHAGINOIS.

TROYENS.

GÉTULIENS.

L'HYMEN.

PREMIÈRE PARTIE.

La décoration représente un bois sacré, terminé
par un temple dédié à Junon.

SCÈNE I.

Dɪᴅᴏɴ, vivement éprise d'Énée, cherche la
solitude; en vain veut-elle effacer de son ame
l'image de son vainqueur; l'Amour, sous la
forme et sous la figure du jeune Ascagne,
triomphe de tous ses efforts : les tendres caresses que cette reine prodigue à cet enfant,
et celles qu'elle reçoit de lui, allument dans
son ame la passion la plus vive; et, à l'aide de
cette métamorphose, l'Amour établit son empire dans un cœur qui, jusqu'à cet instant,
ne respiroit que la gloire, et ne chérissoit que
la liberté. Didon ne pouvant plus résister au
penchant invincible qui l'entraîne vers Enée,
se détermine à lui offrir sa main et son trône.
Un instant après elle veut entrer dans le temple de Junon, pour y faire un sacrifice, consulter les Augures, et apprendre si l'union qui
la flatte se formera sous d'heureux auspices ;
puis reprenant tout-à-coup sa première fierté,
et rougissant de sa foiblesse, elle veut fuir

Énée, elle veut le bannir de son cœur, elle
veut lui ordonner de quitter ses Etats; mais
un sourire d'Ascagne renverse et détruit tous
ses projets; et, croyant voir dans les traits de
cet enfant tous ceux de son vainqueur, elle
n'est plus occupée que du desir de lui plaire,
et que du bonheur d'en être aimée.

SCÈNE II.

Énée, non moins sensible que Didon, cherche la solitude : l'Amour le conduit dans ce
bois sacré pour y jouir de sa défaite. Ce prince
aborde Didon avec cet embarras et cette émotion qui décèlent un amour extrême. La reine
le reçoit avec ce trouble et cette agitation qui
caractérisent l'excès de la passion : le jeune
Ascagne vole des bras de Didon dans ceux
d'Énée; il le presse contre son sein; il imprime
dans son ame l'image du plaisir; il grave dans
son cœur les attraits de la volupté; et, satisfait
de son ouvrage, le perfide enfant se retire à
l'écart pour jouir du progrès de ses artifices et
s'applaudir de son triomphe.

Énée et Didon ne pouvant plus résister à
l'excès de leur passion, rompent enfin le silence; ils se font l'aveu de leur tendresse; ils
se confient mutuellement le secret de leurs

ames. Énée , qui ne respire que l'amour, se jette
aux genoux de la reine ; il lui jure une fidélité
éternelle. Didon , aussi tendre que le prince
troyen , reçoit ses sermens avec transport :
elle lui promet sa main , son cœur et son trône.
Le jeune Ascagne, ou plutôt l'enfant de Cythère,
s'amuse pendant cette scène à cueillir des fleurs;
il en compose une guirlande qu'il présente en
souriant à Didon ; il fait en sorte d'en former
une chaîne à laquelle il attache Enée. Cette idée,
dans un enfant, enchante les deux amans; ils
regardent ce jeu comme un présage assuré du
bonheur qui doit couronner leur union. Didon
se sépare avec regret de son vainqueur : elle
emmène avec elle l'enfant dangereux , et le
prince troyen suit de loin les pas de la reine,
en exprimant sa félicité.

SECONDE PARTIE.

Le théâtre représente une magnifique salle d'au-
dience du palais de Didon.

Didon est placée sur un trône. Ascagne est
à ses pieds. Ce trône est environné des officiers
et des dames de sa cour. Enée tient la pi
mière place auprès de Didon ; il est entouré
par les Troyens. Iarbe , prince maure et roi des

Gétuliens paroît ; il est devancé et suivi par un cortège aussi nombreux que magnifique ; il offre, avec les présens les plus rares de ses climats, sa main et son cœur à la reine de Carthage. Cette princesse, flattée de l'hommage d'Iarbe, reçoit les présens qui sont offerts ; mais elle lui donne à entendre qu'elle ne peut accepter le don de son cœur, et que sa liberté lui est plus chère que toutes les couronnes de l'univers : cependant, en dédaignant les vœux de ce roi, elle fait sentir à Énée que lui seul règne sur son ame, et qu'elle lui sacrifie avec plaisir un double trône, sur lequel elle est la maîtresse de monter. Didon descend de son trône.

Iarbe, attentif au refus de Didon, croit lire dans ses regards et dans son action le motif de son indifférence ; il dissimule son dépit. Le jeune Ascagne, pendant cette scène, s'est approché de ce prince. Il a ouvert son cœur aux sentimens de la jalousie et de la vengeance ; mais la politique masquant son ressentiment, il feint de se livrer avec complaisance aux raisons de Didon. Elle propose à ce prince une partie de chasse, et il l'accepte avec d'autant plus d'empressement, qu'il espère pouvoir pénétrer ses sentimens, connoître son rival, et se venger de la préférence offensante qu'on lui oppose.

Cette scène d'action est suivie d'une fête générale de trois quadrilles; les Carthaginois, les Troyens et les Maures. Le costume et le genre de danse étant absolument différens, la musique doit l'être à son tour. Vers le milieu de cette fête, Didon, Énée, Iarbe et Ascagne s'y réunissent; ce pas de quatre, bien plus rempli d'intérêt et d'action que de danse, éclaire les soupçons qu'Iarbe a conçus : et, quelques précautions que puissent prendre Didon et Enée pour se contraindre, les étincelles de leur passion n'échappent point à l'œil pénétrant du prince maure. On sent que l'Amour joue dans ce pas le principal personnage; un ballet général et une marche pompeuse terminent cette seconde partie.

TROISIÈME PARTIE.

La décoration représente une vaste forêt disposée pour un rendez-vous de chasse. On aperçoit à la droite du théâtre une grotte percée dans les rochers, du haut de laquelle tombe une cascade rustique; des arbres s'élèvent au-dessus du rocher.

SCÈNE 1.

Cette chasse devant être l'instant de la dé-

faite de Didon et du triomphe d'Énée, Junon,
Vénus, l'Amour et l'Hymen prennent ensemble
des moyens pour conduire la reine de Carthage dans le piége qu'ils veulent lui tendre.
Junon s'engage à séparer la chasse en suscitant
une tempête ; Vénus promet de conduire les
deux amans dans une grotte, et l'Amour fait
serment d'y rendre Enée le plus heureux des
amans. L'Hymen, qui aime la pompe et l'appareil, ne promet rien.

SCÈNE II.

Une suite nombreuse devance la chasse : les
fanfares et le bruit des cors annoncent la reine.
Elle paroît dans un char de la plus grande
magnificence. Énée et Iarbe, montés sur de
superbes coursiers, suivent le char de Didon ;
ces deux princes sont accompagnés par une
suite nombreuse qui forme plusieurs quadrilles
opposés l'un à l'autre par le costume, mais
dont la richesse et l'élégance éclatent également.

Ce cortége ayant parcouru les routes de la
forêt, se rassemble dans la partie circulaire
destinée au rendez-vous, avec cette différence
qu'il y paroît à pied ; ce qui représente la halte
de la chasse.

Iarbe s'empresse à donner une fête à Didon.

Ses Maures et ses Gétuliens, au son des instrumens en usage chez eux, exécutent des
danses caractéristiques suivant leur costume ;
les Troyens, au bruit des timbales et des trompettes, forment des danses guerrières, qui expriment la valeur et l'intrépidité.

Les femmes de la suite de Didon se livrent
à des danses plus légères, et peignent tour à
tour ce que la volupté a de plus tendre ; insensiblement cette fête devient générale. Didon,
Énée et Iarbe veulent encore l'embellir ; ils
forment un pas de trois en action, dans lequel
cette reine ne peut s'empêcher de marquer
les préférences les moins équivoques pour Énée.
Iarbe, vivement offensé, saisit tous les instans
où Énée et Didon, enivrés du plaisir de se regarder, ne voient qu'eux pour faire éclater sa
colère.

A ce pas de trois succède un divertissement
général ; mais il est interrompu tout-à-coup
par l'orage qui se forme ; le ciel se couvre
d'épais nuages ; les vents se déchaînent et ébran-
lent les arbres de la forêt : les éclairs percent
la nue : la foudre gronde ; la grêle et la pluie
obscurcissent encore la scène ; la cascade se
déborde et tombe avec fracas sur les rochers.
Les chasseurs effrayés prennent la fuite : on les

voit courir sur leurs chevaux épouvantés. Énée
et Didon s'enfoncent dans la grotte, et regardent cet asile échappé à tous les yeux,
comme une retraite assurée contre le dé-
chaînement des élémens. Cependant le ciel
s'éclaircit, les vents irrités s'appaisent, la
foudre cesse de gronder, et le soleil annonce
par son retour le temps le plus calme et le
plus serein.

SCÈNE III.

Junon, satisfait de cet ouvrage, paroît; elle
est accompagnée par Vénus, l'Hymen et l'A-
mour.

Ici, tous les sentimens qui enflamment Énée
et Didon sont exprimés dans un pas de quatre,
exécuté par ces divinités. Les emportemens
de l'amant, la molle résistance de l'amante,
les transports d'Énée, ses progrès, la défaite
de Didon et toutes les gradations de sentimens
qui peuvent colorier une scène amoureuse,
sont rendus avec les pinceaux et les couleurs
les moins équivoques. L'Amour fournit les sujets des différens tableaux; il est continuellement auprès de la grotte; il écoute attentivement ce qui s'y passe, et il en instruit soudain
les Divinités qui l'accompagnent. Ce pas enfin rend avec des nuances vives l'action amou-

reuse de la grotte dérobée aux spectateurs.
L'instant du triomphe d'Énée et la défaite de
Didon sont caractérisés par un feu brillant qui
embrase le flambeau de l'Amour. Dans le même
moment celui de l'Hymen s'allume; mais sa
lumière, moins vive et moins étincelante, ne
dure qu'un instant. Junon, Vénus et l'Amour
se retirent en s'applaudissant du succès de
leur entreprise; et l'Hymen, confus et pénétré
de honte, fuit en exprimant son désespoir.

SCÈNE IV.

Énée et Didon, au comble de la félicité,
sortent de la grotte; leurs danses et leurs attitudes caractérisent leur bonheur, et ne respirent que l'amour et la volupté.

SCÈNE V.

Jarbe, enivré d'amour et dévoré de jalousie,
court à la vengeance, cherche son rival, et
le surprend dans les bras de Didon : rien ne
peut arrêter sa rage et son désespoir. La perfidie de la reine et le bonheur d'Énée mettent
le comble à sa fureur; il menace l'une et attaque
l'autre avec intrépidité; il s'élance sur Énée,
et le combat s'engage.

Didon, attentive à la conservation des jours
de son amant, vole au milieu des coups; tantôt

elle arrête le bras d'Énée, tantôt elle pare de son bouclier le coup que son adversaire lui portoit.

SCÈNE VI.

La suite d'Iarbe et celle du prince troyen accourent; et, animées l'une et l'autre par la vue du danger de leurs princes, elles volent à leur secours. Le combat devient général; mais rien ne peut résister à la valeur et à l'adresse des Troyens. Les Maures sont terrassés et vaincus; les uns prennent la fuite, ceux-ci paient de leur vie l'excès de leur témérité, tandis que ceux-là, foulés aux pieds des vainqueurs et près de recevoir la mort, implorent leur clémence et leur générosité. Le superbe Iarbe, désarmé et renversé par Énée, respire encore la fureur; mais le prince troyen brise ses armes avec mépris et lui laisse la vie. Cet acte de générosité ajoute encore à la honte d'Iarbe, qui fuit avec les siens en exprimant sa rage et son désespoir.

SCÈNE VII.

Didon, qui s'étoit rangée du côté des Troyens, et qui aimoit même leur courage en combattant à côté de son amant, le reçoit tendrement dans ses bras. Enée regarde son triomphe comme l'ouvrage de l'Amour, et il en abandonne toute la gloire à Didon. Il se retire avec elle au bruit des timbales et des trompettes; et ces heureux amans sont suivis par une foule de vainqueurs qui ont secondé la valeur et l'intrépidité de leur chef.

QUATRIÈME PARTIE.

La décoration représente l'appartement d'Enée. La scène est dans la nuit, un riche baldaquin couronne une couchette sur laquelle Enée s'abandonne aux douceurs du sommeil.

L'ombre d'Anchise apparoit à Enée. Elle le rappelle à son devoir; elle l'invite à suivre ses desseins, à quitter le séjour de la volupté et à obéir promptement aux ordres du maître des dieux. Enée rend dans son sommeil toutes les expressions des sentimens qui agitent son ame. L'ombre disparoit. Enée se réveille: et, ne voulant point résister aux impressions de sagesse qu'il vient de recevoir, il se lève et sort avec la ferme résolution d'abandonner Didon et de quitter Carthage.

CINQUIÈME PARTIE.

La décoration représente un très-magnifique péristyle du palais de Didon, à travers lequel on voit la mer couverte de la flotte troyenne, et du côté opposé une partie des édifices de la ville de Carthage, et un bûcher élevé pour faire un sacrifice aux dieux.

SCÈNE I.

Enée, accompagné des officiers troyens, donne ses ordres pour l'embarquement. Ce héros est prêt à monter sur son vaisseau, lorsque Didon, avertie de sa résolution, paroît. Cette reine s'exhale en reproches; mais voyant Enée inébranlable, elle emploie les larmes et les prières pour le détourner d'un dessein, dont l'exécution va lui donner la mort. Enée, vivement attendri, se jette dans les bras de Didon; il lui fait les plus tendres adieux. Cette reine ne pouvant supporter sans frémir l'idée du départ de son amant, tombe sans connoissance dans les bras de ses femmes. Enée, frappé du danger de la reine, vole à ses genoux; il arrose de ses pleurs les mains de son amante, et fait de vains efforts pour la rappeler à la vie. Les amis de ce héros, attachés à sa gloire, l'arrachent des bras de Didon et l'entraînent sur son vaisseau. Déjà les voiles sont déployées; un vent favorable éloigne la flotte du rivage, lorsque Didon revoit avec la lumière la perfidie et l'inconstance de son amant. Elle court vers le rivage; elle appelle Enée; elle lui montre un poignard et son sein. Elle le prie, elle le menace; elle lui reproche tout à la fois son parjure et son infidélité.

SCÈNE II ET DERNIÈRE.

Didon abandonnée n'écoute plus que la voix du désespoir. Elle va se plonger dans le sein l'épée d'Enée dont elle est armée, lorsqu'une troupe de Maures, tenant des torches à la main, se dispersent dans le palais, et y portent partout la flamme et la mort. Didon, qui n'a plus rien à ménager, seconde leur fureur; elle se saisit d'une torche; elle court dans le péristyle; elle en embrase les parties qui avoient échappé à la rage des Maures, et elle fait tous ses efforts pour augmenter les flammes et accélérer les ravages de l'incendie. Le péristyle est près de s'écrouler, lorsque Iarbe, qui s'est ménagé une issue, vient offrir sa main et son trône à cette reine infortunée. Didon, qui déteste la vie, et qui abhorre ce roi, refuse

avec horreur et sa main et ses secours. Ce
prince, vivement épris, se jette à ses genoux,
se repent de sa barbarie, et veut sauver ce qu'il
aime : mais Didon, au comble du désespoir,
vole vers le bûcher, l'allume, et, après s'être
livrée aux plus terribles imprécations, elle se
perce le sein de l'épée même de son perfide
amant, et se précipite dans les flammes. Iarbe
désespéré fuit ce spectacle épouvantable; et sa
fuite est soudainement suivie de l'écroulement
général du palais de Didon.

FIN.

BELTON ET ÉLIZA,

BALLET PANTOMIME,

EN UN ACTE.

PERSONNAGES.

BELTON, officier anglais.

ELIZA, jeune indienne enlevée à sa famille
par Belton.

ZORAÏM, indien, frère d'Eliza.

ZIRCA, père d'Eliza, cacique.

FATMÉ, mère d'Eliza.

AMAZILI, sœur d'Eliza.

Négocians européens.

Habitans de la Pensylvanie.

Officiers anglais.

Quakers.

Matelots.

La scène est en Pensylvanie.

BELTON ET ÉLIZA.

La décoration représente des habitations et des
plantations voisines de la mer.

SCÈNE I.

Plusieurs colons, quakers et officiers anglais
sont répandus sur la scène ; les uns jouent, les
autres boivent et conversent ensemble, tandis
qu'une grande troupe de nègres et de négresses
travaillent (1).

SCÈNE II.

Pendant cette action un jeune officier anglais, nommé Belton, paroît inquiet et pré-
occupé. Il est suivi par Eliza, jeune femme
indienne, d'une rare beauté. Ses vives caresses,
ses tendres soins, apprennent au spectateur
qu'elle est unie à Belton par les liens les plus
sacrés ; et on voit, à la gêne qui accompagne
toutes les actions de ce jeune homme, qu'il
est entièrement refroidi pour l'objet de son
ancien attachement. Il cherche à éloigner

---

(1) On parviendra à donner à cette scène un mouvement vif et intéressant, en consultant l'Encyclopédie
sur la manière dont les nègres travaillent dans les habitations à sucre.

SUJET DU BALLET.

———

Le fondement de ce ballet porte sur deux faits historiques ; le premier est celui d'un jeune officier anglais, qui, ayant séduit la fille d'un Cacique, et en ayant eu plusieurs enfans, conçoit et exécute l'infâme projet de la vendre à des marchands étrangers.

Le second est celui de la résolution que prennent les habitans de la Pensylvanie, de donner la liberté à tous leurs esclaves, et de ne garder auprès d'eux que des domestiques libres.

Ce sujet est tiré en partie de l'abbé Raynal.

Éliza, lui donne une commission et la congédie avec les feintes marques de sa tendresse.

L'heure annonce que le travail des nègres est fini; ils ferment leurs ateliers, font leur repas, puis exécutent des danses et des jeux nationaux avec tous les instrumens en usage dans leurs pays.

SCÈNE III.

Un grand bruit d'acclamations interrompt ce divertissement. On voit arriver un vaisseau qui mouille bientôt au rivage: ce navire porte des commerçans européens qui viennent faire trafic avec les colons. Ils descendent et sont accueillis par les habitans, les quakers et les Anglais. Leurs matelots commencent à décharger une partie de leurs marchandises, et posent les ballots sur la rive. Les nègres de l'habitation les aident, et marquent par leurs mines toute la curiosité de leur caractère.

Belton tire à part un des nouveaux arrivés; il lui fait entendre qu'il a un marché à conclure, mais qu'il exige du secret; il lui donne rendez-vous pour le lendemain avant la pointe du jour.

Les colons, quakers et officiers emmènent les négocians européens dans leurs logis; les

nègres s'emparent de leurs matelots, et tout
le monde se retire.

SCÈNE IV.

La nuit commence à étendre ses voiles; on
distingue dans l'obscurité un sauvage indien
de belle apparence, qui arrive le long de la
côte. C'est Zoraïm, frère de la jeune Indienne,
amante de Belton. Il parcourt la scène et cherche les habitations. Comme il se décide à sortir
par un des flancs du théâtre, il rencontre sa
sœur qui vient pour retrouver Belton ; elle
reconnoit son frère, veut se jeter dans ses
bras; il la repousse avec douceur et semble lui
reprocher d'avoir abandonné son père, sa
mère et lui-même, pour suivre un étranger
séducteur. Il lui ordonne de le quitter et de
le suivre à l'instant.

SCÈNE V.

La jeune femme fait ses efforts pour l'appaiser ; elle court chercher deux enfans encore
très-foibles et lui dit que ce sont là les liens
qui l'attachent à Belton ; elle le conjure de
venir le voir, l'assure qu'il est digne d'être son
frère. L'Indien est touché. Il embrasse sa sœur;
elle l'engage à venir dans son logis ; il se décide, il prend les deux enfans dans ses bras
et la suit.

SCÈNE VI.

Belton paroît retournant dans son logement. Il reconnoît le frère de sa maîtresse qui emporte ses deux enfans et s'achemine vers sa cabane. Il est désespéré. Il ne veut pas le joindre ; il appelle un esclave, écrit un billet par lequel il instruit Eliza qu'il n'ira pas chez lui cette nuit, et lui assigne à elle-même un rendez-vous sur le bord de la mer , avant la pointe du jour.

L'esclave va porter ce billet, et Belton se retire.

SCÈNE VII.

Le jour commence à poindre insensiblement. Eliza arrive la première au rendez-vous. Elle voit venir de loin Belton, qui paroît accablé. Elle vole vers lui. Belton prend un extérieur forcé pour répondre aux questions de sa maîtresse : mais le trouble cruel dont il est agité perce à travers ses actions; enfin on aperçoit, à l'étonnement douloureux de la jeune femme, qu'il lui déclare qu'il faut se séparer.

Trois négocians européens paroissent. Belton les tire à part, et leur propose de leur vendre sa maîtresse. Un d'eux va l'examiner, et apprend par son récit le crime affreux que va commettre l'officier anglais : il en instruit ses

confières : tous reculent d'horreur. La jeune
femme est bientôt instruite par leurs propos
du projet de son perfide amant. Elle veut lui
parler ; Belton devient furieux : il est prêt à la
maltraiter. Les trois négocians se disent un
mot à l'oreille : l'un d'eux tire une bourse et
la donne à Belton, qui s'en va. La jeune Indienne veut courir : elle tombe évanouie entre
les bras de ses nouveaux maîtres.

SCÈNE VIII.

Cependant le jour s'est levé. Les colons, les
quakers, les officiers arrivent successivement
pour traiter avec les étrangers. Ils sont surpris du spectacle qu'ils voient. Les trois marchands leur apprennent ce dont il s'agit : ils
ajoutent qu'ils ont payé la jeune femme pour
la soustraire à la violence de Belton et qu'ils
la rendent à la colonie. Le frère de l'Indienne
vient à son tour : il est instruit de tout, il demande Belton, mais il s'est retiré. L'Indien
donne les marques de la plus violente colère,
et part comme un trait. Tous se retirent et
emmènent l'Indienne.

SCÈNE IX.

Belton paroît dans le fond de la scène suivi
de quelques esclaves chargés de ballots ; il va

vers une chaloupe qui est à flot. De l'autre côté,
Zoraïm arrive suivi d'une troupe de sauvages et
arrête Belton. Les sauvages veulent tomber sur
lui; Zoraïm les retient; il reproche à Belton sa
perfidie et lui offre le combat. Belton l'accepte.
L'Indien se débarrasse de son carquois, de son
arc, prend un bouclier et un casse-tête : il
donne les mêmes armes à Belton qui jette son
épée. Quelques esclaves de ce dernier s'échappent pour donner l'alarme dans l'habitation.
Le combat commence ; il est vif, mais l'Indien est terrassé : les sauvages veulent aller
au secours de leur chef ; la foule des habitans et des nègres, qui survient, se jette à la
traverse, et dégage Zoraïm. Eliza accourt échevelée et se jette dans les bras de son frère, qui
est désespéré de n'avoir pu assouvir sa vengeance. Belton est rejeté avec horreur par les
colons et par les officiers, ses camarades; il est
frappé de repentir; il perce la foule et se précipite aux pieds de sa maîtresse; elle le repousse
avec indignation ; son frère l'exhorte à ne pas
se laisser fléchir. Belton jette avec fureur la
bourse qui contient le prix de son crime. Il
revient à sa maîtresse; lui offre, ainsi qu'à son
frère une épée pour lui percer le sein. Mais,
ils le repoussent et restent inflexibles. Belton

sort un moment et reparoît avec ses deux enfans dans ses bras ; il tombe à genoux ; la jeune
femme vole à ses enfans ; ils paroissent im-
plorer la grâce de leur père.

SCÈNE X.

Dans ce moment Zirca et Fatmé qui ont
suivi, avec Amazili leur fille, les pas de Zoraïm
leur fils, paroissent inopinément. Témoins de
la scène qui se passe, ils expriment leur surprise et leur indignation ; Eliza vole dans les
bras de son père et de sa mère ; ils la repoussent ; elle tombe à leurs pieds ; elle les arrose
des larmes du repentir et de l'amour filial.
Belton, plus honteux et plus contrit que jamais, se traîne sur ses genoux vers ce père
irrité ; sollicite son pardon ou la mort ; les deux
jeunes enfans accourent ; ils joignent leurs prières et leurs pleurs à ceux de leur mère. Zirca ne
pouvant être insensible à la vue d'un tableau si
touchant, ni résister aux prières des habitans,
relève Belton et lui pardonne. Eliza se précipite
dans les bras de son père et de sa mère ; elle
leur exprime, ainsi que Belton, son amour,
son respect et sa reconnoissance. Les deux
petits enfans ne sont pas oubliés. Zirca les
prend dans ses bras, les presse contre son sein

et les élève vers le ciel. Belton prodigue ses tendres caresses à Amazili sa sœur; il est uni à sa chère Eliza. La joie et l'allégresse règnent dans tous les cœurs et brillent dans tous les yeux.

SCÈNE XI.

L'assemblée, vivement touchée de la scène qui vient de se passer, et voulant terminer ce beau jour par un acte de bienfaisance, accorde la liberté aux nègres. Ils sont rangés d'un côté de la scène. Les colons leur ôtent la petite chaîne qu'ils portent en signe d'esclavage; les nouveaux affranchis tombent aux pieds de leurs libérateurs; mais ceux-ci les relèvent et les embrassent en signe de fraternité.

Ce petit ballet est terminé par des danses particulières et générales. Chacune d'elles a un caractère distinctif et offre de grandes oppositions dans les genres. C'est au maître de ballets à observer cette variété et à la saisir; car les Anglais et les Anglaises ne dansent point comme les nègres et les nègresses, et les Indiens ne dansent point comme ceux-ci. Au reste, ce ballet doit peindre l'allégresse générale avec les nuances délicates que chaque quadrille exige.

FIN.

ALCESTE,

BALLET TRAGIQUE.

ARGUMENT.

Admète, roi de Thessalie, dont Phère étoit la capitale, avoit épousé Alceste fille de Pélias ; il jouissoit paisiblement des douceurs de son union, de l'amour de son peuple, de la tendresse de ses enfans et de l'estime de ses voisins.

Lycomède, roi de Scyros, île très-voisine de Phère, ne peut résister au désir de voir et de de connoître un prince et une princesse qui réunissoient tant de vertus ; il vient à la cour d'Admète. Hercule, voulant vérifier les éloges que la Renommée publioit, se détermina à faire le voyage de Phère. Ces illustres étrangers furent accueillis avec tous les égards dus à leur rang et à leur naissance. Admète joignit à l'hospitalité tout ce que la magnificence et la générosité peuvent y ajouter ; il leur donna des fêtes brillantes. Hercule, à l'exemple d'Apollon, devient l'ami et le protecteur d'Admète ; mais Lycomède, dont l'ame étoit basse et ingrate, conçut l'horrible projet d'enlever Alceste à son époux ; il dissimula sa passion criminelle, et résolut en secret d'exécuter ce barbare dessein lorsqu'il en trouveroit l'occasion.

Le public instruit s'apercevra facilement que Lycomède n'est qu'un personnage épisodique, mais qui devient absolument nécessaire à l'exposition et au nœud de l'action, et qu'il en amène le dénouement d'une manière claire et facile, lors même qu'il n'existe plus, et quoiqu'il soit étranger à la suite des événemens.

PERSONNAGES.

ADMÈTE, roi de Thessalie.

ALCESTE, épouse d'Admète.

HERCULE.

LYCOMÈDE, roi de Scyros.

ISMÈNE, sœur d'Alceste.

Les deux enfans d'Alceste.

APOLLON.

Lutteurs et gladiateurs.

Thessaliens.

Thessaliennes.

Compagnons d'Hercule.
Soldats.

PREMIÈRE PARTIE.

La décoration représente un vaste péristile superbement orné pour une fête ; les entre-colonnes forment des balustrades couvertes de riches étoffes ; une estrade est élevée sur un des côtés de la scène : le fond du théâtre représente la mer ; le vaisseau de Lycomède est richement décoré ; d'autres vaisseaux de la flotte paroissent dans l'éloignement.

La cour que précèdent un brillant cortége, des lutteurs et des gladiateurs, est suivie par les troupes et les compagnons d'Hercule.

Les princes se placent sur l'estrade qui leur est destinée ; les jeux commencent ; les prix sont distribués ; des danses suivent ces jeux : les princes s'associent à cette fête et l'embellissent.

Lycomède, toujours occupé de sa passion, n'a point renoncé à son infâme projet ; l'absence momentanée d'Hercule et d'Admète lui en permet l'exécution : il engage la reine, qui a les yeux fixés sur son vaisseau, de vouloir y monter avec sa sœur et ses femmes pour en examiner l'intérieur. La reine, vivement sollicitée et par sa sœur et par le perfide Lyco-

mède, accepte la proposition : le traître lui
présente la main et traverse le pont qui unit le
rivage au vaisseau : mais lorsque Hercule et
Admète qui surviennent, veulent le suivre, le
pont s'enfonce et disparoît, et le vaisseau prend
le large. Dans ce moment d'une consternation
générale, Admète et Hercule paroissent furieux
de cette trahison, et exhalent leur colère ; c'est
en vain qu'ils menacent ; c'est en vain qu'Alceste tend les bras vers son époux ; le vaisseau
marche et disparoît.

Hercule, qui partage la situation malheureuse d'Admète, lui jure de seconder sa vengeance ; il lui offre le secours de son bras et de
ses compagnons. Admète accepte avec reconnoissance ce généreux dévouement. On fait
avancer les troupes, elles mettent le sabre à
la main, entourent les deux héros, et jurent,
sur la massue d'Hercule et le bouclier d'Admète, de combattre jusqu'à la mort, et de
venger l'affront que Lycomède vient de leur
faire. Après ce serment solennel, les chefs et
les soldats s'embarquent avec précipitation
pour joindre le ravisseur.

SECONDE PARTIE.

La décoration représente un paysage aride, voisin
de la mer et de la forteresse de Scyros.

Alceste s'est échappée des mains de son ravisseur; elle est errante et ne sait de quel côté
tourner ses pas. Lycomède, qui est à sa pour-
suite, la rencontre, lui déclare sa passion, et
lui offre le partage de son trône. Alceste ne
répond à ses vœux et à ses hommages que par
l'expression du mépris; Lycomède offensé ose
devenir téméraire. Alceste indignée lève le bras
pour le frapper. Lycomède la désarme et ordonne qu'on la charge de fers. Dans ce moment le bruit de la trompette se fait entendre.
Lycomède montre de la crainte; Alceste peint
sa joie et menace le   visseur qui l'entraine
avec précipitation dans la forteresse.

La décoration représente les fortifications extérieures de la ville de Scyros.

Hercule et Admète paroissent à la tête de
leurs troupes. Ils somment la place de se rendre; le farouche Lycomède, qui est sur les
remparts, ne répond à cette sommation qu'en
leur montrant Alceste dans les fers. A cette

vue la fureur s'empare des assiégeans : on fait avancer les béliers et les tours mouvantes pour renverser les murailles; on pose les échelles et l'on monte à l'assaut. Hercule, de son bras nerveux, brise et enfonce la porte de la ville. Une partie des murailles s'écroule. On pénètre dans la place. Lycomède fait une sortie, mais il est joint par Admète; le combat s'engage et devient général. Hercule chasse devant lui toutes les troupes de Scyros. Lycomède est tué par Admète; mais ce prince reçoit une blessure mortelle.

Hercule, ayant embrasé la ville de Scyros, délivre Alceste; elle voit son ravisseur étendu sur la poussière, et ce premier objet excite sa joie; mais apercevant ensuite son époux dangereusement blessé, elle exprime toute sa douleur. On apporte un brancard formant un trophée des dépouilles des vaincus; on y place Admète pour le transporter dans ses états. L'armée précède et le suit au bruit d'une musique lugubre.

TROISIÈME PARTIE.

La décoration représente un paysage orné de quelques tentes.

Admète, touchant aux derniers instans de sa vie, s'arrête dans un lieu peu éloigné de sa capitale; il est placé sous une tente. Tout ce qui l'environne a une nuance lugubre; mais Alceste exprime son affliction de la manière la plus vive; on voit qu'une douleur profonde brise son ame et déchire son cœur.

Apollon paroît sur un nuage : ce dieu, protecteur d'Admète, n'a point oublié les actes d'hospitalité que ce prince exerça envers lui lorsqu'il fut chassé du ciel ; par reconnoissance il a obtenu des parques que, lorsque Admète toucheroit aux derniers instans de sa vie, il éviteroit la mort si quelqu'un s'y dévouoit à la place.

Ce dieu jette un poignard au milieu de l'assemblée. Le nuage sur lequel il est assis s'enflamme, et on lit en caractères de feu ces paroles :

Admète va perdre la vie,
Si quelqu'un ne s'immole pour lui.

Cette inscription consterne l'assemblée; Al-

ceste se livre aux douceurs de l'espérance.
Apollon disparoît. Alceste se saisit du poignard, elle le présente alternativement à ceux
qu'elle croit le plus tendrement attachés à son
époux; mais ses amis fuient et l'abandonnent,
alors elle prend la noble résolution de se dé-
vouer; elle ordonne à ses femmes de lui ôter
son manteau royal, son diadême, et de lui
amener ses enfans. Ils arrivent; elle les presse
contre son sein, elle les arrose des larmes que
la tendresse maternelle fait couler, se jette à
genoux, élève les bras vers le ciel, et l'implore
en faveur de ses fils; elle les embrasse pour la
dernière fois, et ordonne qu'on les éloigne;
puis elle vole à son mari : s'apercevant que les
signes de la mort se tracent sur ses traits, elle
se frappe et tombe dans les bras de ses femmes.

Hercule et Ismène, qui paroissent, n'ont
pu arrêter le bras d'Alceste. Cette princesse,
avant d'expirer, leur recommande Admète et
ses enfans. Ismène exprime sa douleur, et
Hercule promet à Alceste d'être l'ami de sa
famille. Cependant l'oracle est accompli ; le
sacrifice est consommé: Admète revoit la lumière, et recouvre graduellement sa santé; il
se lève, il chancelle, il aperçoit Hercule,
marche vers lui, et se jette dans ses bras : son

premier soin est de lui demander Alceste. Hercule ne répond que par un geste, qui exprime son affliction : Admète alarmé le conjure, le presse de s'expliquer. Hercule lui avoue que son épouse s'est dévouée à la mort pour lui conserver la vie, et il la lui montre entourée de sa sœur, de ses enfans et de ses femmes. Admète s'approche de ce tableau avec effroi, et se précipite aux genoux de son épouse ; mais la voyant sans vie, il se saisit du poignard, et veut se frapper : Hercule lui arrête le bras, le désarme, et lui promet de descendre aux enfers, de ravir son épouse à l'empire de Pluton, et de la rendre à sa tendresse. Hercule se jette à genoux, étend ses bras vers le ciel, et supplie Jupiter de lui accorder cette nouvelle victoire. Le Maître des Dieux est sensible à la prière de son fils ; la foudre gronde, l'éclair perce la nue ; le tonnerre frappe la terre : elle s'entr'ouvre et offre une route à Hercule. L'Amour paroît avec son flambeau pour le guider et éclairer les pas du héros ; il embrasse Admète, le confie aux soins de ses compagnons, à la tendresse de tout ce qui l'entoure, et descend aux enfers.

QUATRIÈME PARTIE.

D'un côté la décoration représente les antres de l'enfer; l'autre partie de la scène offre les Champs Elysées.

Hercule pénètre dans l'empire des morts; mais Cerbère, ce monstre à trois têtes, s'oppose à son passage. Hercule le combat, le terrasse et l'enchaîne. De cet antre, il porte ses pas vers les Champs Elysées : parmi les ombres heureuses qui s'offrent à sa vue, il croit distinguer Alceste; il l'éloigne de ses compagnes, lève le voile qui dérobe ses traits, la reconnoît et l'emmène; mais la troupe infernale s'oppose à ses desseins; les farouches Euménides s'élancent sur lui et ne peuvent lui ravir sa proie. Il dompte leur fureur et les disperse : les Démons font d'inutiles efforts pour lui arracher Alceste: Hercule lutte contre eux, les terrassa et enlève l'épouse de son ami.

CINQUIÈME PARTIE.

La décoration représente un bosquet des jardins
d'Admète.

Admète est entouré des Dames de la Cour;
elles s'empressent, par leurs jeux, de dissiper
les inquiétudes et l'impatience de ce prince. Il
les engage à s'éloigner et à le laisser jouir un
instant des douceurs de la solitude.

Comme elles se disposent à obéir, la terre
s'entr'ouvre; on voit Hercule, l'Amour et l'Hymen groupés à l'entour d'Alceste qui est endormi. Admète s'approche avec précipitation,
se jette aux genoux de ces Divinités protec-
trices. Alceste ouvre les yeux, voit son époux
et se jette dans ses bras : l'Hymen rallume son
flambeau à celui de l'Amour; Admète et Alceste
se prosternent aux pieds de ces immortels, et
expriment vivement à Hercule leur reconnoissance.

Apollon, n'ayant point oublié les égards et
les services qu'Admète et Alceste lui rendirent,
veut être témoin du bonheur de ces époux.

L'horizon s'entr'ouvre : le jardin disparoît

et fait place au palais brillant du soleil (1) :
Apollon est assis sur un trône éclatant; ce dieu
veut se montrer dans toute sa gloire : les Astres,
les Constellations, les Heures, les Muses et
les Arts l'environnent : Admète et Alceste se
prosternent, et lui expriment leur gratitude.
L'Amour a appelé les Jeux, les Ris, les Plaisirs et la Cour enjouée de Vénus : ils arrivent
et s'empressent de célébrer par leurs danses la
félicité des deux époux.

---

(1) Ce palais étoit peint par l'ingénieux *Servandoni*.
L'élégance, la richesse et le goût se trouvoient réunis
dans cette décoration. Le clair-obscur et l'entente de
la lumière étoient observés de manière que ce palais
brillant ne fatiguoit point la vue, parce que l'accord
et l'harmonie régnoient également dans toutes les parties de ce vaste tableau.

FIN.

PLAN
Du Ballet d'Alexandre (1).

APRÈS la bataille d'Issus, remportée par
Alexandre sur l'armée de Darius, la famille
de ce prince fut faite prisonnière. Le vainqueur s'empressa d'aller visiter ces augustes
victimes de la guerre ; il étoit accompagné
d'Ephestion et suivi d'une garde nombreuse,
et d'esclaves chargés de riches présens.

La mère de Darius, sa femme, ses deux
filles, son fils encore en bas âge, se trouvoient
au pouvoir du vainqueur, et étoient réunis sous
la même tente. Dès qu'Alexandre parut, Sysi-
gambis, suivie de sa famille, alla se prosterner
aux pieds de ce prince, qui, vivement touché
de ses malheurs et de son hommage respectueux, la console, et lui ordonne de conserver
toutes les marques de son ancienne splendeur.
Une des filles de Darius, Statira, lui tend les
bras et implore sa clémence. Frappé de sa
beauté et de ses grâces naïves et touchantes,
le prince macédonien en devient éperdument
amoureux. Le même trait, dont son cœur est
atteint, va blesser celui de la jeune princesse.

---

(1) Ce ballet a été donné à Stutgard avec toute la
pompe et la magnificence dont il est susceptible.

Il relève avec bonté cette famille prosternée à ses pieds, la comble de présens, et la fait conduire dans un palais voisin de son camp. Des ordres sont donnés à Ephestion pour que ces illustres captives soient traitées avec les plus grands égards et servies avec magnificence.

Le prince macédonien saisit une occasion favorable d'avoir un entretien avec Statira; il lui fait connoître sa passion. La princesse lui avoue, avec l'ingénuité et la candeur de son âge, qu'elle n'est point insensible à ses feux. Alexandre, au comble du bonheur, s'éloigne d'elle avec peine, et va poursuivre sa marche victorieuse.

Ce prince, avide de gloire et de triomphes, vole à de nouvelles victoires; il bat et met en fuite l'armée des Perses, composée d'environ 800,000 hommes; et les suites de la bataille d'Arbelles sont la mort de Darius, massacré par le perfide Bessus, et la destruction totale de son empire, qui devient la conquête d'Alexandre.

Le vainqueur vole des bras de la Gloire dans ceux de Statira; il lui annonce sa nouvelle victoire, et lui offre son cœur et son trône. La princesse est sensible à ce double hommage; mais son ame est cruellement déchirée par les désastres de sa famille, par la mort tragique de son père, par la perte qu'elle vient de faire d'une mère tendre et chérie, qui a succombé sous le poids de la douleur. Ses restes ont reçu, par ordre d'Alexandre, les honneurs funèbres les plus magnifiques.

Le vainqueur d'Arbelles exige de Statira qu'elle soit placée à ses côtés dans le char triomphal qui doit le conduire à Babylone. Il veut que cette alliance console les peuples des malheurs inséparables de la guerre ; il veut enfin que les mêmes murs, témoins de sa naissance, voient allumer pour elle les flambeaux de l'Hyménée. La princesse hésite, elle balance ; mais l'Amour triomphe de toutes ses réflexions. Tel est l'empire de la valeur sur la beauté. Statira consent à tout ce qu'exige Alexandre.

Ce prince étoit uni à Roxane. Sous divers prétextes, il l'éloigne du théâtre de sa gloire et de son infidélité. Mais la discrétion n'est pas toujours le partage des confidens des princes. Roxane, instruite de ce qui se passe, s'introduit secrètement dans Babylone. Elle y reste cachée sans se faire connoître à personne. Alexandre entre dans cette ville en triomphateur. A ses côtés est le nouvel objet de son amour. La pompe, la magnificence asiatique éclatent de toutes parts. A la vue de la fille chérie de leur ancien maître, les Perses, oubliant un moment leurs malheurs, font retentir les airs de leurs cris d'allégresse, mais ces cris portent au cœur de Roxane la rage et le désespoir.

Au sortir d'un festin magnifique, Alexandre marche au temple, pour consacrer, par la religion, son alliance avec la belle Statira.

Cependant Roxane est entrée dans le temple, avec le projet de poignarder sa rivale dans les bras d'Alexandre. La cérémonie achevée, le prince, vêtu à la persanne, distribue des coupes d'or à ses principaux officiers, leur fait de riches présens, et leur donne en mariage les prisonnières de distinction qui accompagnoient la famille de Darius.

Dans cet instant de félicité commune, Roxane s'élance sur sa rivale et lève le bras pour la frapper du fer dont elle est armée. Ephestion la désarme; Statira recule saisie d'effroi; Alexandre se retourne et voit Roxane à ses pieds. Outré du crime qu'elle avoit failli commettre, il ordonne qu'on l'emmène et qu'on l'éloigne d'un lieu dont sa présence trouble le bonheur. Alexandre est obéi, l'éloignement de Roxane rétablit le calme et la félicité; et cette fête pompeuse se termine par des danses nobles, dans lesquelles Statira déploie toutes les grâces dont la nature l'a pourvue.

APELLES ET CAMPASPE,

OU

LA GÉNÉROSITÉ D'ALEXANDRE,

BALLET PANTOMIME.

ARGUMENT.

ALEXANDRE ayant ordonné à Apelles de faire le portrait d'une de ses favorites nommée *Campaspe* ; Apelles, frappé de la beauté de son modèle, en devient amoureux. Campaspe partage son amour ; Alexandre s'en aperçoit, fait le sacrifice de sa passion, et unit les deux amans.

PERSONNAGES.

APELLES.

CAMPASPE.

ALEXANDRE.

ROXANE.

EPHESTION.

Dames de la cour d'Alexandre.

Guerriers.

1 Elève d'Apelles.

Jeunes élèves d'Apelles, déguisés en amours,
     zéphirs, lutteurs et gladiateurs.

Femmes, esclaves d'Apelles, déguisées en
     Grâces et en Nymphes.

ACTE PREMIER.

Le théâtre représente l'atelier d'Apelles, terminé dans le fond par une galerie de tableaux.

SCÈNE I.

APELLES, instruit de la visite d'Alexandre, donne les dernières touches au portrait de ce prince, pour la réception duquel il a tout préparé. Ses élèves sont déguisés en amours et en zéphirs ; d'autres en lutteurs et en gladiateurs, groupés comme l'antique : les femmes qui lui servent de modèles, paroissent sous la forme des Grâces et des Nymphes. Apelles veut qu'Alexandre prenne son atelier pour celui des jeux et des plaisirs. Cette troupe riante est ingénieusement distribuée par l'artiste ; des amours broient les couleurs ; d'autres essaient leurs crayons ; des zéphirs, chargés des présens de Flore, s'offrent pour modèles ; les Grâces forment groupe avec l'Amour enfant ; elles lèvent mystérieusement le voile qui couvre son berceau ; ce petit dieu est endormi. Une Nymphe prépare la palette, et une autre les pinceaux d'Apelles.

SCÈNE II.

Un bruit d'instrumens militaires annonce l'arrivée d'Alexandre. Il est devancé par ses principaux officiers. Campaspe marche à sa droite; elle est voilée ; ses femmes la suivent. Ephestion , favori de ce prince, marche à la gauche.

Apelles s'incline aux pieds d'Alexandre, qui le comble de bontés. Il examine son portrait, les Grâces le lui présentent; des Amours se groupent de différentes manières, et servent, pour ainsi dire, de support à ce chef-d'œuvre de l'art, que la gloire couronne.

Alexandre, frappé du mérite du peintre et de la manière agréable dont il lui présente son ouvrage (1), applaudit à son génie. Il lui demande s'il n'a point quelques portraits de femmes à lui montrer. Le peintre lui présente celui de Vénus, occupée à choisir dans le carquois de l'Amour la flèche qui doit blesser Adonis. Alexandre, enchanté de la beauté du tableau, de l'expression des figures, de la correction du dessin, et des teintes harmonieuses qui en forment le coloris, prend la résolution de faire faire le portrait de Campaspe; il la fait avancer et lui ôte son voile : Apelles, qui n'a rien vu de si beau , recule de surprise et d'admiration.

_____

(1) L'artiste avoit peint ce prince sous la forme de Jupiter tenant ses foudres.

Alexandre, par des peintures vivantes, veut augmenter l'enthousiasme de l'artiste ; il ordonne à Campaspe de marcher et de déployer ses grâces ; elle se pose dans les attitudes les plus variées et les plus pittoresques : chaque mouvement exprime un sentiment ; elle réunit les grâces à la volupté ; les traits de sa figure et le feu de ses regards prêtent l'ame et la vie aux positions de son corps : toutes ces peintures délicieuses enchantent Apelles, et portent à son cœur le trouble et l'émotion. Alexandre, voulant lui donner une nouvelle marque de sa bonté, ordonne à ses femmes de se réunir à Campaspe, et d'exécuter avec elle la danse des couronnes (cette danse fait allusion aux conquêtes multipliées du héros, et aux lauriers que ses victoires lui ont mérités).

SCÈNE III.

Roxane, qui a des droits sur le cœur d'Alexandre, paroît avec l'empressement que lui donnent les soupçons dont son ame est agitée. Prête à oublier ce qu'elle doit à son maître, elle cherche d'un œil inquiet et curieux la rivale qu'elle redoute ; elle l'aperçoit et lance sur elle des regards qui expriment tous les sentimens que lui inspire sa jalousie. Un geste d'Alexandre modère son emportement et rassure Campaspe; il ordonne à sa suite de se retirer et engage Apelles à commencer le portrait de Campaspe, et à déployer tous les trésors de son art pour reproduire, par une imitation fidèle, un objet qui lui est cher. Il sort en faisant à Campaspe les plus tendres adieux, et, pendant cette scène, il va examiner les chefs-d'œuvre qui composent la galerie d'Apelles.

SCÈNE IV.

L'amour qu'Apelles a conçu pour Campaspe lui fait imaginer de se servir du déguisement de ses élèves, pour rendre à cette beauté la séance plus variée et moins ennuyeuse.

Il examine son modèle, et le place dans plusieurs attitudes; des Amours cherchent à les saisir et à les dessiner; d'autres arrangent les couleurs qui doivent servir à reproduire les traits de Campaspe; Apelles, éperdu, troublé, ne sait plus quel choix il doit faire : toutes les situations lui paroissent également belles; il crayonne, il efface, il esquisse de nouveaux traits, il les efface encore, et, après un instant de réflexion, il veut la peindre en Déesse. Il donne ses ordres; les élèves disparoissent, et un moment après ils apportent une lance, un casque, un bouclier et des trophées d'armes.

Les femmes qui servent de modèles à Apelles, tiennent tout ce qui est nécessaire au costume de Pallas : elles attachent la cuirasse ; l'une lui présente sa lance, l'autre son égide, et Apelles lui met le casque en tête ; il la place sur un piédestal peu élevé, surmonté d'une colonne tronquée, et lui donne l'attitude noble et fière de Pallas ; il distribue à l'entour du piédestal les petits génies de la guerre tenant des timbales, des trompettes, des étendards et divers instrumens militaires. Ce groupe ainsi distribué, Apelles esquisse, il efface, et, peu content de son idée, il veut peindre Campaspe en Flore.

Ses élèves apportent une grande corbeille remplie de fleurs et à double fond. Les Nymphes ornent l'habit de Flore de bouquets ; elles la couronnent de roses ; le peintre la pose dans la corbeille ; l'attitude qu'il lui donne est svelte, elle a une jambe en l'air, et elle est dans l'action d'une femme qui vole dans les bras de son amant. Zéphire les reçoit dans les siens, la soutient dans cette attitude passagère. De petits Zéphirs et de jeunes Nymphes portant des corbeilles de fleurs, tenant des couronnes et des guirlandes, lient et enchaînent ce groupe, qui est bientôt surmonté et couvert par un baldaquin de fleurs, supporté par quatre Nymphes.

Apelles vole vers sa toile, il trace, il crayonne, il examine et recommence à dessiner. Peu content de son ouvrage, il tombe sur son siége et s'abandonne à une nouvelle pensée. Il se persuade que Campaspe seroit beaucoup mieux, s'il la peignoit en Diane; elle en a la fierté, la noblesse et la majesté. Cette nouvelle idée lui paroît supérieure à toutes les autres; il donne ses ordres: les Nymphes, compagnes de Diane, couvrent l'épaule de Campaspe d'une mante de peau de tigre; elles y attachent un carquois, on la couronne de feuillage. Apelles, inspiré par l'Amour, lui présente l'arc de ce dieu et une de ses flèches.

Au bruit d'un air de chasse, la nouvelle Diane et ses Nymphes prennent une course légère et rapide, et cette danse vive et brillante offre d'instans en instans des groupes pittoresques. L'Amour paroît; Diane, en voulant le fuir, se trouve dans les bras d'Adonis. L'Amour la blesse; le berger est à ses genoux; elle se laisse aller et se penche dans les bras des Nymphes en exprimant la douleur que lui cause sa blessure. C'est dans cet instant que l'artiste se saisit de ses crayons, qu'il trace et retrace encore, qu'il efface, qu'il recommence, et que ses crayons indociles s'échappent de sa tremblante main. Il fait un geste, et le groupe disparoît.

Il aborde Campaspe avec le trouble et l'émotion qu'inspire l'Amour; il la supplie de pardonner à sa lenteur et à son indécision. Campaspe l'encourage; il voudroit lui faire l'aveu de ses sentimens; il n'ose s'y déterminer: Campaspe, blessée du même trait que lui, desireroit lui dire combien elle est sensible aux émotions qu'il éprouve et qu'elle partage. Apelles, en la fixant tendrement, trouve que Vénus lui ressemble, mais qu'elle est plus belle que Vénus; qu'elle la surpasse en grâces et en attraits. Cette pensée le détermine à peindre Campaspe sous la forme de la mère des Amours. Il donne ses ordres à son élève chéri, et dans l'instant on apporte tout ce qui est nécessaire à la composition de ce vaste tableau.

Apelles pose son modèle sur un lit de fleurs. L'Amour derrière elle, mais plus élevé, couronne Vénus. A l'entour de ce lit, mais sur des plans inégaux en hauteur, se place une foule d'Amours et de Zéphirs, tenant des corbeilles, des guirlandes, des cassolettes, des vases; deux

11.   33

d'entre eux portent les tourterelles de Vénus. Ce groupe paroît informe et ne dit rien ; mais, par un geste d'Apelles, il se dessine d'un trait et offre dans sa forme pyramidale l'ensemble le plus aimable et le plus voluptueux.

Apelles, voulant répandre une vapeur légère sur ce tableau et rendre hommage à la beauté qui l'enchante, fait brûler l'encens, et se prosterne aux pieds de sa Vénus.

Roxane, dévorée par la Jalousie, s'est introduite dans l'atelier d'Apelles ; elle est témoin de l'hommage qu'il rend à Campaspe ; elle fait éclater la joie que lui donne l'espoir de perdre sa rivale, et sort en faisant entendre qu'elle va dévoiler à Alexandre la trahison du peintre et la perfidie de Campaspe.

Apelles s'étant livré à son enthousiasme, et ayant rendu à la beauté qui l'enflamme l'hommage que son cœur lui devoit, retourne à l'ouvrage.

Alexandre, prévenu par Roxane, entre sans bruit ; il approche : à la vue du groupe qui lui semble céleste, il applaudit à l'imagination brillante de l'artiste ; il voit qu'il a été trompé, et il sort pour ne point distraire Apelles de son travail.

Éperdûment épris, cet artiste ne voit que

la belle Campaspe; il trace, il efface; tous ses traits sont imparfaits; l'Amour a amorti ses crayons, émoussé ses pinceaux, affoibli ses couleurs; son imagination, son goût et son génie l'ont abandonné pour faire place à l'Amour. Honteux de lui-même, il brise ses crayons, il jette loin de lui sa palette et ses pinceaux, et renverse son chevalet; il marche, il s'agite; tout annonce en lui le désordre de ses sens.

Pendant cette scène, Campaspe participe à l'action; elle exprime sa tendre inquiétude; et, voyant Apelles appuyé sur un bout de colonne, dans l'attitude d'un homme accablé sous le poids du désespoir, elle vole vers lui dans le dessein de suspendre ses maux. Apelles se retourne et la voit; il tombe à ses genoux; il lui fait l'aveu de sa passion; il la presse et la conjure de répondre à sa tendresse. Campaspe, émue et vivement troublée, lui avoue que son cœur la partage. Il se saisit de sa main, la baise avec transport. Alexandre paroît.

SCÈNE V.

Ce prince est accompagné d'Ephestion. Roxane le suit de loin. La surprise d'Alexandre est extrême; elle égale la crainte dont les deux amans sont saisis. Ce prince se livre à tout son ressentiment; Ephestion le modère; Campaspe tombe aux pieds de son maître et s'y évanouit. Apelles paroît moins trembler pour lui que pour les jours de sa maîtresse. Alexandre, combattu par des différens mouvemens qui agitent son ame, cède enfin à celui de la générosité, oublie tout à la fois sa vengeance, son amour, et fait grâce aux perfides qui ont abusé de ses bontés et de sa confiance. Roxane se précipite dans les bras d'Alexandre; elle vole au secours d'une rivale qu'elle ne craint plus. Campaspe revoit la lumière et embrasse les genoux d'Alexandre. Apelles se jette à ses pieds. Le favori de ce prince lui témoigne l'admiration que lui inspire ce nouveau trait de grandeur, de clémence et de générosité.

Alexandre, non content d'avoir pardonné à Campaspe et à l'artiste, veut encore les unir, et leur ordonne de le suivre : ils sortent avec lui, en exprimant leur félicité et leur reconnoissance.

DERNIÈRE PARTIE.

Le théâtre représente une galerie du palais d'Alexandre ; dans le fond paroît un trône élevé sur plusieurs marches.

Alexandre, suivi d'un brillant cortége, conduit les deux époux, leur fait présenter la coupe nuptiale, les unit et les comble de présens, qui leur sont offerts par la suite de ce prince.

Après cette cérémonie, Alexandre donne la main à Roxane, et l'élève au trône, au pied duquel on lui rend tous les honneurs qui lui sont dus. Ce couronnement est terminé par une danse générale, à laquelle Alexandre daigne se mêler. Les mouvemens nobles et vifs de cette dernière fête caractérisent la félicité des époux, le bonheur de Roxane, la satisfaction d'Alexandre, et la joie de tous ceux qui ont été témoins de la victoire que ce héros a remportée sur lui-même.

Je me suis dispensé d'entrer dans les détails du couronnement de Roxane ;

Personne n'ignore que cette cérémonie auguste doit être pompeuse.

FIN DU SECOND ET DERNIER VOLUME.

TABLE
DU SECOND VOLUME.

F I N.

www.ingramcontent.com/pod-product-compliance
Lightning Source LLC
Chambersburg PA
CBHW051342220526
45469CB00001B/77